KB214862

복 있는 사람

오직 여호와의 율법을 즐거워하여 그 율법을 주야로 묵상하는 자로다.
저는 시냇가에 심은 나무가 시절을 좇아 과실을 맺으며 그 잎사귀가 마르지 아니함 같으니
그 행사가 다 형통하리로다. (시편 1:2-3)

철학자의 신학 수업

철학자의

신학 수업

강영안

복 있는 사람

철학자의 신학 수업

2021년 3월 19일 초판 1쇄 발행
2021년 12월 10일 초판 3쇄 발행

지은이 강영안
펴낸이 박종현

(주) 복 있는 사람
주소 서울특별시 마포구 연남동 246-21 (성미산로23길 26-6)
전화 02-723-7183 (편집), 7734 (영업·마케팅)
팩스 02-723-7184
이메일 hismessage@naver.com
등록 1998년 1월 19일 제1-2280호

ISBN 978-89-6360-381-0 03230

ⓒ 강영안 2021

기독교 철학은 이성이 성령께 자리를 내어 드리고
그분께 복종하여 따르도록 명령합니다.
그리하여 이제는 사람이 제 힘으로 살지 않고
그리스도께서 자신 안에 사시면서 다스리시게 합니다[갈 2:20].

Christiana philosophia illam [rationem] loco cedere,
spiritui sancto subiici ac subiugari iubet,
ut homo iam non ipse vivat,
sed Christum in se ferat viventem ac regnantem.

존 칼빈, 『기독교 강요』 3. 7. 1.

일러두기

- 이 책에 인용한 성경구절은 『개역개정』과 『새번역』을 기본으로 했으며,
  필요한 경우 저자가 사역(私譯)하기도 했다.

해설

이 책 『철학자의 신학 수업』은 우리 시대 한국 철학계의 숲에서 큰 나무로 자리 잡은 한 그리스도인 철학자가 신앙과 신학의 여러 주제를 철학적으로 반성한 내용을 담고 있습니다. 저자는 오랫동안 데카르트, 칸트, 레비나스, 폴라니, 주자, 함석헌 등 동서양의 저명한 철학자들에 관한 탁월한 해석을 담은 글을 썼고, 형이상학, 인식론, 윤리학 등 철학의 주요 분과 전반에 걸쳐 통찰력 있는 연구를 수행해 온 학자입니다. 또한 그는 단순히 이론적 연구를 넘어 철학 이론과 여러 사상가들에 대한 깊은 이해를 우리의 일상적 삶에 적용하는 실천적 연구도 함께 펼쳐 왔습니다. 특별히 삶과 죽음, 일상과 초월, 주체성과 타자성 등 '세계-내-존재'(*In-der-Welt-Sein*)인 인간의 삶을 둘러싼 다양한 실천적 주제를 탐구함은 물론, 더 최근에는 본인이 의지하고 추구하는 그리스도교 신앙을 철학적으로 성찰하는 데 깊은 관심을 두고 여러 의미 있는 저서를 내놓고 있습니다(아마도 이것이 현재 저자의 최고 관심사일 것입니다).

이처럼 다양한 작업을 수행한 이 그리스도인 철학자는 본인의 다른 저술 『철학은 어디에 있는가』(한길사, 2012)에서 "철학은 삶과 텍스트 사이에서 묻고 답하고 읽고 대화하는 가운데 존재한다"고 말했습니다. 이는 철학의 장소와 철학함의 의미에 대한 좋은 정의일 뿐 아니라 저자 자신의 철학적 실천의 중요한 면모를 잘 드러내는 말입니다. 그는 자신의 작업 상당 부분을, 심지어 엄밀한 이론적인 글에서도 먹고, 자고, 일하고, 병들고, 누군가를 사랑하며 사랑받기도 하는 우리의 일상적 삶의 의미를 해명하는 데 할애합니다. 그리고 이러한 반성을 수행할 때, 그는 우리보다 먼저 삶의 다양한 문제들을 성찰한 바 있는 철학자들의 텍스트를 사유의 밑거름으로 삼습니다. 저는 이 책 『철학자의 신학 수업』에 이러한 저자의 사유 방식이 잘 녹아 있다고 생각합니다. 다만 이 책에서 저자는 인간 일반의 삶이 아닌 종교적 인간의 삶, 곧 그리스도인의 삶과 그 삶의 방식으로서의 신앙을 검토하는 데 집중합니다. 이에 철학의 자리에 대한 저자의 정의를 빌려 표현하자면, "신자의 삶과 텍스트 사이에서 신앙에 대해 묻고 답하고 읽고 대화하는" 것이 본서를 통해 감행한 신학 수업의 방향이라 하겠습니다.

이 책의 1부는 하나님과 인간의 관계를 둘러싼 문제들을, 2부는 신앙과 이성의 관계를 둘러싼 문제들을, 그리고 3부는 세상 속에서 그리스도인이 올바르고 좋은 삶을 산다는 것이 무엇을 의미하는지를 이야기합니다. 1부와 2부의 주제가 이론적인 것 같지만, 잘 들여다보면 저자는 이를 철저히 신앙인의 삶에 초점을 맞춰 다룹니다. 이를테면 '하나님을 찾는 사람들'이라는 주제를 언급하면서 죄로 일그러진 인간의 비참함이 역설적으로 하나님을 찾게 만든다는 사실을 체스터턴과 파스칼을 경유하며 밝혀냅니다. 다시 말해 하나님을 찾는 일 자체가 삶의 역설에서 비롯한다는 말이지요. '신학한다는 것'의 의미를 탐구하는 6강에서도 저자는 삶에 대한 관심을 계속 보여줍니다. 저자에 의하면, 신학은 모두가 인정하다시피 하나님을 탐구하는 작업입니다. 하지만 이때 신학은 하나님만을 탐구하고 하나님 아닌 다른 것을 배제하는 학문이 아닙니다.

이 그리스도인 철학자가 잘 지적한 것처럼, 참된 신학은 하나님이 창조하신 세계와 인간의 삶, 그리고 역사와 문화 전반을 탐구하는 데까지 나아가야 합니다. 이는 저자가 에라스무스와 칼빈을 통해 발견한 기독교 철학에 대한 정의, 곧 "영원한 삶을 향하는 도정이며, 자기 인식과 하나님에 대한 지식을 포함한 지혜를 추구하는 삶"이라는 정의와 일맥상통합니다. 이렇게 본서에서 펼쳐지는 철학자의 신학 수업은 그저 하나님을 대상으로 삼지 않고, 하나님이 주신 선물인 삶을 역시나 선물로 받은 이성을 통해 그리고 그 이성을 잘 사용했던 철학자들과 신학자들의 텍스트에서 비롯하는 지혜를 거쳐 진지하게 검토하는 내용으로 이루어져 있습니다. 그렇기 때문에 독자들은 이 철학자로부터 신학을 배운다고 할 때, 학문으로서의 신학을 습득한다기보다 '삶의 방식'(ars vitae)으로서의 신앙과 그 신앙을 구체적으로 반성하는 신학을 배운다고 생각하시면 좋을 것 같습니다.

이러한 저자의 수업 방향에 집중하면서 제가 제시하는 본서의 두 가지 기능에 함께 주목한다면 독자들은 더 많은 통찰을 얻으실 수 있을 것입니다. 첫째로 교정적(敎正的) 기능입니다. 저자는 거의 모든 장마다 우리에게 잘못 알려진 지식을 거론하고 이 통념을 바로잡는 가운데 논의를 전개합니다. 이를테면 스피노자의 말로 알려진 "내일 지구에 종말이 오더라도 나는 오늘 사과나무를 심겠다"라는 말이 사실은 그의 말도 아니고, 또 항간의 주장대로 루터의 말로 보기에도 어렵다는 점을 드러냅니다. 테르툴리아누스가 한 말로 알려진 "불합리하기 때문에 나는 믿는다"라는 말 역시 그가 한 말이 아니며, 교회개혁의 구호마다 빠지지 않는 '오직'(Sola)이라는 수식어를 정작 교회개혁자들은 구호처럼 사용한 일이 없다는 사실을, 그러한 오류가 생겨난 근원을 따져가며 친절하게 밝혀 줍니다. 이런 안내를 잘 따라간다면 독자들은 교회나 사회를 통해 잘못 전승된 통념을 교정해 나갈 수 있을 것입니다.

둘째는 교훈적(敎訓的) 기능입니다. 잘못된 지식을 바로잡는 것은 그야말로 교정만 할 뿐입니다. 하지만 철학자는 거기에 만족하지 않습니다. 철학자의 더 중요한 역할은 우리의 실제 행동과 삶이 더 나아질 수 있도록 가르쳐 일깨우는 일입니다. 소크라테스가 젊은이들을 깨우고, 전도서의 코헬렛이 신자들을 깨웠던 것처럼 말입니다. 한 예로 저자는 "불합리하기 때문에 나는 믿는다"라는 말을 테르툴리아누스가 한 적이 없음을 밝히는 것으로 만족하지 않습니다. 여기서 한 걸음 더 나아가 테르툴리아누스 역시 신앙에 대한 합리적인 이해를 추구했음을 밝혀냅니다. 말하자면 테르툴리아누스도 인간에게 불가능한 것이 하나님에게는 가능하다는 역설을 합리적으로 논증했으며, 이렇게 이성을 올바르게 사용하여 신앙의 이치를 깨우쳐 알아가는 일이 참된 신앙임을, 저자는 독자들에게 궁극적으로 알려 주고자 합니다.

이런 교훈적 기능은 본서의 3부, '세상 속의 그리스도인'에서 절정에 이릅니다. 여기서 저자는 이른바 사실이나 진실보다 나와 내가 속한 진영에 유리한 것을 진리로 믿게 만드는 포스트 트루스 시대와 전염병으로 인해 온 인류가 고통의 나날을 보내고 있는 작금의 팬데믹 상황에 놓인 그리스도인들이 거짓에 치우치지 않으면서 온유하고 겸손한 삶, 이웃을 배려하는 삶을 살아가야 함을 가르치고 일깨우려 합니다. 특별히 이런 저자의 가르침은 근거 없이 선포되는 설교조의 강권이 아니라 성경과 교부, 그리고 교회개혁자들의 지혜에서 벼리어진 것이기에 더 설득력 있게 다가옵니다. 아마도 성경과 교회의 전통을 존중하는 분들이라면 저자가 해당 원천에서 세심하게 길어 낸 가르침을 지혜의 교훈으로 받아들일 수 있을 것입니다. 그리고 이 지혜의 교훈을 잘 활용한다면, 우리는 포스트 트루스와 팬데믹이라는 위기의 상황 속에서도 올바른 신앙인의 삶을 추구하며 하나님이 선물로 주신 일상을 더 풍요롭게 누릴 수 있으리라 확신합니다.

 이제 길지 않은 해설의 말을 줄이고자 합니다. 탁월한 철학자이자 제 선생님이시기도 한 저자의 글을 해설한다는 게 저로서는 여간 부담스러운 일이 아닙니다. 독자들이 이 책과 더불어 우리의 신앙을 세심하게 검토하여 저자가 강조한 것처럼 하나님이 주신 일상의 삶을 지금 여기서 더 충만하게 누리시길 바라는 마음에 부담을 무릅쓰고 몇 마디를 보탰습니다.

Memento mori, Carpe diem!

김동규(서강대 생명문화연구소 연구교수,

인문학&신학연구소 에라스무스 운영위원)

진리는 단순하나 우리 삶은 애매하다

1980년대 초 암스테르담 자유대학교에서 공부하고 있을 때였습니다. 저는 금요일마다 신학부 도서관에 올라갔습니다. 신학부 도서관은 제 연구실이 있던 13층에서 한 층만 더 올라가면 있었습니다. 평소에는 바르트의 『교회 교의학』(*Die Kirchliche Dogmatik*)을 펼쳐 놓고 마치 설교를 듣듯이 읽었지만, 그날은 최근에 들어온 신학 잡지들을 이것저것 들추어 보다가 주기도문에 나오는 '일용할 양식'에 관한 루터의 관점을 다루는 글을 만났습니다. 그 글을 읽다가 깜짝 놀랐습니다. "내일 지구에 종말이 오더라도 나는 오늘 사과나무를 심겠다." 이 말을 루터가 사람들과 식사하는 자리에서 했다는 내용이었습니다. 한국에서 교육받은 사람은 누구나 이 말을 스피노자의 말로 알고 있습니다. 스물네 살 젊은 나이에 자기가 태어나 자란 암스테르담 유대인 공동체에서 추방된 스피노자가 충분히 했을 법한 말이라, 저 역시 실제로 누구의 말인지 추적해 보려 한 적이 없었습니다. 그런데 이 말이 루터가 한 말이라니 놀라지 않을 수 없었지요. (최근에는 루터도 이 말을 한 적이 없다는 주장이 설득력을 얻고 있습니다. 9강을 참고하기 바랍니다.)

사람들이 상식적으로 알고 있는 말 가운데 출처가 잘못된 말이 어디 이뿐이겠습니까. "너 자신을 알라"는 말을 소크라테스가 했다고 하는 사람들이 많습니다. 그러나 이 말은 소크라테스의 말이 아니라 델포이 신전에 새겨져 있던 말입니다. "너 자신을 알라", 그리스어로 '그노티 세아우톤'(γνῶθι σεαυτόν)은 '메덴 아간'(μηδὲν ἄγαν, 지나치지 말라)과 나란히 짝을 이루는 말입니다. "인간이란 존재는 죽을 수밖에 없는 하루살이에 지나지 않으니 자신의 분수를 넘지 말고 한계 안에서 살라"는 권유인 셈이지요. 그리스 전통에서 가장 경계한 히브리스(ὕβρις), 곧 오만에 대한 경고로 이해할 수 있습니다. 자신에게 있는 힘의 한계를 넘어 운명에 도전하다가 비참하게 당한 '영웅들'을 그리스 문화에서는 많이 볼 수 있습니다. 이들의 삶은 한결같이 '비극적'입니다. 인간의 한계를 넘으려다가 모이라(Μοῖρα), 곧 운명의 심판을 받았기 때문입니다. 제우스 신마저도 이 운명, 모이라 앞에서는 어쩔 수 없었습니다.

"악법도 법이다"도 소크라테스의 말로 잘못 인용되는 경우입니다. 소크라테스는 이런 말을 한 적이 없고 그의 철학으로는 이런 주장을 할 수 없습니다. 법이면 당연히 정당해야 하고 정의로

워야 합니다. 그렇지 않으면 법이 아니지요. 그런데 왜 소크라테스의 말로 오해하게 되었을까요? 소크라테스가 처형되기 이틀 전 새벽에 죽마고우였던 크리톤이 감옥을 찾아왔습니다. 크리톤은 이미 간수를 매수하였고 테살리아로 떠날 배도 준비해 두었다며 탈옥을 권합니다. 그때부터 토론이 벌어집니다. 소크라테스는 탈옥이 정당한지 근거를 가지고 자신을 설득해 보라고 크리톤을 다그쳤지요. 결국 크리톤이 포기하자 소크라테스는 자기를 키워 준 아테네를 법의 목소리로 등장시켜 탈옥할 수 없는 이유를 설파합니다. 이 과정에서 오해가 생겼을 수 있습니다. 그러나 "악법도 법"이란 말은 로마의 법률지상주의를 표상하는 '두라 렉스 세드 렉스'(*Dura lex sed lex*)라는 라틴어의 번역일 뿐, 소크라테스와는 아무 관계가 없습니다.

이런 사례들을 보면, 누가 무슨 말을 했다든지 어느 책에 어떤 문구가 나온다든지 하는 이야기를 확인해 보지도 않고 곧장 받아들이는 경우가 우리에게 너무 많음을 의식하게 됩니다. 영국 철학자 존 로크는 이런 우리에게 '비례의 원칙'을 제안합니다. "만족할 만한 증거에 비례해서 믿음의 정도를 가지라." 이때 말하는 믿음은 종교적 신앙을 염두에 두고 하는 말이 아닙니다. 지식 이론에서는 "비가 온다", "오늘은 월요일이다", "하늘이 푸르다"와 같이 현재 주어진 일이나 상황, 상태에 대해서 내가 가지게 되는 생각을 일컬어 '믿음'이라고 말합니다. 여러 믿음 가운데에는 확실한 믿음, 강한 믿음이 있을 수 있고, 약한 믿음, 불확실한 믿음도 있을 수 있습니다. 내가 경험적으로 확인할 수 있는 증거(evidence)가 분명하면 그에 따라 믿음을 강하게 가지고, 그렇지 않을 경우에는 약하게 가져야 한다고 로크는 말하려고 했던 것이지요.

예를 하나 들어 보겠습니다. 한 친구가 바깥에서 들어오면서 "밖에 비가 지금 엄청 와!"라고 한다고 합시다. 그러면 여러분은 어떻게 하시겠습니까? "그래? 곧 그쳤으면 좋겠네!" 그러고는 하던 일을 계속할 수도 있을 테고, "정말? 내 눈으로 봐야겠어"라고 말하고는 바깥으로 나가 비가 실제로 많이 오는지 확인해 볼 수도 있겠습니다.

어떤 일에 대하여 믿음을 형성할 때 (1)지적 태도가 작용할 수 있고, (2)성격이 한몫할 수도 있고, (3)자신의 필요에 따라 쉽게 수용하거나 그렇지 않을 경우가 있습니다. 가령 몇 시간 뒤에야 외출할 사람은 나가 보지도 않고 방금 들은 말을 수긍하는 듯 들을 것이고, 곧 나가야 할 사람은 비가 오는지 아닌지, 어느 정도 오는지 바로 확인하고는 나갈 때 필요한 우산이나 비옷을 챙길 수도 있습니다. 성격이 좀 급한 사람은 곧장 나가서 "비가 온다"는 말이 맞는지 맞지 않는지 확인해 보고, 좀 느긋한 사람은 더 따져 보거나 확인하지 않고 지나칠 수도 있습니다. 지적 태도에 따라 반드시 사실을 확인해야 하는 사람이 있는가 하면, 다른 사람이 하는 말을 쉽게 믿는 사람도 있습니다.

우리에게는 영어로 '크레듈러티'(credulity)라고 하는 성향이 있습니다. 따져 보지 않고 쉽게 믿고자 하는 성향이지요. 우리는 모든 문제, 모든 사안에 대해 눈으로 확인할 수 있는 증거를 요구하지 않고도 대부분 편하게 살아가는 편입니다. 그러므로 로크가 말하는 비례의 원칙을 사람들이 일상에서 그렇게 많이 적용하면서 살지는 않습니다. 모든 일에 그렇게 할 수 없을뿐더러 가능하다고 해도 그렇게 할 수 있는 시간과 힘이 부족하기 때문입니다. 우리는 '비례의 원칙'보다는 '신뢰의 원칙'을 따라 삽니다. 부모님과 학교 선생님, 전문가들의 판단을 대체로 믿습니다. 그러나 틀릴 가능성은 언제나 있습니다.

오늘 우리가 살고 있는 시대를 일컬어 '포스트모던 시대'이니 '세속 시대'이니 '4차 산업혁명 시대'이니 하는 말들을 합니다. 저는 '포스트 트루스'(post-truth)가 우리 시대가 앓고 있는 질병의 증상을 가장 잘 드러내는 단어가 아닐까 생각합니다. 무엇이 참이고 무엇이 거짓인지 확인해 보려는 생각도 없이, 내가 속한 집단, 내가 숭상하고 좋아하는 사람들이 주장하는 것이면 무엇이나 참이고, 반대편의 주장은 무엇이나 거짓으로 보는 태도가 '포스트 트루스' 속에 담겨 있습니다. 시대의 혼란을 이토록 잘 드러내는 단어는 없으리라 생각합니다. 저는 이럴수록 쉽게 받아들이고 단순하게 믿는 태도보다 한 걸음 물러나 생각해 보고, 다시 묻고, 더듬어 찾아보는 태도가 필요하다고 생각합니다.

저는 종종 "진리는 단순하나 우리 삶은 애매하다"고 말합니다. 애매한 삶을 이렇게 저렇게 생각해 보고, 타인과 이야기를 나누고, 성경을 새롭게 다시 읽으며 배워 가는 재미가 우리 삶에 있으면 좋겠습니다. 성경은 이미 정해진 답을 우리에게 교과서처럼 이야기해 주는 책이 아닙니다. 성경은 오히려 우리에게 질문을 던집니다. 이 질문은 아담과 하와가 범죄한 뒤 하나님의 얼굴을 피하여 나무 사이에 숨었을 때 하나님이 찾아오셔서 '아예카'(אַיֶּכָּה), "네가 어디 있느냐?"라고 물으신 물음입니다(창 3:9). 이 물음은 단순한 물음이 아니라 그야말로 '추궁'입니다. 하나님이 던지시는 이 질문 앞에 나는 발가벗은 자로 설 수밖에 없습니다. 성경말씀은 이처럼 우리가 가진 욕망과 이데올로기, 사상을 내려놓고 우리 자신을 드러내기를 추궁합니다. 이런 의미에서 우리는 조금 '회의적'인 자세를 취할 필요가 있습니다. 이때 말하는 '회의적'은 성경이 나에게, 우리에게 물어올 때 나 자신, 우리 자신을 그 앞에 내어놓고 샅샅이 살펴보는 태도를 말합니다. 쉽게 믿고 내가 믿은 것을 쉽게 타인에게 전달하기보다는, 내가 들은 것을 곧장 받아들이지 않고, 다시 알아보고 찾아보고 판단하고 행동하는 삶의 자세가 그 어느 때보다 요구되는 시대가 지금 이 시대가 아닌가 생각합니다(8강 참조).

이 책에서는 우리가 잘 알고 있는 열 가지 명구(名句)를 강의 형식으로 다루었습니다. 무엇을 변호하거나 주장하거나 설득하려는 의도는 없습니다. 잘 알고 있지만 오해하고 있는 문장들을 가운데 두고 우리 삶을 조금 여유롭게 이야기하고 싶은 마음입니다. 여러분과 실제로 현장에서 이야기를 주고받으면 좋겠지만 한 공간에 있지 못해 아쉬울 따름입니다. 그저 눈으로만 읽지 마시고 여러분에게 걸어오는 이야기라 생각하고 여러분의 응답을 여백에 써 나가며 읽는다면, 함께 삶을 들여다보는 기회가 되지 않을까 생각합니다.

여기에 담은 글은 한 편을 제외하고는 모두 『크리스채너티 투데이 한국판』에 실었던 글입니다. 하지만 지면의 한계 때문에 자세히 설명하지 못한 부분이 있어서 이번에 전체적으로 수정하고 보완했습니다. 나머지 한 편은 국내 보수 기독교인들에게는 때로 논란이 되었던 함석헌 선생의 한국 기독교 비판에 관한 글입니다. 이 글은 한길사가 주최한 「함석헌 저작집」 출판기념회 (2009. 4. 1.) 자리에서 했던 강연을 다듬은 원고입니다.

글은 크게 세 부분으로 나누었습니다. 첫 번째 부분은 하나님을 찾아가는 인간, 인간의 갈망, 인간의 몸부림과 관련된 글입니다. 체스터턴, 아우구스티누스, 파스칼, 에라스무스, 함석헌이 등장합니다. 두 번째 부분은 믿음과 앎, 신앙과 이성을 주제로 삼았습니다. 테르툴리아누스, 아우구스티누스, 마이클 폴라니, 토마스 아퀴나스가 대화 상대 및 생각할 거리를 제공해 주는 인물로 등장합니다. 세 번째 부분에는 우리의 삶과 교회의 현실에 좀 더 가까운 글들을 담았습니다. 교회개혁과 포스트 트루스 문제, 그리고 팬데믹으로 고통받는 현재 정황을 염두에 두고 전염병의 상황을 루터가 어떻게 보았는지를 다룬 글을 여기에 모았습니다. 히에로니무스, 루터, 칼빈, 아퀴나스, 하이데거와 찰스 테일러가 이 부분에 등장합니다. 마지막 강의에서는 전도서(코헬렛)를 통해 배우는 역설적인 삶의 지혜를 다루었습니다.

이 책은 『크리스채너티 투데이 한국판』의 김은홍 편집장이 없었으면 씨앗을 뿌리지 못했을 것입니다. 감사를 드립니다. 6강에서 다룬 신학의 고전적 정의와 출처와 관련된 자료를 보내 준 유해무 교수, 원고 수정과 교정 작업에 수고한 저의 아내와 칼빈신학교 제자 신주영 목사, 하늘샘 강도사에게 감사를 드립니다. 책을 내느라 수고하신 복 있는 사람 박종현 대표와 문준호 팀장, 그리고 이 책을 맡아 수고하신 이현주 편집자와 정계수 디자이너에게도 감사를 드립니다.

코로나 상황에서 분주한 일상과 거리두기를 하며 이 글을 매만졌듯이 여러분도 일상의 분주함을 내려놓고 관망하는 마음으로 이 책을 읽을 수 있으면 좋겠습니다. 즐거운 독서가 되기를 바랍니다.

2021년 3월
미시간 그랜드래피즈에서
강영안

1부

**하나님과
인간**

하나님을 찾는 사람들

유곽 문을 두드리는 사람은 누구나 하나님을 찾고 있다

Everybody who knocks on the door of a brothel is looking for God.

우리가 아는 명구(名句) 가운데 그 말을 한 사람이 누구인지에 관해 가장 잘못 알려진 문구는 무엇일까요? 제일 먼저 떠오르는 문구는 "유곽 문을 두드리는 사람은 누구나 하나님을 찾고 있다"는 말이 아닐까 싶습니다. 적어도 저에게는 그렇습니다. 저역시 얼마 전까지만 해도 잘못 알고 있었으니까요. 생각해 보면 오해할 만한 근거가 없지 않았습니다.

"유곽 문을 두드리는 사람은 누구나 하나님을 찾고 있다." 사람들이 오랫동안 체스터턴(G. K. Chesterton, 1874-1936)이 한 말이라고 생각해 온 문장입니다. 유곽(遊廓)은 몸을 파는 여인들이 사는 집입니다. 술과 여인이 있는 집을 찾아감을 하나님 찾음에 비유하는 일은 목마른 사람이 풀무불에 뛰어든다고 묘사하는 것과 비슷해 보입니다. 이처럼 상반되고 모순된 표현으로 삶의 진실을 드러내는 말은 체스터턴이나 C. S. 루이스가 아니면 쉽게 할 수 없습니다. 그러니 "유곽 문을 두드리는 사람은 누구나 하나님을 찾고 있다"는 말을 체스터턴이 했다고 해도 의심하는 사람이 없었습니다. "20대에 사회주의자가 되지 않으면 가슴이 없는 사람이고, 40대에 여전히 사회주의자로 남아 있다면 머리가 없는 사람이다." 이 말도 체스터턴이 한 말이라고들 합니다. 그러나 둘 다 체스터턴과는 거리가 있습니다.

역설 속의 지혜

체스터턴은 역설을 좋아한 작가입니다. 그의 책 『정통』(Or-thodoxy, 1908)*에 나오는 몇 구절만 인용해 보겠습니다.

- 자기 자신(the self)은 하늘의 별보다 훨씬 멀다.
- 단지 건강만을 추구함은 건강하지 못한 결과를 늘 낳는다.
- 위험에 처한 사람은 죽음 속으로 한 걸음씩 쉬지 않고 더 들어가야만 죽음에서 빠져나올 수 있다.
- 과도한 상상력이 사람을 미치게 한다는 말은 오해다. 상상이 아니라 지나치게 치밀한 이성이 사람을 미치게 한다.

---

* 체스터턴의 생각을 더 알기 원하면 G. K. 체스터턴, 『정통』(홍병룡 옮김, 아바서원, 2016)을 읽어 보십시오.

이처럼 체스터턴은 역설의 대가입니다. 그런데 '역설'(paradox)이 무엇일까요? '역설'에는 두 가지 의미가 있습니다. 하나는 논리적 의미의 역설이고, 다른 하나는 기대와는 다른 경험의 표현입니다.

신약성경 디도서를 보면 이런 구절이 나옵니다. "크레타 사람 가운데서 예언자라 하는 어떤 사람이 말하기를 '크레타 사람은 예나 지금이나 거짓말쟁이요, 악한 짐승이요, 먹는 것밖에 모르는 게으름뱅이다' 하였습니다. 이 증언은 참말입니다"(딛 1:12-13). 이 구절은 '거짓말쟁이의 역설'이라 부르기도 하고, 이 말을 한 크레타 사람의 이름을 따서 '에피메니데스의 역설'이라 부르기도 합니다. (이 말을 한 사람은 에피메니데스가 아니라 칼리마쿠스라는 설도 있습니다.)

그런데 생각해 보십시오. "크레타 사람은 거짓말쟁이"라는 진술을 "모든 크레타 사람은 거짓말쟁이"로 받아들인다고 합시다. 그리고 이 말이 참이라고 해봅시다. 그런데 이 말을 한 사람은 크레타 사람입니다. 그렇다면 그는 거짓말쟁이고, 그가 한 말은 거짓말이 됩니다. 그런데 만일 "모든 크레타 사람은 거짓말쟁이"라는 진술이 거짓이라고 해봅시다. 그렇다면 크레타 사람 가운데 거짓말을 하지 않은 사람이 적어도 한 사람은 있어야 하고, 그 한 사람이 바로 이 말을 한 사람일 수 있습니다. 그럴 때 이 사람이 한 말은 참이 됩니다. 따라서 묘한 상황이 벌어집니다. "모든 크레타 사람은 거짓말쟁이"라는 진술이 참일 경우 거짓이 되고, 거짓일 경우 참이 됩니다. 이것이 역설의 첫 번째 의미입니다.

역설의 두 번째 의미는 사람들이 통상 하는 생각과 반대되는 경우, 예상을 벗어난 일, 전혀 엉뚱하고 놀라운 일을 일컫는 경우와 연관됩니다. 우리가 '역설'로 번역해 쓰는 말은 영어로 '패러독스'(paradox)입니다. '패러독스'는 그리스어 '파라독소스'(παράδοξος)에서 왔습니다. 파라독소스는 '반대'를 뜻하는 '파라'(παρά)와 '생각' 또는 '기대'를 뜻하는 '독사'(δόξα)의 합성어입니다. 그러므로 '파라독소스'에는 '기대와는 다른', '기대에 반대되는', '통상적인 의견이나 생각과 반대되는'이란 뜻이 있습니다. 여기서 좀 더 나아가서 '예기치 않게', '믿을 수 없을 정도로', '놀라운' 등의 뜻으로도 쓰였습니다. 플라톤이나 크세노파네스, 데모스테네스, 플루타르코스의 저작에서 이렇게 쓰이는 방식을 쉽게 찾아볼 수 있습니다.

흔히 '역설'로 번역되는 '파라독소스'가 성경에서 사용된 용례가 있습니다. 누가복음 5장을 보면 예수님이 중풍병자를 일으키는 장면이 나옵니다. 사람들이 너무 많이 몰려 문으로 들어갈 수 없음을 보고 친구들이 지붕으로 올라가 중풍병자를 침상에 누인 채 예수님 계신 곳으로 내려보냈습니다. 예수님이 그들의 믿음을 보시고 병자에게 '죄 사함'을 선언합니다. 그러자 옆에 있던 바리새인과 서기관들이 이 말을 듣고 자기들끼리 토론합니다. 그들의 생각을 아시고 예수님이 물으십니다. "죄 사함을 받았다고 하는 것이 쉽겠는가, 병자에게 일어나 걸어가라 하는 것이 쉽겠는가?" 그러고는 병자를 향하여 예수님은 일어나 침상을 가지고 집으로 걸어가라고 명령합니다. 그러자 그가 곧 그들 앞에서 일어나 걸어가면서 하나님을 찬양하였습니다. 이 사건을 지켜본 사람들은 모두 놀라움에 사로잡혀 하나님을 찬양하면서 이구동성으로 "오늘 우리가 놀라운 일을 보았다"(눅 5:26)고 말합니다. 여기서 '놀라운 일'이 형용사 '파라독소스'를 명사화하여 복수형으로 만든 '파라독사'(παράδοξα)입니다. '생각할 수 없는 일들', '예기치 못한 일들', '놀라운 일들'이라고 번역할 수 있습니다. 그들이 눈으로 본 것들, 중풍병자의 죄 사함과 일어나 걸어감, 바리새인과 서기관들의 논쟁이 모두 놀라운 일이었고, 인간의 상상을 초월하는 일이었으며, 도무지 믿을 수 없는 일이었기 때문입니다.

이제 한 걸음 물러서서 생각해 봅시다. 모든 사람이 하나님을 찾지는 않지만 하나님을 찾는 사람이 있다는 사실은 아무도 부인하지 못할 것입니다. 하나님이 누구신지, 어떤 분이신지, 무엇을 하시는지, 어디 계시는지 모른다 해도 사람들은 하나님을 찾습니다.

- 하나님, 사슴이 시냇물 바닥에서 물을 찾아 헐떡이듯이, 내 영혼이 주님을 찾아 헐떡입니다(시 42:1).
- 내가 주님을 애타게 찾습니다. 물기 없는 땅, 메마르고 황폐한 땅에서 내 영혼이 주님을 찾아 목이 마르고, 이 몸도 주님을 애타

게 그리워합니다(시 63:1).

　시편에 담긴 시는 이토록 간절하게 하나님을 찾는 모습을 그리고 있습니다. 얼마나 하나님을 갈구했으면 애가 타고 숨을 헐떡이기까지 하겠습니까? 무거운 배낭을 메고 오랜 시간 행군하는 병사를 생각해 보십시오. 산길을 걷느라 온몸이 땀에 젖어 목말라하는 산행인을 생각해 보십시오. 가뭄으로 논밭이 갈라지고 마실 물조차 없어 허덕이는 농부를 생각해 보십시오. 진심으로 하나님을 찾는 사람의 간절함은 오죽하겠습니까?

　그러면 하나님을 어디서 찾아야 할까요? 하나님은 어디에 계실까요? 하나님을 찾는 사람은 산이나 들로 가기보다 교회나 성당으로 가겠지요. 그곳에서 드리는 예배나 미사에서 하나님을 만날 수 있으리라 기대하기 때문입니다. 불의가 자행되고 폭력이 난무하는 곳, 땀 냄새 가득하고 기계 소리가 진동하는 공장, 물건을 사고파는 시장이나 삿대질과 고성이 오가는 국회는 하나님을 찾을 곳은 아닌 듯해 보입니다. 그렇다면 술집이나 유곽, 창녀촌은 동이 서에서 멀듯이 하나님과 멀어도 너무나 먼 곳으로 보입니다. 그런데 "유곽 문을 두드리는 사람은 누구나 하나님을 찾고 있다"고요? 말이 되지 않습니다. 하나님을 만나려면 거룩한 곳에서 찾아야지 유곽으로 갈 수는 없지 않습니까? 그런 일은 일어날 수도 없고 일어나서도 안 되는 일이라고, 경건한 신자라면 누구나 생각하겠지요.

그런데 성경을 보십시오. 역설처럼 들리는 말이 성경에 꽤 많이 나옵니다. "나의 형제자매 여러분, 여러 가지 시험에 빠질 때에, 그것을 더할 나위 없는 기쁨으로 생각하십시오"(약 1:2). 시험은 우리를 어려움에 빠뜨립니다. 그런데 성경은 시험에 빠질 때 그것을 기쁨으로 생각하라고 명령합니다. 산상수훈에 나오는 팔복(마 5:3-12)도 마찬가지입니다. "마음이 가난한 사람은 복이 있다." "슬퍼하는 사람은 복이 있다." "나 때문에 모욕을 당하고, 박해를 받고, 터무니없는 말로 온갖 비난을 받으면, 복이 있다. 너희는 기뻐하고 즐거워하여라." 새로운 일, 익숙하지 않은 일을 경험하지 않고서는 도무지 이해할 수 없는 말입니다.

삶의 질서와 순서를 뒤집는 말도 있습니다. "첫째가 된 사람들이 꼴찌가 되고, 꼴찌가 된 사람들이 첫째가 되는 경우가 많을 것이다"(마 19:30). "누구든지 자기 목숨을 구하고자 하는 사람은 잃을 것이요, 나 때문에 자기 목숨을 잃는 사람은 찾을 것이다"(마 16:25). 모두 역설에 속하는 말입니다. 말이 되지도 않을뿐더러 만일 이 말들이 진실이라면 놀랄 수밖에 없는 선언입니다.

섹스와 하나님?

그렇다면 "유곽 문을 두드리는 사람은 누구나 하나님을 찾고 있다"라는 말을 누가 했을까요? 체스터턴이 하지 않은 말이라는 것은 분명합니다. 문자 그대로 이 말을 한 사람이 있는지 모르겠습니다만, 스코틀랜드 작가 브루스 마샬(Bruce Marshall, 1899-1987)

이 1945년 발표한 소설 『세상, 육신, 스미스 신부』*에서 비슷한
표현을 찾아볼 수 있습니다.

이 작품은 스코틀랜드를 로마 가톨릭 나라로 바꾸고자 혼신
을 다하는 스미스 신부를 주인공으로 등장시키고 있습니다. 스
미스 신부는 자신이 일하는 교구의 주교 명령으로 제1차 세계대
전에 참여하게 됩니다. 종군 신부로 몇 년간 고생하고 돌아왔으
나 교구의 중요한 일은 이미 다른 신부들이 차지하고 있었기 때
문에 자전거를 타고 여기저기 다니면서 미사를 집전하고 성도들
을 돌보는 일을 했습니다. 스미스 신부는 어느 날 기도를 마치고
나오다가 화려한 옷차림을 한 젊은 여인을 성당 앞에서 만나게
됩니다. 스미스 신부가 그쪽으로 다가가자 젊은 여인이 이렇게
말합니다. (다음은 브루스 마샬의 『세상, 육신, 스미스 신부』 106-108쪽에 나
오는 내용을 간추린 내용입니다.)

"저는 「발가벗고 부끄러움이 없는」이란 소설을 쓴 데이나 애그데일
라입니다. 영국에서 1만 2,000부가 팔리고 미국에서 2만 부가 팔렸
지요. 신부님은 아마 읽지 않으셨을 겁니다."

젊은 여인은 가톨릭 신부님을 꼭 한 번 만나고 싶었는데 이렇게 만
나게 되어 기쁘다는 표시를 한 다음, 기독교 신자들이 흔히 믿는 세
례나 동정녀 탄생을 신부님도 믿느냐는 질문을 던집니다. 신부의 설

---

* Bruce Marshall, *The World, the Flesh, and Father Smith* (Boston: Houghton Mifflin, 1945).

명을 들은 다음 데이나는 이렇게 말합니다.

"신부님, 신부님이야말로 승화의 완벽한 사례이시군요. 프로이트의 그늘과 융의 유령들. 그런데 섹스는 어떻게 하시지요? **우리** 없이 삶을 어떻게 가꾸어 가시는가요?"

스미스 신부는 이 말을 듣고는 "그거야 아마도 종교 생활 가운데서 가장 쉬운 부분이겠지요"라고 답하면서 여자의 몸이란 아름다워 보이지만 곧장 늙게 되고 추하다는 이야기를 길게 늘어놓습니다. 그러자 데이나는 이렇게 대꾸합니다.

"방금 하신 말씀은 제가 늘 '종교는 섹스의 대용품에 지나지 않는다'고 하는 말이 옳음을 증명해 주는군요."

이 말을 스미스 신부는 되받아 이렇게 말합니다.

"글쎄요, 오히려 섹스가 종교의 대용품이고 유곽의 초인종을 누르는 젊은이는 하나님을 무의식중에 찾고 있다고 믿는 편이 더 낫다고 저는 여전히 생각합니다."

"유곽의 초인종을 누르는 젊은이는 하나님을 무의식중에 찾고 있다"(The young man who rings the bell at the brothel is unconsciously looking for God). 체스터턴의 말로 알려진 "유곽 문을 두드리는 사람은 누구나 하나님을 찾고 있다"는 말의 출처가 (완전히 일치하지는 않지만) 이 소설임을 우리는 여기서 확인할 수 있습니다. 유곽을 찾는 사람은 그곳에서 술을 마시고 여자와 잠자리를 하기 위해 찾아갑니다. 그런데 그런 행위가 어떻게 하나님을 찾는 행위라 말할 수 있을까요? 하나님과 섹스가 무슨 상관이 있을까요?

'섹스와 신.' '섹스와 종교.' 이 둘의 관계는 여러 방식으로 다룰 수 있습니다. 우리는 베르니니(Gian Lorenzo Bernini, 1598-1680)의 조각품 「성 테레사의 법열(法悅)」(로마 산타 마리아 델라 비토리아 성당을 들어서면 2층 왼쪽 편에 놓인 이 조각품을 볼 수 있습니다)을 통해 종교와 성의 관계를 논한 조르주 바타이으(Georges Bataille, 1897-1962)의 『에로티즘』(L'Erotisme, 1957)을 읽을 수 있고, 브루스 마샬의 소설에 나오는 데이나가 대화 속에서 인용하고 있는 프로이트를 참고할 수 있습니다.

프로이트는 사람이 잠재적으로 가지고 태어나는 성 충동이 세 살이나 네 살 때부터 사춘기에 이르기까지 성적으로 성숙해 가는 과정을 거치지만, 다른 한편으로는 혐오와 수치, 도덕을 통해서 억압되었다가 나중에는 이른바 '승화'(sublimation)의 과정을 거쳐 성적인 것과는 상관없는 예술적인 성취나 이타적 성품 또는 종교 신앙으로 발전된다고 보았습니다. 『성 이론에 관한 세 연구』(Drei Abhandlungen zur Sexualtheorie, 1905)에서부터 『정신분석학 개요』(Abriss der Psychoanalyse, 1940)에 이르기까지 성 욕망의 '억압'과 '승화'는 프로이트에게 매우 중요한 개념으로 쓰였습니다. 이 개념을 통하여 프로이트는 인간과 인간이 이룬 문명을 설명하고 있습니다. 소설 속의 데이나는 프로이트를 따라 종교는 '섹스의 대용품'이며 자기가 보기에 스미스 신부야말로 '승화의 완벽한 사례'라고 말합니다.

데이나와 반대로, 섹스를 오히려 '종교의 대용품'이라 본 스미스 신부 편에 서서 이야기를 해본다고 상상해 보십시오. 유곽의 초인종을 누르는 사람이 어떻게 하나님을 찾고 있다고 말할 수 있을까요?

파스칼의 통찰

이 물음의 답을 얻기 전에 체스터턴 못지않게, 아니 체스터턴에 앞서 탁월하게 역설의 어법을 구사한 파스칼(Blaise Pascal, 1623-1662)에게 잠시 시선을 돌려 보면 좋겠습니다. 파스칼의 『팡세』(Pensées)*는 역설적인 표현으로 가득합니다.

- 우리는 진리를 원한다. 그런데 우리 속에서 불확실만을 발견한다. 우리는 행복을 추구한다. 그런데 비참과 죽음만을 발견한다. (20)
- 만일 인간이 하나님을 위하여 창조되지 않았다면 왜 하나님 안에서만 인간이 행복할 수 있을까? 만일 인간이 하나님을 위하여 창조되었다면 왜 그토록 인간은 하나님을 거역할까? (18)
- 공간을 통하여 우주는 나를 담고 있다. 그리고 나를 하나의 점처럼 삼켜 버린다. 그러나 나는 생각을 통하여 우주를 담는다. (145)
- 인간의 위대성은 자기가 비참하다는 사실을 알고 있다는 점에

---

* 파스칼 연구의 권위자인 필립 셸리에판을 따르는 김형길 번역의 『팡세』(서울대학교출판부, 2005)를 기초로 하되 때로 조금 수정해서 인용합니다. 괄호 속의 숫자는 셸리에판의 단장 번호입니다.

있다. ……자기가 비참하다는 것을 아는 것은 비참한 일이다. 그러나 자기가 비참하다는 것을 안다는 것은 위대한 일이다. (146)

- 인간이란 얼마나 환상적인 괴물인가? 얼마나 새롭고 얼마나 괴상하며 얼마나 무질서하고 얼마나 모순된 인물이며 얼마나 신기한 존재인가? 만물의 판단자인가 하면 진흙 속에 있는 어리석은 벌레이고, 진리의 소유자인가 하면 불확실과 오류의 시궁창이며 영광스러운 존재인가 하면 우주의 쓰레기와 같은 존재가 아닌가? (164)

- 인간은 자연 가운데서 가장 연약한 하나의 갈대에 지나지 않는다. 그러나 그것은 생각하는 갈대이다. 그를 부러뜨리기 위해서전 우주가 무장할 필요가 없다. 한 방울의 수증기, 한 방울의 물로도 그를 죽이기에 충분하다. 그러나 우주가 그를 부러뜨릴 경우라 할지라도 인간은 그를 죽이는 우주보다도 훨씬 더 고상할것이다. 왜냐하면 그는 자기가 죽는다는 것과 우주가 자기보다우월하다는 것을 알고 있기 때문이다. 우주는 그에 대해서 아무것도 알지 못한다. (231)

파스칼은 뛰어난 수학자이자 철학자요 신학자였을 뿐만 아니라 탁월한 인간 관찰자였습니다. 그는 인간 영혼 깊숙한 곳에 있는 공허, 빈터, 빈 공간을 보았습니다. 파스칼이 본 이 공간을 후세 사람들은 '하나님 모양을 한 진공'(God-shaped vacuum)이라고 불렀습니다. 무한하고 불변하시는 하나님이 아니면 채울 수 없는 공허, 진공, 빈 공간이 우리 인간에게 있다는 말입니다.

파스칼의 『팡세』 가운데 한 단장(斷章)은 "모든 인간은 행복해지기를 열망한다"라는 문장으로 시작합니다. 그런데 그렇게 열망하고 갈망할 뿐 실제로는 누구도 행복을 찾지 못하고 죽음을 향해 달려간다는 결론에 파스칼은 도달합니다. 그런 다음 파스칼은 이렇게 묻습니다. "그렇다면 이 갈증과 무능력이 우리에게 소리치는 것은 무엇인가?" 그의 답은 이렇습니다.

> 옛날에는 인간 속에 진정한 행복이 존재했지만 이제는 흔적과 공허한 자국만 남아 있다는 것, 그래서 눈앞에 존재하는 것들 속에서 얻지 못하는 도움을 존재하지 않는 사물들 가운데서 찾으면서 자기를 둘러싸고 있는 모든 것들로 메꾸어 보려고 쓸데없이 노력하지만 전혀 그럴 수가 없다는 것, 왜냐하면 이 무한한 심연은 무한하고도 불변하는 하나의 대상, 곧 하나님 자신이 아니면 채울 수가 없기 때문이라는 것을 말해 주는 것이 아니겠는가? (181)

여기서 말하는 행복은 무엇일까요? 어디서 무엇으로 누리는 행복일까요? 우리에게는 알고 예측하고 계획할 수 있기를 원하는 지적 경향이 있습니다. 정서적으로 친밀감을 누리고 몸과 마음과 삶 전체가 보호받고 안전하다는 느낌을 가지고자 하는 열망도 있습니다. 또한 무엇에도 매이지 않고 자유롭고 평화롭게 살아가고자 하는 욕구가 있습니다. 조화와 균형, 아름다움에 대한 추구, 억울함이나 부당함 없이 공정하게 대우받기를 원하는 마음도 있습니다.

그러나 우리의 바람과는 반대로 우리 삶은 일그러지고 우리의 욕구와 열망은 좌절되며 희망은 절망으로 바뀌기 일쑤입니다. 이 세상에는 행복한 사람보다 불행한 사람이 더 많다고 하는 편이 진실에 가까울 것입니다. 그런데 누구도 행복을 포기하지 않고 행복을 찾아 나섭니다. 파스칼은 전쟁터에 나가는 사람이나 전쟁터를 기피하는 사람이나 다 같이 행복을 찾고 있다고 말합니다.

유곽을 찾아가는 사람이 실제로는 하나님을 찾고 있다는 말을 이해할 수 있는 단서가 여기에 있습니다. 하나님을 통하지 않고서는 채울 수 없는 빈 공간, 빈터를 채우고자 하는 노력이 사람에 따라 다르게 나타납니다. 어떤 사람은 유곽을 찾아가는 일로, 온갖 물건을 수집하는 일로, 어떤 사람은 지독하게 일에 빠짐으로, 돈 버는 일에 목숨을 거는 일로, 어떤 사람은 수단과 방법을 가리지 않고 권력을 손에 넣는 일로, 오직 자식 성공시키기에 몰입하는 일로, 종교적 열심에 사로잡히는 일로 마음속에 있는 빈 공간을 채워 갑니다.

아우구스티누스의 고백

파스칼의 통찰은 우리를 곧장 아우구스티누스로 이끌어 줍니다. 그의 『고백록』(Confessiones)을 펼쳐 보십시오. 여러분도 알듯이 『고백록』은 두루마리를 가지고, 말하자면 열세 두루마리 (卷)로 나누어 진행하는 하나의 긴 기도문입니다. 이 기도를 통하여 아우구스티누스는 자신의 죄를 고백하고 하나님을 찬양하며, 이 기도를 읽는 사람들이 자신이 찬양하는 하나님을 알기를 원합니다.

이런 의미에서 그의 고백은 '죄의 고백'(confessio peccati)일 뿐만 아니라 '찬양의 고백'(confessio laudis)이고 '신앙의 고백'(confessio fidei)이며, 이를 통해 아우구스티누스는 자신과 같은 죄인들을 하나님께로 초대하고 있습니다. "주님, 주님은 위대하시고 높이 찬양받으실 분입니다"라는 찬양으로 그의 기도가 시작되고, 조금 내려가면 유명한 구절이 나옵니다. "주님은 사람을 일깨워 주님을 찬양하게 하십니다. 왜냐하면 주께서 우리를 주님으로 향하도록 지으셨고 우리의 심장은 주님 안에서 안식을 얻기까지는 쉼을 얻지 못하기 때문입니다"(『고백록』 1. 1. 1.).

앞서 파스칼은 인간이 하나님 외에 다른 무엇으로 마음속의 빈 공간, 빈터를 채우려는 까닭은 인간의 타락, 인간의 부패 때문이라고 생각하였습니다. 원래 가졌던 행복을 잃어버렸기 때문에 잃어버린 행복을 찾아 헤매지만, 하나님으로 채우기보다 하나님을 대신할 다른 무엇으로 채우려고 애쓰는 인간의 모습을 파스칼은 보았습니다.

한편 아우구스티누스는 부패와 타락 이전으로 한 걸음을 더 내딛습니다. 우리의 심장, 우리의 가슴(cor nostrum)이 하나님 안에서 안식을 얻기까지 쉼을 얻지 못하는 까닭은, 우리가 하나님을 향하도록 지음 받았고 하나님 안에 이르러서야 비로소 쉼을 얻을 수 있기 때문입니다. 그러므로 하나님 안에서 쉼을 얻기까지는 끊임없이 안식을 찾아서 움직일 수밖에 없습니다.

창세기 1장과 2장을 보십시오. 하나님은 첫 사흘을 시간과 공간을 만드는 일에 쓰시고 나머지 사흘은 그 가운데 거주할 해와 달, 식물과 동물, 그리고 인간을 만드는 데 쓰셨습니다. 이레째 되는 날, 하나님은 만물과 더불어 쉬셨습니다. 만물은 하나님을 향하여, 하나님 안에서 안식과 평화를 누리고, 하나님 안에서 생명과 자유와 진리와 정의를 누리도록 지음 받았습니다. 그러므로 아우구스티누스는 만물을 지으신 하나님의 창조와 안식으로 그의 『고백록』 1권을 시작하여, 하나님 안에서의 만물의 안식과 만물 안에서의 하나님의 안식으로 13권을 마무리 짓습니다. 수사학에서 말하는 수미상관법을 썼다고 말할 수 있습니다.

그런데 보십시오. 아우구스티누스 자신이 낱낱이 증언하듯이 인간은 하나님뿐만 아니라 자기 자신과도 너무나 멀리 떨어져 있는 존재입니다. 인간은 툴툴 털고 일어나 하나님을 향하여 걸어가는 존재라기보다 오히려 자신 속에 머물러 자신 안에 웅크리고 있는 존재입니다. '자신 속에 웅크린 인간'(*homo incurvatus in se*), 이것이 아우구스티누스가 본 인간이고 나중에 루터가 본 인간입니다. '죄'는 하나님을 멀리 떠나 자신 속에 웅크려 앉아 있는 상태입니다. 하나님께로 나아가는 길을 차단하고, 하나님께로 열린 문에 스스로 자물통을 채워 안에서 잠그는 일이 곧 죄입니다. 죄는 여기서 한 걸음 더 나아가 하나님께 반항함입니다. 그러나 죄는 반항으로만 머물지 않고, 이윽고 하나님 아닌 다른 것을 예배하고 섬기는 우상 숭배와 구체적인 불법 행위로 자신의 모습을 드러냅니다.

이러한 죄 가운데 있던 자신을 떠올리면서 아우구스티누스는 묻습니다. "제가 주님을 찾을 때 저는 어디에 있었습니까? 주님은 제 앞에 계셨지만 저는 저를 떠났습니다. 저를 찾지 못하였는데 하물며 주님이겠습니까?" 자신이 누구인지, 자신이 어디에 있는지를 그는 하나님을 찾아 발견했을 때, 하나님을 알았을 때, 비로소 알게 되었습니다.

다시 한 걸음 물러나 질문해 봅시다. 사람은 어떤 이유로 하나님을 찾아 나서게 될까요? 공자 다음으로 유교 전통에서 중요한 맹자를 보십시오. 오죽했으면 사람이 개나 닭을 잃어버리면 찾아 나서면서도 잃어버린 자신의 마음을 찾지 않는다고 한탄을 했겠습니까? 잃어버린 마음 찾기, 한자로 말하면 '구방심'(求放心)이 공부하는 길이며 이 길밖에 없다고 맹자는 강조했습니다. 잃어버린 자기 마음조차 찾지 않는 사람이 어떻게 하나님을 찾을 수 있겠느냐고 우리는 물어볼 수 있습니다.

자신의 비참함을 알라

파스칼은 『팡세』에서 '한 사람'의 모습을 그리고 있습니다.

그 사람은 누가 이 세상에 자신을 두었는지, 이 세상은 어떤 세상인지, 자신이 어떤 존재인지 알지 못합니다. 그가 보는 것은 무시무시한 우주 공간뿐입니다. 왜 이 시점에, 광대한 우주 공간 한 구석에 자기가 있는지 그는 도무지 알지 못합니다. 자신이 어디에서 왔는지, 어디로 가고 있는지도 모릅니다. 다만 확실하게 알고 있는 것은 머지않아 그가 틀림없이 죽게 되리라는 사실뿐입니다. 이 세상을 벗어나면 영원한 무에 빠지거나 성난 신의 품속에 떨어지게 되리라는 예상만 할 뿐, 이 두 가지 조건 가운데 어떤 조건이 자신을 기다리고 있는지 그는 알지 못합니다. 그럼에도 자신에게 일어날 일을 알아보거나 생각하지 않고 현재 주어진 대로 살아감이 좋다는 결론을 스스로 내립니다. 파스칼은 이 사람에게 큰 분노를 느낍니다. 왜냐하면 인간에게는 자신의 상태, 자신의 영원만큼 중요한 문제가 없건만 영원한 비참함에 떨어질 위험의 상황에도 무관심할 수 있다는 것은 도무지 자연스러운 일이 아니라고 생각했기 때문입니다.

파스칼이 관찰한 그 '한 인간'은 자기 자신과 대면하기를 두려워하는 존재입니다. 왜냐하면 자신과 대면할 때 자신은 죽을 수밖에 없는 비참한 존재임을 알게 되기 때문입니다. 그러므로 인간에게는 자신을 아예 생각하지 못하도록 막아 줄 수 있는 사람과 일과 활동이 필요합니다. 권력자가 되어 주변 사람들에게 에워싸일 때, 수많은 책임을 지고 분주하게 활동할 때, 도망가는 사냥감을 잡으려고 안간힘을 다해 뒤쫓아 갈 때, 사람은 자기를 잊고 일시적인 희열과 행복 속에 잠깁니다. 오락, 권력, 전쟁 등 인간이 몰두하는 일들이 자신을 잊고 자신의 불행에 직면하지 않도록 막아 주는 수단으로 등장합니다.

이렇게 자신을 잊고 일시적인 행복에 사로잡혀 사는 사람들을 비참하고 불행하게 만드는 방법은 간단하다고 파스칼은 말합니다. "그들에게서 이런 신경 쓰는 일을 모두 빼앗으면 된다. 그때 자신을 바라보게 되고, 자기가 어떤 존재인지 생각하게 되고, 어디서 와서 어디로 가는지를 생각하게 되기 때문이다"(171). 파스칼은 이렇게 끝맺습니다. "인간의 마음은 얼마나 공허하고 오물로 가득 차 있는가"(171).

그런데 인간이라 해도 모두 같은 인간은 아닙니다. 하나님을 찾는 것과 관련해서 파스칼은 인간을 세 종류로 나눕니다. 하나님을 발견하고 하나님을 섬기는 사람, 하나님을 발견하지 못해 하나님을 찾는 일에 몰두하는 사람, 하나님을 발견하지 못했을 뿐 아니라 하나님을 찾지 않으면서 살고 있는 사람. 첫 번째 사람은 분별력 있고 행복한 사람이고, 두 번째 사람은 불행하지만 분별력 있는 사람이며, 세 번째 사람은 정신 나갔을 뿐 아니라 불행한 사람이라고 파스칼은 말합니다.

그런데 불행은 어디서 오는 것일까요? "인간의 모든 불행은 단 한 가지, 자신의 방에 가만히 머물러 있을 줄 모르는 데서부터 온다"(168)고 파스칼은 말합니다. 자신의 방에 머물러 있지 못하는 이유는, 바깥으로 나가 사람들을 만나고 분주하게 어떤 일에 몰두함으로 자신을 대면하지 않으려는 데서 비롯된다고 파스칼은 보았습니다. 그러므로 하나님을 찾고, 하나님 가운데서 자신을 찾는 일은 홀로, 침묵 가운데 자신에게 머물 줄 앎을 배우는 데서, 자신이 얼마나 비참하고 허망한 존재인지, 스스로 채울 수 없는 공허가 얼마나 큰지를 배우는 데서 시작한다고 말할 수 있습니다. 침묵 가운데 홀로 하나님과 자신을 대면하는 일은 다른 사람들과 함께 기도하고 성경을 읽고 찬송을 올리는 예배 현장으로 이어질 수 있고, 함께 드리는 예배가 홀로 있는 시간과 공간으로 이어질 수도 있습니다. 여기서 중요한 것은 파스칼의 다음 말입니다.

> 자기의 비참에 관한 지식 없이 하나님을 아는 것은 오만을 낳는다. 하나님에 관한 지식 없이 자기의 비참을 아는 것은 절망을 낳는다. 예수 그리스도에 관한 지식은 그 중간을 낳는다. 왜냐하면 우리는 거기에서 우리의 비참과 하나님을 모두 발견하기 때문이다. (225)

파스칼은 예수 그리스도를 통하여 하나님 알기를 권합니다. 왜냐하면 중보자 되신 그를 통해 우리의 비참함을 알고 회복을 얻을 수 있다고 믿었기 때문입니다. 인간의 위대성은 자신의 비참함을 아는 데 있습니다. 비참함을 통하여 절망에까지 내려갈 때, 그곳이 시장터이든 사무실이든 유곽이든, 그는 예수 그리스도를 통해 알게 되는 하나님과 멀리 떨어져 있지 않을 것입니다.

하나님 아닌 다른 무엇이 마음의 공허를 채우고, 친밀감과 안전을 줄 때, 실상 그것은 우상(偶像)에 지나지 않습니다. 왜냐하면 '우상'은 하나님과 짝(偶)이 되는 듯하지만 겉모습(像)만 그러할 뿐 사실은 '짝퉁 신', '가짜 신'이기 때문입니다. 참된 신만이 인간을 자유롭게 할 수 있고 평화와 안식과 충만한 삶의 의미를 누리게 해줄 수 있습니다.

다시 체스터턴으로 돌아가 보겠습니다. 체스터턴은 여러 작품을 통해 진실의 역설적 성격을 드러내 보입니다. 진실은 우리가 기대하고 예상하는 바와 다릅니다. 왜 그럴까요? 우리 인간은 사물의 뒷면만을 보기 때문입니다. 왜 뒷면만 볼까요? 인간의 타락 때문입니다. 인간은 사소한 일에 대해서는 심각하게 떠들지만 막상 중요하고 가치 있는 일에 대해서는 시큰둥한 태도를 보입니다. 사물의 정면, 인간의 실상, 자신의 진상을 늘 피하기 때문에 진실을 드러내는 방법은 곧 역설이라고 체스터턴은 생각하였습니다.

그런데 역설 중의 역설은 하나님이 비천한 종의 모습으로, 사람으로 이 땅에 오신 진리입니다. 예수 그리스도는 모순입니다. 예수 그리스도는 영원과 시간, 무한과 유한, 창조주와 피조물, 눈에 보이지 않는 것과 보이는 것, 영과 육, 삶과 죽음의 충돌입니다. 이 충돌에서 우리는 하나님과 사람을 만납니다. 이 모순, 이 역설은 우리에게 겸손히 예배드리기를 요구합니다. 체스터턴은 그래서 이렇게 말합니다. "예배자는 그가 꿇어 엎드릴 때 자기 키가 그 어느 때보다 크다는 것을 느낀다." 겸비해지신 예수를 예배하고 그를 닮을 때, 비로소 가장 값진 인간이 된다는 말입니다.

하나님 나라와 세상

내 나라는 이 세상에 속한 것이 아니다

My kingdom is not of this world.

1강을 역설에 관한 언급으로 끝냈습니다. 삶의 역설, 이 가운데서도 역설 중의 역설인 예수 그리스도의 성육신(成肉身, incarnation)은 우리 삶을 전혀 다르게 보게 합니다. 그리스도는 세상이 권력을 말할 때 힘없음을, 온유함을, 아이 같음을 보여주었습니다. 세상이 높아짐을 요구할 때 낮아짐에 처하고, 세상이 영광을 추구할 때 고난에 처하는 삶을 살았습니다. 이것을 예수님은 "내 나라는 이 세상에 속한 것이 아니다"란 말로 표현했습니다. 예수님 이후 사람들은 이 말을 알아듣지 못했거나 의도적으로 곡해하여 적용했습니다. 교회의 역사가 그런 경우를 종종 보여주었습니다. 네덜란드 로테르담 출신 에라스무스(Desiderius

Erasmus, 1466-1536)는 누구보다도 교회와 교회 지도자들의 왜곡된 생각과 삶을 잘 드러내 줍니다.

에라스무스의 통찰

1509년 에라스무스는 이탈리아를 떠나 영국으로 향하고 있었습니다. 오늘 같으면 로마 공항에서 런던으로 가는 비행기를 탔겠지만 그때는 기껏해야 말을 타고 이동할 수밖에 없던 시절입니다. 에라스무스는 볼로냐, 베네치아, 로마에서 보낸 지난 3년을 되돌아보면서 알프스를 넘고 있었습니다.

1506년 에라스무스는 헨리 7세의 궁정 의사였던 조반니 바티스타 보에리오의 두 아들을 돌보아 주는 조건으로 영국을 떠나 이탈리아 볼로냐에 왔습니다. 볼로냐로 오는 길에 토리노에 잠시 들러 신학박사 학위를 받습니다. 그에게는 필요도 없는 학위증인지라 잠시 허영을 만족시킨 순간이 지나가자 어느 한구석에 팽개쳐 두었습니다. 첫해 연말까지는 볼로냐에 머물고 이듬해에는 베네치아에서 출판업을 하는 사람의 장인 집에 머물면서 『격언집』(*Adagia*)을 대폭 수정 증보하는 작업을 진행합니다. 1509년에는 로마를 둘러봅니다. 이제 알프스를 넘어 스위스로 이동하는 말안장에 앉아서 에라스무스는 영국에 도착하면 곧 만나게 될 토마스 모어를 생각합니다.

런던의 모어 집에 머물면서 며칠 동안 쓴 글이 우리에게 『우신예찬』(*Moriae Encomium*)으로 알려져 있는 책입니다. 토마스 모어의 라틴어 이름 모루스(Morus)를 패러디해서 쓴 책입니다. 그리스어에는 모루스와 비슷한 소리가 나는 '모리아'(μωρία)란 단어가 있습니다. 이것은 사도 바울이 고린도전서 1장에서 "십자가의 도가 멸망하는 자들에게는 미련한 것이요 구원을 받는 우리에게는 하나님의 능력이라"고 할 때의 '미련함' 곧 어리석음입니다. 에라스무스는 어리석음의 여신 '모리아'를 등장시켜 토마스모어를 찬양하고 있습니다. 이 가운데는 똑똑한 척하지만 실상은 어리석은 자들을 조롱하는 부분이 있습니다. 식자들, 힘 있는무리들, 성직자들이 여기에 포함됩니다. 당연히 교황도 들어 있습니다. 에라스무스가 직접 본 교황은 율리우스 2세였습니다.

런던을 떠나 파리를 거쳐 볼로냐로 향할 때 에라스무스가 토리노에 잠시 머물렀다는 이야기는 앞에서 했습니다. 그때 볼로냐로 곧장 들어가지 못한 이유는 전쟁이 아직 완전히 끝나지 않았기 때문입니다. 드디어 볼로냐에 갔을 때 에라스무스는 개선장군으로 입성하는 교황 율리우스 2세를 보았습니다. 율리우스 2세는 베드로 성당을 개축하느라 엄청난 헌금을 거두고 있었을 뿐 아니라 전쟁을 서슴지 않았습니다. 그에게서는 나귀 타고 예루살렘으로 입성하는 예수님의 모습은 찾아볼 수 없고 악한 로마의 황제 모습만 보였습니다. 에라스무스는 이 교황이 죽은 뒤 그를 풍자하는 「천국에서 배제된 율리우스」라는 글을 썼습니다. 천국 문을 지키는 베드로와 이제는 죽어 천국 문에 도착한 교황과 그의 수호천사의 대화는 이렇게 시작됩니다.

율리우스: 도대체 무슨 일이냐? 문이 왜 안 열려? 어떤 놈이 자물통을 바꾼 게 틀림없어. 아니면 누가 장난을 쳤거나.

수호천사: 교황님, 다른 열쇠를 들고 오신 게 아닌가요? 보물창고 열쇠로는 천국문을 열 수 없어요. 둘 다 들고 오시지 그러셨어요. 손에 들고 계신 열쇠가 지혜의 열쇠가 아니라 권력의 열쇠인가 봐요.

율리우스: 이게 지금까지 내게 있던 열쇠 전부야. 이걸 여기 가져올 때, 어디 따로 쓸 데가 있을지 몰랐지.

수호천사: 저도요. 열쇠 없이 들어갈 수 없다는 것밖에요.

율리우스: 화가 나 죽겠네. 문을 부숴 버릴까? 어이, 어이! 당장 문 열어! 무슨 일이냐? 거기 아무도 없어? 문지기는 도대체 뭘 하는 거냐? 이놈이 거나하게 마시고는 코를 골고 있나.

수호천사: 문지기는 자기 기준으로 사람을 판단해요.

베드로: 우리 천국 문이 단단하기 망정이지! 안 그랬으면 저놈이 그냥 쳐부수고 들어올 뻔했잖아! 저놈이 누굴까? 거인이거나 전사이거나 도시의 파괴자임에 틀림없어. 그런데, 아이구, 하나님! 이게 무슨 냄새냐? 하수구 냄새가 진동을 하잖나. 문을 곧장 열어 주면 안 되겠어. 어떤 괴물인지 창틈으로 내다봐야겠네. 누구세요? 뭘 원하시나요?

율리우스: 문 열어! 빨리. 너, 일을 제대로 하려면 천사들을 대동해서 날 알현하러 나와!

베드로: 위세가 당당하군! 누구신지 먼저 말씀해 주세요!

율리우스: 네 눈으로 볼 수 없어?

베드로: 내 눈으로 보라고요? 아니, 이상한 장면이 보일 뿐인데요? 괴물 같은 거라고 말해야 하나요? 이런 괴물은 한 번도 본 적이 없는데요.

율리우스: 눈이 멀지 않았으면 이 열쇠는 알아보겠지? 금 참나무는 드물지만. 세 겹 왕관과 금과 보석으로 빛나는 내 외투도 알아볼 테고.*

베드로와 율리우스 2세의 대화를 읽으면서 예수님이 예루살렘 동쪽에서 나귀 타고 예루살렘으로 들어오는 장면과 빌라도가 예루살렘 서쪽에서 기병대와 군대를 앞세우고 위세 당당하게 들어오는 장면을 그리고 있는 존 도미닉 크로산과 마커스 보그의 글을 떠올리게 됨은 우연일까요?** 크로산과 보그는 예수님의 행진을 '농부의 행진'이라 부르고 본디오 빌라도의 행진을 '황제의 행진'이라 부릅니다. 예수님은 '하나님의 통치'를 전하고 빌라도는 황제의 권력을 선포합니다. 두 힘 사이의 대조는 예수님과 빌라도의 대화 장면에서도 드러납니다. 요한복음 18:33-38을 보십시오.

---

* Desiderius Erasmus, *Collected Works of Erasmus* (Toronto: Toronto University Press, 1974-), vol.27, 155-197. 인용문은 168.

** Marcus Borg & John Dominic Crossan, *The Last Week* (New York: HarperOne, 2007), 2-5.

빌라도: 네가 유대인의 왕이냐?

예수: 이는 네가 스스로 하는 말이냐, 다른 사람들이 나에 대하여 네게 한 말이냐?

빌라도: 내가 유대인이냐? 네 나라 사람과 대제사장들이 너를 내게 넘겼으니 네가 무엇을 하였느냐?

예수: 내 나라는 이 세상에 속한 것이 아니니라. 만일 내 나라가 이 세상에 속한 것이었더라면 내 종들이 싸워 나로 유대인들에게 넘겨지지 않게 하였으리라. 내 나라는 지금 여기에 속한 것이 아니니라.

빌라도: 그러면 네가 왕이 아니냐?

예수: 네 말과 같이 내가 왕이니라. 내가 이를 위하여 태어났으며 이를 위하여 세상에 왔나니 곧 진리에 대하여 증언하려 함이로다. 무릇 진리에 속한 자는 내 음성을 듣느니라.

빌라도: 진리가 무엇이냐?

예수님과 대면한 빌라도는 요한복음 18장을 따르면, "네가 유대인의 왕이냐?"(33절), "내가 유대인이냐?"(35절), "네가 무엇을 하였느냐?"(35절), "그러면 네가 왕이 아니냐?"(37절), "진리가 무엇이냐?"(38절), 이렇게 다섯 번이나 질문을 하였습니다. 빌라도는 예수님이 진리를 증거하려고 이 세상에 왔다고 하시는 말씀을 듣고는 "진리가 무엇이냐"고 묻기는 하였지만 대답을 기다리지는 않았습니다. "정의가 무엇인가?", "용기가 무엇인가?"라고 그리스 철학자들이 묻듯이 빌라도도 철학자들처럼 "무엇인가"(τί ἐστι)라는 질문을 예수님께 던졌습니다. 그러나 대답을 기다리지 않고 자리를 떴습니다.

스위스 작가 요한 라바터(Johann Kaspar Lavater, 1741-1801)는 빌라도에 대해서 "나는 그에게서 모든 것을 발견한다. 하늘과 땅과 지옥, 미덕과 악덕, 지혜와 어리석음, 운명과 자유. 그는 이 모든 것들의 상징이다"라고 말했습니다.* 『수상록』으로 우리에게 알려져 있는 프랜시스 베이컨(Francis Bacon, 1561-1626)은 이 책 첫머리에 실은 「진리가 무엇인가」라는 글에서 질문을 던지고는 곧장 떠나 버린 빌라도를 경박한 사람으로 묘사하였습니다. 만일 그가 조금 진중하게 뜸을 들이면서 기다렸다면, 수많은 철학자와 탐구자들이 물었던 '진리가 무엇인가'에 대한 답을 들을 기회가 되었겠지요. 그러나 기다리지 않고 자리를 일찍 떠나 버렸으니 경박한 사람이란 소리를 들어도 마땅하다고 보아야 하겠지요. 만일 빌라도가 '진리가 무엇이냐'는 질문을 한 뒤 조금 기다렸다면 예수님은 무엇이라고 답하셨을까요? "진리는 그 무엇이 아니다. 내가 곧 진리요, 길이요, 생명이다"라는 답을 기대할 수 있지 않을까요? 세속적이고 정치적인 빌라도는 아마 경악스러운 표정을 지으면서 예수님께 냉소를 보냈겠지요.

이런 경박한 사람에게 예수님은 "내 나라는 이 세상에 속한

---

* Giorgio Agamben, *Pilate and Jesus* (Stanford, CA: Stanford University Press, 2015), 3에서 인용.

것이 아니다. 내 나라는 여기에 속한 것이 아니다"라고 답합니다. 예수님의 대답을 여러분은 어떻게 생각하십니까? '하나님의 나라는 이 세상과는 다르다. 이 세상은 사람들이 다스리고 어두우며 더럽고 속되다. 이 땅에 사는 신자들은 속세를 떠나, 세상과 멀리, 영원한 나라를 바라보고 살아야 한다.' 이렇게 생각하지 않는가요? 제가 어릴 때만 해도 이런 이야기를 자주 들으며 자랐습니다.

교회 전통을 보면, 세상에 깊숙이 들어가 살기보다 가능하면 세상을 떠나 세상과 분리하여 살기를 사람들이 원했던 시절이 있습니다. 이 가운데 어떤 사람들은 실제로 세상을 떠나, 사람들이 살지 않는 황량한 곳에 홀로 거주하면서 하나님께 가까이 다가가기를 원했습니다. 수도원 운동은 이렇게 시작되었습니다.

'세상에 속하지 않는' 나라?

"내 나라는 이 세상에 속하지 않는다"고 하신 예수님의 답변이 과연 이런 의미일까요? 하나님의 나라, 하나님의 통치는 이 세상과 관계가 없고 이 세상은 세상대로, 하나님의 나라는 하나님 나라대로 따로 존재한다는 말일까요? 가이사의 통치 영역과 하나님의 통치 영역이 실제로 구분되기 때문에 통치 영역을 서로 간섭하지 말라는 말일까요?

예수님이 세상에 관해서 부정적으로 이야기하신 곳은 한두 군데가 아닙니다. 더구나 요한복음에는 세상에 대한 부정적인 언급이 특별히 많습니다. "너희가 세상에 속하여 있다면, 세상이 너희를 자기 것으로 여겨 사랑할 것이다. 그러나 너희는 세상에 속하지 않았고 오히려 내가 너희를 세상에서 가려 뽑아냈으므로, 세상이 너희를 미워하는 것이다"(요 15:19). 요한복음뿐만 아니라 요한이 보낸 편지에서도 세상과 그리스도인의 분리를 강하게 권면하고 있습니다. "여러분은 세상이나 세상에 있는 것들을 사랑하지 마십시오. 누가 세상을 사랑하면, 그 사람 속에는 하늘 아버지에 대한 사랑이 없습니다"(요일 2:15).

그렇다면 '세상에 속하지 않는다'는 말은 무슨 뜻일까요? 반대로 '세상에 속한다'는 말은 무슨 뜻일까요? 그리스어로 '엑 투 코스무'(ἐκ τοῦ κόσμου)는 '세상에서 나온'이라는 뜻입니다. 여기서 '엑'은 '-로부터'(from), 곧 기원과 출처, 유래를 뜻합니다. 이렇게 보면 '세상에 속하지 않는다'(οὐκ ἐκ τοῦ κόσμου)는 '세상으로부터 오지 않는다', '세상에 기원을 두지 않는다'는 말이 됩니다. 만일 이렇게 이해하면 "내 나라는 이 세상에 속하지 않는다"는 말은 '내 나라는 세상에서 오지 않는다', '내 나라는 세상에 기원을 두고 있지 않다'라는 뜻으로 이해할 수 있습니다. 좀 더 뜻을 풀어 보면 '나의 통치 방식은 세상의 방식과는 다르다'라고 이해할 수 있습니다.

만일 예수님의 방식이 빌라도와 같았다면 어떻게 통치하셨을까요? 빌라도의 방식은 법과 군대를 내세우는 통치 방식입니다. 유대 지도자들은 비록 무력을 내세우지는 않았지만 군중의 힘을 이용하여 예수를 처형하라고 소리칩니다. 세상의 방식은 법의 이름으로, 힘으로 통치하는 방식입니다. 하지만 예수님은 "만일 내 나라가 이 세상에 속한 것이었더라면 내 종들이 싸워 나로 유대인들에게 넘겨지지 않게 하였으리라"(요 18:36)고 답하십니다. 하나님의 나라가 세상의 통치 방식으로 다스려지는 나라라면, 힘으로 제압해서 예수님이 유대인들에게 넘겨지는 일도 없을 것이며, 빌라도의 법정에 서는 일도, 십자가에 못 박히는 일도 없을 것임을 이야기하고 있습니다.

예수님의 왕권은 정치와 무관하다거나 이 세상은 예수님의 왕권 밖에 있는 치외법권이라는 이야기는 아닙니다. 모든 삶의 영역이 하나님의 통치 아래 있지만 예수님의 왕권, 예수님의 정치 방식은 세상 방식과 다르다는 말씀입니다. 빌라도의 통치권은 로마 황제로부터 부여받은 권력이고, 로마 황제 아래 시행된 통치 방식은 법에 근거를 두지만 궁극에는 무력에, 사람들에게 불러일으키는 두려움에 기반한 방식입니다. 예수님은 로마의 통치 방식, 황제의 권력을 무시하지 않았습니다. 카이사르의 형상이 새겨진 동전을 보고 카이사르에게 빚진 것, 카이사르에게 돌려주어야 할 것이 있으면 카이사르에게 돌려주라고 말씀하십니다. 제한된 범위 안에서의 통치권을 인정하신 셈이지요. 그러나 하나님의 형상으로 지음 받은 인간, 그분의 지혜와 능력으로 지음 받은 모든 세계는 하나님의 것이므로 모든 것을 하나님께 돌려드리는 것이 마땅함을 예수님은 또한 가르치셨습니다.

왕이신 예수님은 어떻게 오셨습니까? 예수님은 왕의 자녀로 태어나지 않고 미천한 마구간에서 태어났습니다. 예수님은 이 땅에서 어떻게 살았습니까? 제왕처럼 구중궁궐(九重宮闕)에 살지 않고, "인자는 머리 둘 곳이 없다"(마 8:20)고 하실 정도로 정처 없이 돌아다니고 가르치고 병자들을 고치셨습니다. 권력자들보다 오히려 아이들의 환영을 받으셨습니다. 예루살렘에 들어가실 때는 황제나 총독처럼 붉은 카펫 위로 지나가지 않고, 우스꽝스럽게도 종려나무 가지 깔린 길을 나귀 타고 가셨습니다. 마침내 온갖 조롱과 채찍질을 받고 십자가에 못 박혀 죽은 뒤 다시 살아나셨습니다. 그리고 사람들의 기대와 환호와는 달리 예수님은 다시 사신 자신의 모습을 은밀히 보이셨습니다.

예수님의 통치 방식은 고난과 죽음을 통해 삶을 살리는 방식입니다. 전능하신 분이 사랑 때문에 무력해지고, 무력함으로 승리하고 생명을 살리는 방식입니다. 오늘도 은밀히, 드러나지 않게, 세상 방식과는 다른 방식으로 온 세상을 다스리는 분이 예수 그리스도이십니다. 세상의 권력을 이용하려 하지도 않고 세상 방식으로 *영광을 받으려 하지도 않으며, 억울함과 부당함을 세상 방식으로 극복하려 하지도 않았습니다. 그의 다스리심은 오히려 자신을 내어 주기까지 섬기는 방식입니다(막 10:45).

요한복음에서 본 세상

빌라도와 예수님의 대화를 오늘 이 땅에 살아가는 그리스도인들에게 어떻게 적용할 수 있을까요? 다시 요한복음을 살펴보는 것이 좋겠습니다. 요한복음에는 세상을 보는 관점이 분명하게 드러납니다.

1. 세상은 하나님이 지으신 세계입니다. "참 빛이 있었다. 그 빛이 세상에 와서 모든 사람을 비추고 있다. 그는 세상에 계셨다. 세상이 그로 말미암아 생겨났다"(요 1:9-10)고 요한은 쓰고 있습니다. 세상은 하나님이 선하게 지으신 세계이며, 존재하는 모든 사물과 동물과 인간이 살도록 선물로 주신 장소요 공간입니다.

2. "[세상은] 그를 알아보지 못하였다. 그가 자기 땅에 오셨으나, 그의 백성은 그를 맞아들이지 않았다"(요 1:10)는 말씀처럼 세상은 창조주이신 하나님을 알지도 인정하지도 않을 뿐더러 영접하지 않는 곳으로 그려져 있습니다. 세상은 하나님과 예수 그리스도와 그를 믿는 사람들을 대적하는 존재입니다(요 15:18-19; 17:14, 요일 2:15-17 참조). 세상은 하나님과 적대적인 사람들이요 적대적인 삶의 방식입니다.

3. 그럼에도 세상은 하나님이 사랑하는 곳이요 사랑하는 사람들입니다. "하나님께서 세상을 이처럼 사랑하셔서 외아들을 주셨으니, 이는 그를 믿는 사람마다 멸망하지 않고 영생을 얻게 하려는 것이다. 하나님께서 아들을 세상에 보내신 것은, 세상을 심판하시려는 것이 아니라, 아들을 통하

여 세상을 구원하시려는 것이다"(요 3:16-17). 세상은 하나님의 사랑의 대상입니다.

4. 세상은 최종적인 힘일 수가 없습니다. 세상은 하나님 아버지와 그가 보내신 아들과 그 아들을 믿고 따르는 제자들을 미워하고 대적하지만, 결국 예수 그리스도의 고난과 죽음, 부활을 통해서 세상이 극복되었다고 예수님은 '고별 설교' 끝자락에서 말씀하십니다. "너희는 세상에서 환난을 당할 것이다. 그러나 용기를 내어라. 내가 세상을 이겼다"(요 16:33). 세상은 결국 하나님의 사랑에 굴복하고 하나님은 세상을 회복하십니다.

그러면 세상은 예수를 따라 살아가는 제자들과 무슨 상관이 있습니까? 몇 가지를 생각해 볼 수 있습니다.

1. 요한복음 17장에 기록된 예수님의 기도에 분명히 드러나듯이 제자들은 '세상에서'(ἐκ τοῦ κόσμου) 불러내어 이제는 더 이상 '세상에 속하지 않은'(οὐκ ἐκ τοῦ κόσμου) 사람들입니다. '세상에 기원을 둔, 세상이 주인이 된' 사람들이 아니라 '하나님의 것', '그리스도의 것'이 된 사람들입니다.

2. 제자들은 여전히 '세상 속에'(ἐν τῷ κόσμῳ) 살고 있습니다. 일상을 살아가야 하는 세상이 그리스도인의 삶의 자리이고 그리스도인들은 이 세상에서 삶의 시간을 보내고 있습

니다. 그리스도인의 삶은 이 세상에서, 세상의 삶을 통해 드러납니다.

3. 하나님께서 예수 그리스도를 세상으로 보내신 것처럼 예수 그리스도는 그분을 따르는 제자들을 세상으로 보낸다고 하셨습니다. "아버지께서 나를 세상에 보내신 것과 같이, 나도 그들을 세상으로 보냈습니다"(요 17:18). 부활하신 예수님은 제자들을 향하여 "아버지께서 나를 보내신 것같이, 나도 너희를 보낸다"(요 20:21)고 하셨습니다. 예수를 따라 살아가는 제자들은 '세상으로(εἰς τὸν κόσμον) 보냄 받은 사람들'입니다.

여기서 잠시 20세기 유럽 철학에 많은 영향을 준 하이데거의 철학과 비교해서 '그리스도인과 세상'의 관계를 생각해 보겠습니다. 예수님이 하신 기도(요 17장)에서 말씀하신 것처럼 그의 제자인 그리스도인들은 세상에 살고 있습니다. 세상에서 그들을 데려가기보다는 그들을 보전하셔서 하나되게 하시고 진리로 거룩하게 해달라고 예수님은 기도하십니다.

하이데거는 인간의 존재를 이야기하면서 무엇보다도 '세상에 있는 존재'(in-der-Welt-Sein)라고 말합니다. 이때 세상은 우리가 사는 물리적 공간뿐만 아니라 타인과 함께 사는 사회와 문화, 역사를 모두 포함하는 포괄적 단어입니다. 이 세상에, 이 세상 안에 우리는 우리의 뜻과 선택과 상관없이 '던져졌다'고 보는 것입니다. 세상에 던져진 우리는 진정한 자기 자신을 잊어버린 채 누구나 비슷하게 타인들과 함께 일상에 매몰되어 살아갑니다.

그런데 삶의 끝에는 죽음이 기다리고 있습니다. 인간은 '죽음을 향해 걸어가는 존재'입니다. 이 죽음을 하이데거는 부정적으로 보지 않습니다. 왜냐하면 일상에 매몰된 사람이 진정한 자기를 찾을 수 있는 계기는 죽음에 직면해 자기 삶을 자기 것으로 거머쥐려고 결단할 때라고 보았기 때문입니다. 죽음은 모든 것을 불가능하게 만들지만, 삶을 우리 자신의 삶으로 거머쥐고자 하는 의지를 촉발한다는 점에서 가능성의 근거가 된다는 말입니다. 이 세상에 던져진 나는 죽음에 직면할 때 비로소 내 삶을 '미래로 향하여 던지고 기획할 수 있다'는 이야기입니다. 여기에 인간 자유의 본질이 있다고 하이데거는 보았습니다. 이 때문에 죽음을 '불가능성의 가능성'이라 불렀습니다.

"진정한 자기가 되라!"고 초청하는 점에서 하이데거의 철학은 후대에 많은 영향을 주었습니다. 그런데 이 땅에 살아가는 그리스도인의 삶은 운명적으로 '던져진 삶'도 아니고, 자기 자신의 것으로 거머쥐고 '자유롭게 기획해야 할 삶'도 아닙니다. 세상에서 불러냄을 받고 다시 세상에서 살도록 보냄을 받은 삶이 그리스도인의 삶입니다.

그리스도인들은 세상 사람들과 똑같이 먹고 마시고 자고 일하고 살지만, 그들이 사는 방식, 삶이 추구하는 목표와 목적, 삶을 추동하는 힘은 세상에서 오지 않고 세상과는 '다른 곳'에서

옵니다. 세상과는 '다른 방식'으로 주어지는 삶이 그리스도인의 삶입니다. 일상을 대하는 태도나 살아가는 방식이 세상과는 다름을 예수님이 보여주셨고, 예수를 따르던 첫 그리스도인들이 보여주었습니다. 이 삶은 하이데거가 보았듯이 죽음에 직면해서 존재 노력을 극대화하는 방식이 아니라, 죽음을 죽음으로 이기신 예수 그리스도와 그의 영 안에서 하나님 아버지와 하나되어 살아가는 삶입니다. 먹고 마시고, 일하고, 예배하고 기도하는 우리의 일상에서 하나님의 통치를 드러내는 삶이 곧 그리스도인의 삶입니다. 이것이 세상 속으로 보냄 받은 그리스도인이 살아내야 할 삶입니다.

세상과 하나님 나라

한 걸음 물러나 다시 생각해 봅시다. 세상과 하나님의 나라를 어떻게 보아야 할까요? 모든 사람을 기독교 신자로 만들어 기독교 국가를 이 땅에 건설하면 하나님 나라일까요? "청교도의 희망"(the Puritan Hope)이란 말로 표현되듯이 국민의 대다수가 신자가 되어 이 땅을 하나의 큰 교회로 만들면 하나님 나라가 되는 것일까요? 아니면 세상에 불의가 있든 사람들이 부당하게 고통을 당하든 상관없이, 복음을 전하고 학교와 병원과 보육원 세우는 일을 교회의 역할로 보면 될까요?

하나님의 나라, 이 땅에서 이루어지는 하나님의 통치는 세상 방식과는 분명히 다릅니다. 한 알의 밀이 죽어 열매를 맺듯이 십자가의 죽음과 부활을 통해 승리함으로 죄 사함의 은혜를 가져오고 만인의 생명을 살려내는 방법이 예수님의 정치 방식이요 통치 방식입니다(요 12:24). 그것은 힘으로의 통치, 자기 영광을 받는 방식의 통치가 아니라 오히려 고난과 희생을 통과한 승리요 영광이었습니다. 예수를 따르는 사람들은 십자가 죽음과 부활을 통하여 얻은 승리로 죄 사함의 은혜를 받고, 그 은혜로 세상에 들어가 자신이 처한 삶의 자리에서 한 알의 밀이 되어 썩어 죽기까지 세상을 섬기도록 보냄을 받은 사람들입니다.

그리스도인이 부름을 받은 까닭은 삶의 자리로 보냄을 받아 각자 살고 있는 삶의 자리를 회복하시는 하나님의 일에 동역하기 위함입니다. 겉으로는 지극히 소수이고 미미하고 변방의 존재에 머물지라도 그리스도인은 그리스도께서 다시 오실 때까지 힘없는 사람처럼, 연약한 사람처럼, 마치 아무것도 가지지 못한 사람처럼 세상에 현존하면서 세상의 삶의 방식을 전복하는 사람이라고 저는 믿습니다.

비록 세상 권력의 방식과는 다르지만, 이 방식을 통해 하나님은 세상을 회복시키고 세상을 통치하십니다. 그러므로 죄를 용서받고 새로운 삶의 자리에 부름을 받은 그리스도인은 죄 용서받음에 만족하여 자신의 테두리 안에만 머물고 마는 것이 아니라, 삶의 환경을 돌아보고 이웃의 억울함과 고통을 돌아보고 헌신하는 사람들이라 하겠습니다. 여기에는 고난이 있고 손해가 따를 수 있습니다. 그러나 "하나님과 함께 일하는 사람"(고후 6:1)

은 바울이 고백한 것처럼 "근심하는 사람 같으나 항상 기뻐하고, 가난한 사람 같으나 많은 사람을 부요하게 하고, 아무것도 가지지 않은 사람 같으나 모든 것을 가진 사람"(고후 6:10)입니다.

그런데 이렇게 살면 바보스러워 보이지 않을까요? 빌라도 앞에 선 예수의 모습을 보면서 차라리 빌라도가 되겠다는 사람이 있을 수 있겠지요. 어떤 것이 지혜로운 삶일까요? 이 물음을 가지고 에라스무스의 『우신예찬』을 잠시 들여다보면 좋겠습니다.

하나님 나라와 어리석음

앞에서 이야기했듯이 에라스무스는 1509년 이탈리아를 떠나 영국으로 가는 길에 이런 생각에 사로잡혔습니다. '사람의 생각을 사로잡고 행동을 부추기는 동기가 무엇인가? 진실과 사랑, 지성과 현명, 이런 고상한 것보다는 오히려 허영과 욕망, 정념과 어리석음이 세상을 움직이는 원동력이 아닐까?' 3년간 이탈리아에 체류하면서 에라스무스가 본 것은 이렇습니다. 청빈과 기도, 눈물과 고행에 몰두해야 할 교황은 전쟁을 자신의 주된 업무로 생각할 뿐 아니라 "그렇게도 많은 재물과 영광, 전리품, 공직, 면제, 세금, 면벌부, 그렇게도 많은 말과 당나귀, 위병, 그리고 또 그렇게도 많은 쾌락"(『우신예찬』*, 59절)에 빠져 있었습니다. 가르치고, 격려하고, 위로하고, 교정하고, 경고하고, 전쟁을 종식시키

---

* 에라스무스의 『우신예찬』 각 절 표기는 정기수가 번역한 『광우예찬』(을유문화사, 1995)을 따랐으며, 본문 내용은 원문에 따라 자유롭게 옮겼습니다.

고, 악한 군주에게 저항해야 할 추기경들은 직무유기를 자행하였습니다(58절). 주교는 그 말뜻('돌보는 자')에 알맞게 양 떼를 보살피고 돌보아야 함에도 불구하고 "잘 먹는 것밖에는 아무것도 하지 않는"(57절) 모습을 보였습니다. 에라스무스는 허영과 교만, 광기와 어리석음이 이 세상과 교회를 지배한다고 볼 수밖에 없었습니다.

『우신예찬』은 스스로 지혜 있다고 하나 실상은 어리석기 짝이 없는 세상의 지혜를 풍자하고 예수 그리스도의 '십자가의 어리석음'이야말로 참된 지혜임을 보여줍니다. 에라스무스는 1509년 런던에 도착하여 토마스 모어의 집에 머물면서 (그의 말을 그대로 믿는다면) 일주일 만에 이 책을 썼습니다. 그의 빼어난 기지는 앞에서 말했듯이 책 이름에서부터 드러납니다. '어리석음을 찬양함'으로 번역할 수 있는 원제(原題) '모리아이 엔코미움'(*Moriae Encomium*)은 그리스어를 라틴어 방식으로 표기한 말입니다. 이 책은 어리석음을 찬양하면서 또한 모어를 찬양한 책이기도 하고, 어리석음과는 실제로 거리가 먼 모어뿐만 아니라 존 콜렛 등 에라스무스와 복음적, 성경적 인문주의(Biblical Humanism)를 공유하는 친구들에게 보내는 찬사이기도 합니다.

'어리석음'으로 분장한 여신 모리아 곧 바보 신, 우신(愚神)은 세상의 수사학 전통을 따라 말하는 자신이 누구인지 먼저 밝힙니다. 풍요의 신 플루투스와 님프들 중에서 가장 쾌활한 유벤타스(청춘) 사이에서 태어났고 박쿠스의 딸 '술취함'과 '무지'의 젖을 먹고 자랐다고 말합니다. 필아우티아(자기 사랑), 콜라키아(아첨), 레테(망각), 미소포니아(게으름), 헤도네(쾌락), 아노이아(광기), 트리페(방탕)를 시녀로 거느리고, 코무스(美食)와 네그레토스 히프노스(깊은 잠, 熟眠)를 시종으로 거느리고 다닐 뿐만 아니라(7절), 자신이야말로 신과 인간, 이 세상에 존재하는 모든 것에게 가장 좋은 것을 베푸는 자이며 그가 없이는 아무것도 존재할 수 없다고 뽐냅니다.

모리아는 어리석음이 '생명의 씨앗이자 샘'이라며 인간의 삶에 지닌 어리석음의 긍정적인 면을 먼저 드러냅니다(12절). 어리석음 없이는 남녀가 몸을 섞을 수 없고, 어리석음 없이는 해산의 고통을 치른 뒤 또다시 아이를 갖느라 성행위를 할 수 없습니다.

스토아 학자라도 아버지가 되고 싶다면 내게, 바로 내게 도움을 청해야 할 것입니다. 사실을 명백하게 말하지 못할 이유라도 있습니까? 이렇게 하는 것이 내 방식입니다. 자, 생각해 봅시다. 무엇으로 신과 인간을 만듭니까? 머리로? 아니면 얼굴로? 가슴으로? 손 아니면 귀처럼 정숙한 부분으로? 아니, 전혀 그렇지 않습니다. 인류를 널리 번식시켜 퍼뜨리는 그 부분은 너무 우스꽝스럽고 바보 같아서 웃지 않고는 언급할 수 없는 부분입니다. 모든 존재는 피타고라스의 4원소가 아니라 바로 이 신성한 샘에서 생명을 퍼 올립니다. (11절)

생명은 어리석음을 통해 태어날 뿐 아니라 어리석음 때문에 유지된다고 모리아는 역설합니다. 사람은 어리석을수록 즐겁고 어리석을수록 타인과 잘 어울립니다. 어리석음 없이는 어떤 관계나 모임이 즐거울 수 없고 오래 지속될 수도 없습니다. 아첨과 속임수가 없다면 백성이 지배자를, 상전이 하인을, 마님이 하녀를, 선생이 학생을, 아내가 남편을, 지주가 소작인을 어떻게 서로 견딜 수 있겠는가, 모리아는 묻습니다(21절).

어리석음 없이는 정치도 가능하지 않다고 모리아는 말합니다. 사람을 다스리는 데는 지혜보다는 어리석음이 훨씬 효과적입니다. 바보 같은 수작과 터무니없는 거짓말을 써야 '저 민중이라는 거대한 짐승'을 이끌어 갈 수 있다는 것이지요(26절). "플라톤이나 아리스토텔레스의 법칙, 소크라테스의 가르침을 따라 다스려진 나라가 단 하나라도 있습니까?"(27절)라고 모리아는 묻습니다. 영웅들의 고귀한 행위도, 수많은 찬란한 글도, 도시도, 제국도, 사법행정도, 종교도, 인간의 계획과 판단도 모두 어리석음과 허영, 광기 때문에 유지가 됩니다(27절). 인간이 이용하는 기술도 명예욕 때문에 나온 것이며, 온갖 학문과 예술도 모두 이와 같은 것 때문에 나왔다고 모리아는 주장합니다. 어리석음은 인간의 본성에 잘 어울립니다(32절). 어리석음 때문에 인간은 온갖 근심 걱정을 벗어날 수가 있고 죽음을 두려워하지 않고 삶을 즐길 수 있습니다(38절).

그런데 삶을 즐기지 못하는 부류가 있습니다. 모리아는 이렇게 말합니다.

지혜의 전형이라 할 수 있는 사람, 어린 시절과 젊은 시절을 학문 연구에 다 써버리고 그의 가장 화려한 시절을 밤샘과 근심 걱정, 끝없는 노고로 망가뜨리고 나머지 생활도 손톱만큼의 즐거움 없이 지낸 사람을 생각해 보십시오. 그런 사람은 늘 쩨쩨하고, 옹색하고, 침울하고, 우울하고, 자기 자신에 대해서는 엄격하고 냉혹하며, 남에 대해서는 따분하고 견딜 수 없으며, 얼굴은 창백하고 몸은 수척하며 병약하고 눈곱이 끼고, 늙어 비틀어지고, 채 나이가 되기 전에 흰머리가 나고, 요절할 것이 뻔한 그런 사람입니다. (37절)

이것은 어쩌면 에라스무스 자신을 두고 한 말인지 모릅니다. "많은 책들을 짓는 것은 끝이 없고 많이 공부하는 것은 몸을 피곤하게 하느니라"(전 12:12)라는 전도서의 말씀처럼 책을 쓰고 읽느라고 보낸 시간과 밤잠을 자지 않고 쏟은 정성이 무슨 유익이 있는가 하는 자조 섞인 물음이 이 속에 들어 있습니다.

세상을 유지하고 삶을 즐겁게 하는 어리석음을 찬양하던 모리아의 목소리는 이제 바뀌기 시작합니다(39절). 실상은 어리석으면서도 똑똑한 척하는 자들의 어리석음을 모리아는 폭로합니다. 자신의 아내가 여러 정부(情夫)를 두었는데도 정절의 여인 페넬로페보다 훨씬 정숙하다고 알고 있는 남편들, 사냥에 미쳐 날뛰는 귀족들, 노름꾼들, 거짓말쟁이들, 기적을 바라는 사람들, 자기가 저지른 죄에 대해 면벌부를 받았다고 즐거워하는 사람들, 성인 숭배자들, 자기 민족을 자랑하는 프랑스인과 이탈리아인과 영국인들, 8품사에 매달린 문법학자들, 자기 사랑과 아첨에 사로잡힌 시인들과 문필가들, 법률과 아무 관계 없는 곳에 법률 조문만 쌓아 올리는 법률학자들, 논리 규칙을 만드느라 애쓰는 논리학자·수사학자들, 보통 사람들은 알아듣지도 못하는 개념들을 입에 담는 철학자들, 이들은 모두 어리석기 짝이 없는 사람들입니다(39-52절).

에라스무스 자신이 신학자이면서도 그는 당시 신학자들을 힐난합니다. 예수님께는 몇 개의 혈통이 있었는가? 하나님은 여자나 악마나 당나귀나 호박이나 조약돌의 모습으로 이 땅에 올 수 있었는가? 호박이 설교를 하고 기적을 베풀고 십자가에 못 박힐 수 있었는가? 이런 쓸데없는 물음이나 던지고 있는 사람들이 신학자라고 합니다. 그들이 얼마나 박식했으면, 사도들이 그들과 신학을 논의하려면 성령을 다시 한 번 더 받지 않고서는 따라갈 수 없을 정도라고 모리아는 비꼽니다. 이들은 세례의 형상인과 질료인, 운동인과 목적인을 논하고, '값없이 주는 은혜'와 '보상으로 주는 은혜'를 구별하고, 성경을 제멋대로 반죽하고 또 고쳐 반죽하는 사람들입니다(53절).

신학자들에 이어 수도자와 은자(隱者)들을 모리아는 문제 삼습니다. 이들은 종교에서 가장 먼 사람들이고, 대개가 글을 읽을 줄 모르고 우스꽝스러운 규칙에 매여 있습니다. 구두끈의 매듭은 몇 개로 해야 하고, 허리띠의 색깔은 어떠해야 하고, 의복의 얼룩무늬는 어떻게 만들어야 하며, 허리띠의 천은 무엇이고,

삭발의 너비는 몇 치이고, 수면은 몇 시간을 취해야 하는가 등에 집착하고, 돈은 멀리하면서도 술과 여자는 두려워하지 않습니다. 탁발 수사라는 사람들도 말벌이나 개처럼 사람들에게 달라붙어 고해성사를 수단으로 그들을 이용하는 사람들입니다(54절).

모리아는 군주와 제후들도 비웃습니다. 군주라는 이들은 국정은 신하들에게 맡겨 버리고 나태한 생활을 합니다. 기분 좋은 이야기만 따르고 사냥질에만 열심이고 행정직과 군직을 거래하고 세금을 챙기는 데만 열중합니다. 법률은 모르면서 유흥에 탐닉하고, 학문과 자유와 진리를 증오하고, 사회복지를 조소하고, 자기 이익밖에 생각하지 않는 사람들입니다(55절). 신하들도 마찬가지로 일은 하지 않으면서 주사위와 장기놀이에 열중하고 유흥과 여색과 잡담에 빠져 있습니다(56절).

모리아가 보기에는 교황과 추기경, 주교도 크게 다를 바 없습니다(57-60절). 이 세상을 둘러보면 결국 현인들은 가난과 굶주림, 세상 사람들의 망각 속에 있으며, 미치광이들은 산더미처럼 돈을 쌓아 두고 나라를 좌지우지합니다(61절). 이들은 스스로 지혜롭다고 소리치나 실상은 어리석은 사람들입니다.

이제 마지막으로 모리아는 '기독교적 어리석음'을 역설합니다. 이 이야기를 들어 보려고 지금까지 두 가지 어리석음을 거쳐 왔습니다.

예수님이 세상의 지혜 있는 자나 힘 있는 자, 가진 자를 가까이하지 아니하고 여자들과 어부들을 가까이하신 것, 짐승 중에서도 가장 어리석은 나귀를 고르신 것, 성령이 독수리의 형상이 아니라 비둘기의 형상을 하고 내려온 것, 자신을 따르는 제자들을 양이라고 부르신 것, 심지어 자신을 어린양이라 부르게 하신 것 등은 어리석음과 연약함을 높이 인정한 것이 아니겠느냐고 모리아는 묻습니다.

사도 바울은 십자가의 도가 멸망하는 자들에게는 미련한 것이지만 구원을 받는 사람에게는 하나님의 능력이며, 하나님은 세상의 미련한 자들을 택하여 지혜 있는 자들을 부끄럽게 하셨다고 하였습니다(65절). 모리아는 묻습니다. "기독교는 본질적으로 어리석음과 혈연관계를 가진 종교가 아닌가요? 학식 있고 힘 있는 사람보다 어린애와 늙은이, 여자들이 오히려 종교적으로 더 열심을 내지 않습니까? 기독교 최초의 신자들은 너나없이 하나같이 소박하지 않았습니까?" 진정으로 예수를 따르는 사람들은 재산을 아낌없이 버리고, 욕설에도 아랑곳하지 않고, 속임수도 감수하고, 친구와 원수를 구별하지 않고, 즐거움을 두려워하고, 오히려 단식과 밤샘과 눈물과 노고와 굴욕을 수없이 맛보면서도 불평하거나 슬퍼하지 않는 사람들이라고 모리아는 말합니다.

빌라도의 재판을 지켜보는 사람들은 대부분 예수보다 오히려 빌라도의 자리에 앉기를 원하지 않겠느냐고 저는 앞에서 물었습니다. 에라스무스는, 아니 모리아는 제 물음을 의식한 듯 이렇게 말합니다. 세상 사람들에게는 예수를 따라 살아가는 사람들이 어리석고 미친 사람으로 보일 수밖에 없다고 말이지요. 그럼에도 십자가의 어리석음은 이 세상의 어떤 지혜보다 더 지혜롭다고요. 그리스도를 따르는 삶은 세상의 지혜로 볼 때는 언제나 어리석은 것, 불합리한 것, 말도 되지 않는 것일 수밖에 없다고 말이지요. 만일 이 어리석음, 말도 되지 않는 듯한 이러한 삶의 방식이 없다면 세상의 지혜인들 무슨 소용이 있겠느냐고 모리아는 묻습니다.

여기서 우리는 에라스무스가 생각한 '그리스도의 철학'(Philosophia Christi)을 보게 됩니다. 그리스도의 철학은 힘을 통한 승리와 정복을 배격하고 고난의 종이 보여주었듯이 오히려 연약함과 무력함, 겸비를 통하여 세상을 허무는 철학입니다. 이 철학을 실현하는 매개자는 어떤 제도나 교회, 집단이 아니라 예수 그리스도를 따라 사랑의 삶을 살아가는 사람들입니다. 이 철학의 핵심에는 가난과 겸손, 자기부인과 사랑이 있습니다. 이러한 삶을 살아가기 위해서는 기도와 자기 자신에 대한 참된 지식이 필요합니다. 이 지식은 무엇보다 하나님의 말씀인 성경을 통해서 올 수 있다고 에라스무스는 믿었습니다. 그래서 그는 '기도'와 '말씀', 이 둘을 이 땅을 살아가는 그리스도의 군병이 몸속에 품고 다녀야 할 두 자루의 '단검'이라고 보았습니다.

이 단검에 대해서 자세히 논한 책이 『우신예찬』보다 9년 전에 집필되어 다른 원고들과 함께 출판되었다가 1518년 다시 단행본으로 나온 『기독병사의 교범』(Enchiridion militis Christiani)입니다. 책 제목에 있는 '엔키리디온'은 그리스어로 '손안에 들어 있는 작은 것'이라는 뜻입니다. 이 작은 것은 손에 쥘 수 있는 조그마한 '단검'(dagger)을 뜻하기도 하고 수첩처럼 몸속에 품을 수 있는 '교범'(manual)을 뜻하기도 합니다.

정리하자면 『우신예찬』은 세 가지 종류의 어리석음을 이야기합니다. 하나는 인간 본성에 어울리는 어리석음으로, 그것 없이는 인간의 삶을 자연스럽게 살아갈 수 없습니다. 두 번째는 똑똑한 사람들의 어리석음입니다. 세 번째는 본성과 자연을 넘어 인간이 초자연적인 삶을 살아가려면 없어서는 안 될 종류의 어리석음입니다. 이 어리석음은 세상 속에 살아가는 사람들에게는 어리석게 보이지만, 세상에 살지만 세상에 속하지 않게, 세상과는 달리 살아가는 사람에게는 없어서는 안 될 지혜입니다. 이 지혜 없이 그리스도인이 그리스도인답게, 인간이 인간답게 살 수 없다고 에라스무스는 생각하였습니다.

에라스무스는 학문적으로 중요한 작품을 많이 남겼습니다. 무엇보다 그리스어 신약성경을 편집하여 라틴어로 다시 번역했습니다. 이를 토대로 루터가 독일어 성경을 번역할 수 있었고, 제임스 왕 흠정역의 토대가 된 '텍스투스 레셉투스'(Textus Receptus)가 후일에 만들어질 수 있었습니다. 에라스무스는 히에로니무스(Hieronymus, 영어로는 세인트 제롬St. Jerome이라고 하지요)의 전집을 포함하여 많은 그리스 문헌들을 번역하고 편집하였으며 격언집과 대화집도 집필했습니다. 그렇지만 『우신예찬』만큼 지금도 널리 읽히는 책은 없습니다.

에라스무스에 대한 탁월한 전기를 남긴 네덜란드의 역사학자 요한 하위징아(Johan Huizinga, 1872-1945)의 말을 들어 보십시오.

『우신예찬』은 에라스무스의 가장 뛰어난 작품이다. 물론 그는 훨씬 더 학문적이고, 훨씬 더 경건하고, 자기 시대에 영향을 더 많이 준 작품들도 썼다. 하지만 그것들은 모두 때가 있었다. 『우신예찬』만은 불후의 작품으로 남을 것이다. 왜냐하면 에라스무스는 유머가 넘치는 그때 깊이 또한 보여주기 때문이다. 『우신예찬』을 통해 에라스무스는 자신밖에는 그 누구도 줄 수 없는 것을 세상에 주었다.*

이렇게 쓴 하위징아는 그의 전기를 통하여 에라스무스의 위대함과 왜소함을 동시에 보여줍니다. 한편으로는 거의 고아처럼 자라 한평생 생존에 급급한 에라스무스의 모습을 그려 내는가 하면, 다른 한편으로는 인문주의 정신으로 끝까지 공부하면서 그리스도를 닮은 소박하고 단순한 삶을 살았던 그의 모습을 그려 냅니다.

돈 때문에 늘 불안했던 에라스무스는 자기가 받은 인세를 삼등분하여 나누어 주도록 유언하였습니다. 일부는 자기가 쓴 책의 전집 출판에 쓰고, 나머지는 자기 어머니처럼 남편 없이 아이를 키우는 젊은 부인들의 생활비로 지원해 주고, 또 다른 나머지

---

* Johan Huizinga, *Erasmus and the Age of Reformation* (Princeton: Princeton University Press, 1984). 78.

는 자신처럼 재능은 출중하나 학비가 없는 학생들에게 장학금으로 주도록 하였습니다. 오늘 유럽의 교환학생 프로그램 이름이 '에라스무스'임은 우연이 아닙니다.** 에라스무스는 거리를 배회하며 구걸하는 걸인들을 하루도 지나친 적이 없었던 걸로 알려져 있습니다. 율리우스 2세와는 너무나 다른 생활 방식이었습니다.

** 유럽연합의 교환학생 프로그램인 '에라스무스'는 EuRopean Community Action Scheme for the Mobility of University Students(ERASMUS)의 약칭입니다. 1987년에 시작되었습니다.

3강

하나님 나라와 내면성

하늘나라는 너희 안에 있느니라

The kingdom of God is within you.

하나님 나라를 이야기할 때 통상 하나님 나라의 현재성과 미래성을 이야기합니다. "하나님 나라는 이미 왔고 아직 오고 있다"라고 말이지요. 그렇다면 이미 임한 하나님 나라는 지금, 여기, 어디에 있을까요? 어떤 분은 곧장 교회가 하나님 나라라고 답합니다. 반면에 하나님의 나라와 교회를 구분하는 사람들 가운데는 세상 속, 세상의 정치와 문화, 세상의 학문 속에, 그리스도인들을 통하여 눈에 보이지 않는 방식으로 하나님의 통치가 은밀하게 진행된다고 보는 이들도 있습니다. 그런데 이것도 저것도 아닌, 우리의 심령 깊숙이 하나님의 나라가 자리 잡고 있다고 강력하게 거듭 주장한 분이 함석헌(1901-1987) 선생님입니다.

함석헌은 '하나님 나라' 대신 늘 '하늘나라'라는 용어를 즐겨 쓰면서 이렇게 반복해서 말했습니다. "하늘나라는 너희 안에 있느니라."

함석헌은 반정부운동을 하신 분으로 알려져 있지만 탁월한 문필가이자 사상가이며 철학자이자 시인이었습니다. 함석헌의 시인됨은 그가 쓴 시에만 한정해서 드러나지 않습니다. 그가 쓴 글이 산문의 형식을 취했다고 해도, 모두 어떤 의미에서는 시라고 할 수 있습니다. 운율이 있고, 압축적 상징이 있고, 논리적 언어로는 도무지 보여줄 수 없는 힘이 있습니다. 그렇기 때문에 읽고 감동받고 생각에 빠져들기는 좋지만, 개념과 논리로 생각하는 훈련을 받은 사람이 끼어들기가 쉽지 않습니다. 함석헌은 이렇게 쓰고 있습니다.

모든 말은 결국 시입니다. 시만 시가 아니라, 과학자의 객관적인 설명이라는 말도 따지면 결국 비유요 상징입니다.……마치 어떤 음식도 그대로는 생명이 될 수 없고 씹어 삭아야만 되는 것과 마찬가지로 시는 음미해야 합니다. 음미란 씹는다는 말입니다. 삼켜서는 아니 됩니다. 우물우물 될수록 오래 씹으면서 이리 맛보고 저리 맛봐야 합니다. 그러면 말로 할 수 없는 맛이 납니다. 그것이 시입니다. 말의 원형이 없어진 데가 시입니다.*

함석헌, "종교인은 죽었다", 「함석헌 저작집」 16권 『한국 기독교는 무엇을 하려는가』(한길사, 2009), 256.

함석헌의 글 전체가 시입니다. 씹고 또 씹으면서 맛을 보아야 할 글입니다. 그러나 너무 과장할 필요는 없습니다. 그의 글에는 주장이 있고, 반복해서 등장하는 개념이 있습니다. 그 나름의 고유한 해석도 있습니다. 그러므로 저 같은 사람이 끼어들 틈이 전혀 없다고는 할 수 없습니다. 저의 관심은 '하나님 나라는 너희 안에 있다'를 어떻게 이해했는가를 추적하여 함석헌이 한국 기독교를 무슨 이유로, 어떻게 비판했는지 알아보는 일입니다. 여기서는 「함석헌 저작집」 16권 『한국 기독교는 무엇을 하려는가』를 중심으로 살펴보겠습니다.

누가복음 17:21에 나오는 말씀을 함석헌이 언급하거나 강조하거나 설명하는 곳은 크게 세 군데입니다. 하나는 1951년 『성서연구』에 실린 「새 시대의 하나님」입니다. 이 글은 「함석헌 저작집」 16권에는 거의 끝부분(291-297쪽)에 실려 있습니다. 시기로 보면 저작집 16권에 실린 작품 가운데 가장 이른 시기에 쓴 글입니다. 두 번째 언급은 1956년 『사상계』에 「한국의 기독교는 무엇을 하고 있는가」를 실은 후 윤형중 신부와 몇 차례 논쟁을 벌이면서 쓴 글들에 보입니다. 「윤형중 신부에게는 할 말이 없다」(1957), 「사자냐 아메바냐」(1958), 그리고 한참 뒤에 쓴 「한국 기독교의 오늘날 설 자리」(1977)가 서로 연결되어 있습니다. 가톨릭교회에 대한 노골적인 비판을 여기서 볼 수 있습니다. 세 번째는 (16권에는 앞에서 두 번째 나오는 글입니다만) 이 책 가운데서 가장 늦은 시기인 1982년 봄 부산 성공회 수녀원에서 한 강연으로

"그리스도와 내면적 일체"라는 부제를 단 「믿음의 내면화」라는 글(16권 27-76쪽)입니다. 함석헌은 이 글에서 "하늘나라는 너희 안에 있느니라"는 말씀을 거듭 강조하면서 이 말을 언급하고 뜻을 풀이하고 있습니다. 누가복음에만 단 한 번 나오는 이 말씀을 함석헌이 거듭해서 풀이하고 있는 이유가 무엇일까요? 세 단계로 나누어 이야기를 해보겠습니다.

함석헌의 기독교 비판과 순령주의

「새 시대의 하나님」은 1951년에 쓴 글입니다. 한국전쟁이 아직 끝나지 않은 때였습니다. 전쟁 통인데도 함석헌은 새 시대가 시작됨을 강하게 의식합니다. 새 시대에 대한 의식은 1950년에 나온 『성서적 입장에서 본 조선역사』(성광문화사) 초판에 이미 나타나 있습니다. [이 책은 『성서조선』에 「성서적 입장에서 본 조선역사」란 제목으로 연재한 글을 묶은 것이고, 이후 『성서적 입장에서 본 한국역사』(신생관), 『뜻으로 본 한국역사』(한길사)로 출간되었습니다.]

오늘날 세계 문제를 당하고 우리가 분명히 인식해야 할 것은 전연 새로운 어떤 것이 앞에서 우리를 기다리고 있다는 것이다. 전쟁의 되어 가는 식양(式樣), 나라들의 상태, 과학의 발달되어 가는 형세, 이 모든 것은 오직 일점을 향하고 있다. 어떤 새것. 공산주의는 결코 세계 문제를 해결 못할 것이다. 미국식 민주주의도 아닐 것이다. 지금의 그리스도교를 가지고도 안 될 것이요, 기타 현존한 어떤 것을 가지고도 안 될 것이다. 인류는 지금 근본적으로 새로운 무엇을 요구하고 있다. 그것이 아니고는 지금 있는 것으로는 살 수가 없기 때문이다. 그것은 벌써 시험제인 것이 드러났기 때문이다. 이 때문에 혁명이 필요하다. 정치혁명이 아니다. 무력에 의한 혁명이 아니다. 기술의 혁명이 아니다. 기술 인간이라는 말은 기술 그 자체에 의해 막다른 골목에 들어갔다. 심정의 혁명이다. 혼의 혁명이다. 인생 그것이 고쳐 남이다.[*]

「새 시대의 하나님」이란 글에서 함석헌은 새 시대 곧 "평화시대"(16권 292쪽)를 위해 새 정신, 새 종교가 필요하다고 역설합니다. "새로이 하나님을 보기를 원한다"(16권 291쪽)며 새로운 예배, 참 예배, 참 신앙 문제를 여기서 문제 삼고 있습니다.

인격이야말로 하늘이 아닌가. 저 하늘처럼 보이면서도 보이지 않는, 있으면서도 없는, 알 듯하면서도 알 수 없는 하늘이 아닌가. 예수는 그것을 영이라 하시고 영원의 생명이라 하시었다. 하늘이라 하시었다. 그는 거기서 볼 수 있는 세계만 아니라 볼 수 없는 세계까지 다스리는 하나님을 보았다. 그의 하나님은 상대의 하나님이 아니요 절대의 하나님이었다. 그의 하늘은 하늘 아닌 하늘이었다. 그러니 왈, 하나님은 영이시니 예배하는 자는 영적으로, 참으로 예배하지 않으면 안 된다고 하였다. (16권 295쪽)

---

[*] 함석헌, 『성서적 입장에서 본 한국역사』(신생관, 1960), 245-246.

함석헌의 한국 기독교 비판의 근본이 여기에 드러납니다. 하늘의 하나님, 천당의 하나님은 너무 협소하고 작은 하나님입니다. 예수는 함석헌이 볼 때 시인입니다(16권 296쪽 참조). 시인 예수가 본 하나님은 푸른 하늘보다 "훨씬 더 높이 계신 이"였습니다(16권 294쪽). 더 높은 곳은 다른 곳이 아니라 영이요, 혼이요, 마음이요, 정신이요, 인격입니다. 그러므로 인격 안에서, 정신 안에서 하나님을 찾고, 하나님을 예배하자는 말입니다. 함석헌은 좀 더 드러내 놓고 이렇게 말합니다.

> 하나님은 하늘 아닌 하늘, 우리 혼 안에 있다. 절대의 하나님 그 자체야 우리가 이러니저러니 할 자격이 없다. 그러나 우리가 아는 하나님은 맘에 있다, 정신에 있다, 인격에 있다. 고로 맘이 청결한 자 하나님을 본다 하였다. 맘은 자주 껍질을 걷어 내어야 맑을 수 있다.
> (16권 295쪽)

하늘이 저 푸른 하늘이 아니라 마음임을 깨닫는 것, 마음 가운데 계신 하나님을 예배하는 일을 시작하는 것이 함석헌이 말하는 예수 "혁명"입니다(16권 295쪽). 1951년 글에서 예수 혁명을 혼의 혁명, 정신 혁명으로 본 것은 말년에도 바뀌지 않습니다. 1980년대 민중신학자들이 예수를 일종의 정치혁명가로 보려고 한 것에 대해 함석헌은 동의하지 않습니다. 예수가 일으킨 혁명은 혼의 혁명이며 정신의 혁명이라고 끝까지 주장합니다. 곧 물질을 삶과 존재, 생명의 원리로서 수용하기를 일관되게 거부하는 함석헌의 정신주의를 이미 여기서 엿볼 수 있습니다. 이런 의미에서 함석헌은 무신론자들과 맞섭니다.

누가 무신론자입니까? 하나님이 정신 속에 계심을, 혼과 인격 속에 계심을 부정하는 사람들입니다. 실제로는 '물'(物)을 하나님으로 삼는 이들입니다. 말하자면 물신(物神) 숭배자들이 곧 무신론자들입니다. 기독교 신자들이 하나님을 만물의 근본이요, 원리요, 귀착점으로 믿는 것처럼 물신 숭배자들은 '물'을 그렇게 믿습니다. '물'에 치여 죽으면서도 '물'이 하나님인 줄 믿고, 반역도 불평도 않는 것이 무신론자들의 실상이라고 함석헌은 보았습니다. 그런데 이 맥락에서 함석헌은 기독교 신자들에 대해서 "실생활에선 저희도 '물'의 종교의 신도다"라고 말합니다(16권 296쪽). 입으로는 기독 신자라고 하지만 사실은 물신 숭배를 하는 무신론자라는 말입니다. 칸트의 용어를 따르면, 물질을 숭배하는 기독교인이야말로 '실천적·현실적 무신론자'입니다.

함석헌은 실천적·현실적 무신론자가 된 기독교인들이 결국 [이론적] 무신론자들조차 잃게 되었다고 지적합니다. 과학적 지식으로 인해 점점 교회 신앙과 불화를 일으킨 사람들은 교회에 머물러 있기보다는 오히려 무신론자가 되어 교회를 떠났다는 말입니다. 함석헌은 물론 그들을 옳다고 보지 않습니다. 물질에 의존한 무신론은 오래가지 못하리라 믿었습니다. 기독교인들이 좀 더 포용하는 자세를 가지자는 말을 함석헌은 하고 싶어 합니다. 새롭게 변화된 세계관을 가지고 눈에 보이는 물질에 얽매이는 무신론자를 교회가 포용하지 못하고 여전히 낡은 과거의 세계관을 가지고 하늘을 '저 푸른 하늘'이라 고집한다고 함석헌은 기성 신자들을 나무랍니다. 신자들이 해야 할 일은 [이론적] 무신론자들에게 참 하나님을 보여주어야 한다는 말이죠. 그러면서 "그들을 무신론자라 믿지만 말고 그들에게 정말 하나님을 보여주도록 힘써야 할 것 아닌가"(16권 297쪽)라고 다그칩니다.

그래서 함석헌은 이제 새 집을 짓자고 제안합니다. 새 집은 곧 새 종교, 새 하나님, 새 신앙입니다. 오히려 오늘의 무신론자들이 예수 시대 창기와 세리처럼 하나님의 새로운 터가 있을 자리라고 말합니다.

하나님은 우리 생각에는 더러울 듯한데 거기가 좋다고 역사의 쓰레기통으로 가신다. 그리고 우리에게는 텅 빈 옛 전당의 음음한 기운만이 남는다. 새 집을 짓자. 하나님을 새로이 모실 새 집을, 새 집에는 낡은 물이 남아 있어서는 안 된다. 새 시대의 종교는 순정신적(純精神的)이어야 한다. 그래야 참일 수 있고 자유일 수 있고 평등일 수 있다. 이 회오리바람은 우리에게서 진공만이 남을 때까지 모든 것을 빼앗을 것이다. 그러나 새 집에는 평화의 즐거움과 거룩함이 있을 것이다. 새 시대의 종교는 무신론자를 포용하는 종교일 것이다. (16권 297쪽)

1951년의 글입니다. 전쟁이 진행되던 당시 상황을 단지 이 땅의 상황으로만 보지 않고 세계사적 관점에서 보았던 함석헌은 "아침저녁 뒤져 그중에 자란 가장 아름다운 경전, 가장 깊은 교리, 가장 굳은 신조를 사정없이 잡아내어 새 시대의 하나님의 제단 앞에 살라 버려야 한다. 네 영혼을 회오리바람의 중심에 붙들어 매려 애를 써라. 거기 새 시대의 하나님의 보좌가 있을 것"이라고 이야기하고 있습니다(16권 291-292쪽). 함석헌은 한국 교회의 내세천당론을 강하게 비판하면서 순전한 정신적 하늘, 그의 표현대로 '순정신적' 하늘론을 펼칩니다. 그러면서 하나님을 보여주자고 외칩니다.

하나님이 없으면 몰라도 정말 계신다면 저들에게 하나님을 못 보여줄까. 넓은 세계를 보려 하면 높은 곳에 올라야 한다. 하나님을 잃고 헤매는 사람에게 하나님이 뵈도록 하려면 교회를 어제보다는 훨씬 더 높은 터 위에 다시 짓지 않으면 안 된다. (16권 295쪽)

그런데 이 높은 터라는 것이 바로 "역사의 쓰레기통"이요 무신론자들이 사는 곳입니다. 오늘 교회가 그곳까지 낮아져야 진정 높아진다는 말입니다. 그렇지 않고서는 하나님을 제대로 예배할 수 없다는 말을 「함석헌 저작집」 16권 『한국 기독교는 무엇을 하려는가』에 실린 글 가운데 가장 일찍 쓴 글에서 벌써 하고 있습니다. 그런데 무신론자들과 마찬가지로 현실 기독 신자들이 실제로는 무신론자들이라면 순정신적인 기독교는 가능하지 않습니다. 그래서 함석헌은 이론적 무신론자는 포용하면서 실천적·현실적 무신론자는 배격합니다. 진정 참된 유신론자가 아니고서는, 이론적 무신론자들을 감화시킬 수 없다고 보았기 때문입니다.

"한국 기독교는 무엇을 하고 있는가?"

함석헌의 한국 기독교 비판은 교회 매체가 아닌 (기독교인들이 많이 관여했다고는 하지만) 사회 일반 매체였던 『사상계』를 통해 논쟁이 격화되는 동안 "하늘나라는 너희 안에 있느니라"라는 누가복음 17:21 말씀을 적용하면서 훨씬 더 강하고 직설적으로 나타납니다. 마치 칸트가 『순수이성비판』 1판 서문에서 자신이 살고 있는 시대를 '비판의 시대'라고 부르면서 정치권력과 종교권력이 비판에서 제외될 수 없다고 강하게 이야기한 것과 마찬가지로 함석헌의 비판 작업은 칸트와 비슷한 노선에 서 있었다고 볼 수 있습니다. 칸트의 이성비판은 이성 사용의 정당성, 곧 이성 능력의 적용 범위와 한계를 드러내는 일종의 재판이면서, 동시에 이성이 빚어내는 가상(假象)을 드러내어 이성의 건강을 회복하자는 치유적 의도가 담겨 있습니다. 함석헌의 기독교 비판도 마찬가지로 한국 기독교의 비행과 잘못을 드러내면서 결국에는 한국 기독교가 앓고 있는 질병을 고쳐 보자는 의도가 있었습니다. 한국 교회가 앓고 있는 질병을 함석헌은 "고혈압"(16권 118, 220쪽)이라 부르기도 하고 "신앙의 경화증"(16권 216쪽)이라 부르기도 하였습니다. 왜 비판을 통하여만 그러한 치유가 필요한가 묻는 이들에게 함석헌은 「한국의 기독교는 무엇을 하고 있는가」(1956)에서 이렇게 답합니다.

> 종교는 믿는 자만의 종교가 아니다. 시대 전체, 사회 전체의 종교이다. 종교로써 구원 얻는 것은 신자가 아니라 그 전체요, 종교로써 망하는 것도 교회가 아니라 그 전체다. (16권 104쪽)

함석헌이 자주 사용하는 '전체'라는 개념이 여기에 출현합니다. 이 개념, 이 사상을 언제부터 쓰고 펼쳤는지 정확하게 확인이 되지 않지만 중요한 개념임은 틀림없습니다. 여기서 '전체'란 사회 전체, 나라 전체라 보아도 큰 무리는 없을 것입니다. 이 땅의 구원, 국민의 양심을 이끌어 가도록 기대할 수 있는 종교는 기독교밖에 없는데(적어도 1950년대 이 시점에는 그렇게 생각했습니다), 한국 기독교가 정말 그렇게 하고 있는가를 따져 보는 것이 함석헌의 한국 기독교 비판의 동기입니다.

한국 기독교를 해방 후 10년이라는 시점에서 비판을 할 때, 함석헌은 거의 모든 경우에서 보듯이 역사적 과정에 대한 이해를 통해 시도합니다. 해방이 되면서 한국 교회는 기독교와 공산주의, 둘 가운데 어느 하나를 선택해야 할 상황을 경험하게 되었습니다. 한국 교회는 미래에 일어날 일에 대한 예언을 쏟아 내고,

교파 분열이 이어지고, 신유를 강조하는 '성령 운동'과 교회당이 늘어나는 현상을 보였습니다. 함석헌은 이 모든 역사적 흐름의 근저에 결국 돈이 있다고 보고, 한국 교회가 "하나님의 교회인가, 맘몬의 교회인가"라는 질문을 던집니다.

"하늘나라는 너희 안에 있느니라"는 말씀은 1956년의 저 유명한 논설에서는 보이지 않습니다. 그러나 윤형중 신부와 논쟁을 하는 가운데 「윤형중 신부에게는 할 말이 없다」(『사상계』 1957년 6월호)라는 글에 격한 표현으로 등장합니다. 윤형중 신부가 가톨릭교회를 일컬어 '불멸의 가톨릭'이라고 한 것에 대해서 함석헌은 매우 강하게 반응합니다.

> 민중아, 하늘나라는 네 가슴속에 있다. 불멸의 가톨릭 그것은 새빨간 거짓말이다. 그 부도수표에 속아서 모든 정신적 자산을 내놓지 말라. 너는 네 불멸을 네 안에 찾아야만 불멸이니라. 인간의 자유를 뺏는 가톨릭의 불멸함이 인류의 수치일지언정 결코 자랑도 행복도 아니다. (16권 157쪽)

함석헌의 가톨릭 비판은 관련된 글을 읽어 본 사람이라면 그 신랄함에 놀라게 됩니다.

> 아, 인간! 역사 이래 소박한 민중은 무지한 탓으로 교활한 제사에 속아 얼마나 많은 허깨비에 속으며 가슴을 태우고 눈물을 흘려 왔나!

잔인한 놈들, 가엾은 생명을 뵈지 않는 사슬에 매어 두고 피를 빨아 먹으려는 놈들. 민중아, 너는 영원하신 하늘 아버지의 아들이다. 네가 갈 곳이 있다면 네 본집이지. 네 정신적 본향이지, 아버지의 품이지. 지옥이 무슨 지옥이냐. 인간의 혼을 시들게 하고 비꼬이게 하는 이 고약한 제도를 들치우라! 귀족주의의 종교를 인간사회에서 몰아 내라! (16권 165쪽)

가톨릭을 이렇게까지 비난하는 데는 사회관과 인생관의 차이가 근저에 깔려 있습니다. 함석헌이 볼 때 가톨릭 사상은 "이 땅을 긍정하려는 이교주의"(16권 162쪽)입니다. 다른 말로는 '세속주의'라고도 부릅니다. "순령적(純靈的), 윤리적 종교를 가르친 것이 예수"이며 "조금도 인간적인 것을 긍정하지 않고 하나님께로부터 일방적으로 오는 은총을 받는 태도"에 서는 것이 복음이 말하는 태도인데, 가톨릭교회는 이와 같은 "순히브리적인 것"을 이교적인 것과 혼합하여 이루어진 교회라고 함석헌은 보았습니다(16권 162-163, 201쪽 이하 참조).

1956년에 발표한 「한국의 기독교는 무엇을 하고 있는가」에서 함석헌은 죽은 듯해 보이는 누에가 다시 일어나길 바라듯이 교회당 밑에 깔려 있는 "생명의 씨앗"을 살려내자는 제안을 하고 있습니다(16권 119쪽). 이 글에 이어 쓴 글에서는 "흙 속에 갇혀 고민하던 영혼이 그것을 박차고 나서 자유로워지는 일"이 구원이라고 정의하면서 "육적, 지적인 것"(16권 163쪽)을 완전히 부정하고 "생명의 논리"를 배우자고 제안합니다(16권 165쪽). 세속적인 것, 지상적인 것, 물질적인 것을 완전히 버리고 혼의 자유, 영의 자유를 누려야 한다고 강조합니다. 여기서도 정신주의가 드러납니다.

함석헌은 1971년에 쓴 「한국의 기독교는 무엇을 하려는가」에서 내면화를 대안으로 내세웁니다(16권 176쪽). 내면화는 역사 발전과 생명 현상의 필연적 귀결입니다. "역사는 이 앞으로도 다시금 더 내면화해야 한다. 더 승화, 더 영화(靈化)돼야 한다"(16권 177쪽)고 말합니다. 그런데 내면화는 개인적인 영적 각성만을 뜻하지 않고 전체와 이어지는 사건입니다. 역사의 흐름을 보면 전체만 있는 부족사회가 있었습니다. 그러나 개인의 자각이 생기면서 전체로부터의 개인의 해방이 발생했습니다. 그런데 이제 역사는 개인이 "자유로운 인격으로 완전히 깨어 자진해서 협동체가 되는 전체"(16권 178쪽)에 도달했다고 보고 있습니다.

"하늘나라는 너희 안에 있느니라"라는 말씀은 「함석헌 저작집」16권에 실린 글 가운데서도 가장 후기에 속하는 「믿음의 내면화」(1982)라는 글(강연)에서 좀 더 분명한 방식으로 해석됩니다. "내면화란 무엇이냐"라는 질문을 던지면서 먼저 성경에서 그 말을 끄집어내자고 함석헌은 제안합니다.

예수님은 뭐라고 하셨는가 하면 "하늘나라는 너희 안에 있다" 그랬어요. 여기서 "너희 안에" 하는 그 '안'이라고 하는 말, 메소스(μέσος)

의 의미를 알아야 돼. 우리말로 한다면 그걸 영어의 Among You 하는 것과 In You 하는 두 가지를 생각해 볼 수 있어.……요새 교회가 지금 사회문제로 싸움하느라, 안병무 박사 같은 이는 이걸 Among You로 취해야 한다고 그래요. 물론 두 가지를 다 취해야 해요. 그러나 종국에 가서는 In You라고 봐요. "하늘나라가 너희 안에 있다." 그건 바로 하늘나라는 우리 정신, 영적인 데 있다 그 말이야. 그런데 그 '안'이란 말을 among이라고 그러는 것은 이젠 인류의 관계가 나만의 문제가 아니라, 이 사회적인 관계가 중요하다 해서 그걸 강조하느라 하는 말이에요. (16권 59-60쪽)

우선 두 가지를 먼저 지적해 두어야겠습니다. 지금까지 여러 번 언급한 "하늘나라는 너희 안에 있느니라"라는 말은 누가복음 17:21 말씀을 함석헌이 자유롭게 해석한 표현입니다. 정확한 본문은 "헤 바실레이아 투 테우 엔토스 휘몬 에스틴"(ἡ βασιλεία τοῦ θεοῦ ἐντὸς ὑμῶν ἐστιν)입니다. '하나님 나라는 너희 안에 또는 너희 가운데 있다'라고 번역할 수 있습니다. 그런데 함석헌은 복음서의 중심 개념이기도 한 '하나님의 나라'라는 표현을 쓰지 않고 줄곧 '하늘나라'라는 표현을 씁니다. 이 용어는 누가복음보다는 오히려 마태복음에 자주 나오는 "바실레이아 톤 우라논"(βασιλεία τῶν οὐρανῶν)을 우리말로 옮긴 것입니다. 두 번째, 함석헌은 '너희 안에/너희 가운데', 이 두 가지 번역 가능성에 관해서 말하고 있습니다. 그런데 인용한 본문에서 보듯이 여기서 '안에' 또는 '가운데'로 번역될 수 있는 말은 함석헌이 이야기한 메소스(μέσος) 가 아니라 엔토스(ἐντός)입니다. 그러므로 인용문 속에 들어 있는 말은 '엔토스'로 바꾸어야 합니다.

이 구절의 번역은 계속 논쟁이 되고 있습니다. 과거의 번역은 대체로 '하나님의 나라는 너희 안에/속에 있다'는 것입니다. 마르틴 루터가 이 구절을 "Das Reich Gottes ist inwendig in euch"(하나님의 나라는 너희 속에 내면적으로 있다)라고 번역한 것이 이른바 '심령 천국'을 이야기하는 대표적인 경우일 것입니다. 불가타 라틴어 번역도 이와 비슷하게 "Regnum Dei intra vos est"(하나님의 나라는 너희 안에 있다)라고 되어 있습니다. 그러나 현대역들, 예컨대 영어 번역의 경우에는 "in your midst", "within you", "among you" 등 대부분 '너희 가운데'로 옮겼습니다.

중요한 점은 두 가지 가능성을 수용하면서도 결국 '너희 안에'라는 것이 우선적이며 실제 의미라고 함석헌은 이해하고 있다는 점입니다. 하늘나라는 결국 내면성의 문제이고 내면성은 정신, 영 또는 혼의 문제라고 생각하는 거지요. 그래서 하늘나라를 "정신의 나라", "영의 나라"라고 부릅니다(16권 63쪽). 사회적 관계도 정신 없이, 정신을 통하지 않고는 나올 수 없기 때문에 '너희 가운데'는 '너희 안에'에 기초해야 한다고 본 것입니다. 그래서 함석헌은 내면화의 혁명은 정신적인 면에서의 혁명이지 사회혁명이나 정치혁명과는 무관한 것이라 주장합니다(16권 62쪽). "인류의 소망이 있다면 정신 면으로 발달해야 한다"(16권

66쪽), "이 몸뚱어리로는 소망이 없다고 강조해야 돼"(16권 66쪽), "'하늘나라가 우리들 속에 있다, 정신에 있다' 하는 것을 아는 우리 생각 속에, 우리 정신 속에, 미래의 역사가 있다는 것을 깨우쳐 줘야 돼. 일체라는 것은 오직 이 정신 속에서 오는 거예요"(16권 67쪽)라는 지적들은 모두 이것을 배경으로 두고 한 말입니다. 이런 의미에서 구원이라는 것도 개인 구원에만 머물지 않고 전체 구원으로 나아가야 한다고 함석헌은 강조합니다(16권 60, 63, 69쪽 참조).

정신 속에 하늘나라가 있다는 것은 궁극적으로 무엇을 말하는 것일까요? 이것은 함석헌이 종종 언급하는 '하나됨'이란 말로 표현할 수 있지 않을까 생각합니다. "종교는 하나님과 내가 하나됨이라 할 수 있다"(16권 203쪽)라고 말할 때의 하나됨입니다. 하나됨에는 너와 나의 구별이 있을 수 없고 심지어 '우리'라는 테두리 안으로 한정시킬 수도 없습니다(16권 99쪽). 하나됨은 '전체'를 이루는 일입니다. 여기서 좀 더 복잡한 문제에 부딪히게 됩니다. 전체가 무엇이냐 하는 문제입니다.

함석헌은 맥락에 따라서 전체를 여러 가지로 이야기하고 있습니다. 예컨대 하나님과 전체를 동일시하는 경우입니다. 1978년에 쓴 「예수의 비폭력 운동」이란 글에서 "예수는······이제 위신을 잃은 이성을 해방시켜 온전히 하나님께, 다른 말로 해서, 전체에 봉사하는 것이 멸망을 면하고 살아나는 길임을 가르쳐 주기 위해, 특히 지배자들, 잘사는 것들에게 그것을 깨우쳐 주기 위해 오셨던 것이다"라고 말한 경우입니다(16권 20쪽).

하나님이 계신 곳을 일컬어 전체라고 한 부분도 있습니다.

현실계의 어디에 하나님이 계시냐? '전체'다. 부족에서 계급으로,
계급에서 민족으로, 민족에서 세계로, 그 수에서는 달라졌지만 언
제나 그 전체가 나만도 아닌 너만도 아닌, 또 누구만도 아닌, 대다수
만도 아닌, 전체인 성격에는 변함이 없다. 거기 하나님의 뜻이 나타
난다.……예언자, 성자란 사람들은 다 자신의 사람인 동시에 전체
에 살려는 사람들이었다. 그 의미에서 그들은 선했고 옳았다. (16권
19쪽)

여기서 전체는 나와 너, 대다수를 뛰어넘어 하나를 이루는 인
간 사회 전체입니다. 그런데 이 전체 개념은 형제와 자매 개념이
들어올 때 구체화됩니다. "하늘에 계신 우리 아버지"라고 할 때,
모든 사람은 너와 나의 구별 없이, 모두 형제자매라는 사실을 말
합니다(16권 19쪽). 모두가 한 형제자매인 까닭은 본래 한 영으로
창조되었고 생명은 모두 유기물이므로 어느 한 부분에 상처가
나면 전체가 상처 나기 때문입니다(16권 20쪽). 인류가 모두 한 형
제로, 한 자매로 "나만 옳다, 나만 살자" 하지 않고 함께 형제자매
로 사는 것, 이게 곧 함석헌이 말하는 '전체'입니다. 십자가와 속
죄에 대한 그의 고유의 해석을 여기서 만나게 됩니다.

「함석헌 저작집」 16권 『한국 기독교는 무엇을 하려는가』에

서는 딱 한 군데, 지금 우리가 이야기하고 있는 「믿음의 내면화」에서 이 문제를 다룹니다. 함석헌은 그리스도와의 연합, 그리스도와의 하나됨을 전통적인 '대신 속죄'(대속) 교리로 보지 않고 그리스도와의 인격적 일치가 선행한 다음, 이것에 뒤따라오는 일종의 정화 과정으로 보고 있습니다. 우치무라 간조로부터 배워 이해하고 있었던 대속 사상에 대해 번민하다가 다음과 같은 결론에 도달했다고 함석헌은 말합니다. (제가 알기로는 다음 발언이 1951년, 이른바 '대전환' 이후 처음으로 자신의 속내를 털어놓은 말이 아닌가 싶습니다.)

그렇다. 속죄를 믿는다는 것은, 예수님이 내 죄를 대신해서 죽으셨다 하는 그 신앙이 확실히 성립되려면, 그러기 전에 "예수님의 인격과 내가 딴 사람이 아니다" 하는 자격에 가야 할 거다. 이 현실세계에 있어서는 예수님은 예수님이고 나는 나지 하는 건 물론이야. 사람들이 "그래, 그럼 너 따위가 예수란 말이야" 하고 대들면 그것 무슨 말로도 대답할 수가 없지. 그러니 그걸 몰라서 "예수와 내가 서로 딴 인격이 아니다" 하는 말을 하는 게 아니라, 여기 이 부산 앞바다의 물과 하와이('태평양 중심의 오염되지 않은 곳'이라는 뜻으로 쓴 말-편집자) 물이 같은 물이란 뜻에서 하는 말이에요. (16권 70쪽)

예수와 내가 한 인격이 되어야 한다는 말입니다. '어떻게 내가 예수와 동일한 한 인격이 될 수 있을까?' 당장 이 물음이 뒤따라옵니다. 현실적으로는, 곧 역사 안에서 몸을 가지고 구체적으로 살아가는 우리 삶의 구조 안에서는 예수와 내가 한 인격일 수 없습니다. 그러나 현실세계보다 훨씬 크고 무수하게 많을 수 있는 좀 더 큰 정신세계에서는 한 인격이 될 수 있다고 함석헌은 주장합니다. 예수는 곧 "영원히 참다운 인격"이고 예수와 내가 한 인격이 된다는 말은 내가 그 "영원히 참다운 인격"에 참여한다는 말입니다(16권 89쪽).

"예수의 본질은 그리스도"이고 "그리스도란 영원 무한한 정신적 인격"이므로, 중요한 것은 우리 각자가 그리스도와 하나 되어, 곧 영원 무한한 정신적 인격으로, 전체의 생명, 온 생명을 발휘하게 된다고 보는 것입니다(16권 89쪽). 이와 같은 인간형을 일컬어 함석헌은 '진리인', '도인', '생명인'이라고 말합니다. 역사적 예수를 완전히 무시한다고 할 수는 없어도, 역사적 예수가 여기서 중요한 자리를 차지한다고도 할 수 없습니다. 오히려 '신앙의 그리스도'가 영원한 인격, 영원한 생명으로 중시됩니다. 그러므로 예수가 자신을 길이요, 진리요, 생명이라고 한 것은 우리 자신이 곧 길이요, 진리요, 생명이라는 말과 같다고 이해하게 됩니다. 진리인, 도인, 생명인이라는 것은 여기서 온 것입니다. 우리는 다시 이 대목에서 역사적인 것, 시간에 매인 것, 구체적인 것, 개별적인 것이 지워지고 오직 정신, 영, 인격, 생명을 중시하는 함석헌의 지독한 정신주의 또는 순령주의(純靈主義)를 보게 됩니다.

"하늘나라는 너희 안에 있느니라"라는 말씀을 철저히 정신적인 것으로, 내면화의 문제로 함석헌이 보고 있다는 것은 세 단계의 논의를 통해서 이제 충분히 드러났습니다.

"우리는 무엇을 할 것인가"

이제 한 가지 남은 것이 있습니다. 구체적 행동 지침에 대한 물음입니다. 함석헌은 혁명을 그 답으로 제안합니다. '혁명'은 상당히 초기부터 그가 쓴 단어입니다. 앞에서도 잠시 언급했습니다만 그가 말하는 혁명은 정치혁명이 아닙니다. 철저하게 '정신적인 의미의 혁명'입니다. 1979년에 쓴 「우리가 어찌할꼬」(16권 87-100쪽)라는 글을 보면 그의 혁명 사상이 잘 나타나 있습니다.

무엇보다 함석헌은 정치적 혁명의 불완전성, 잔혹성에 관해 언급하면서 진정한 혁명, 참 혁명은 종교적인 혁명이어야 한다고 주장합니다. 예수가 참 혁명가였던 것도 정치적인 혁신이 아니라 인격의 혁신, 혼의 혁명, '거듭남'을 목적했기 때문입니다. 회개, 죄 사함, 성령 강림 등은 모두 혼의 혁명, 정신의 혁명이라는 관점에서 풀이됩니다. 여러 곳에서 누누이 강조되는 사상이라 할 수 있습니다. 그러나 제가 흥미롭게 보는 것은 예수가 위대한 혼의 혁명가요 정신의 혁명가였음은 두 눈, 겹눈을 가졌기 때문이라는 함석헌의 언급입니다. 두 눈을 가졌다는 것은 현실을 한 눈으로만 보지 않고 두 눈으로, 두 겹으로 본다는 말입니다. 현실을 두 눈으로, 두 겹으로 본다는 것은 "모든 것에는 이중의 의미가 있다"고 보는 것을 가리킵니다. 삶도 두 겹이고, 죽음도 두 겹이고, 나 자신도 두 겹이고, 나라도 두 겹이라는 말입니다.

삶을 이렇게 두 겹으로 보는 것은 첫 번째, 부정을 통해서, 파괴와 해체를 통해서 새로운 긍정과 세움을 가져오는 것입니다. "죽음 속에서 살아나는, 반역을 하면서 사랑하는, 무너뜨리면서 세우는, 생명의 자기 발전의 지혜"라고 함석헌은 말합니다(16권 92쪽). 낡은 것을 뚫고, 그 안에서 새로운 것이 뛰쳐나오는 것을 볼 수 있는 눈을 두고 하는 말입니다. "낡은 것 속에 벌써 산 것이 다 자란 것을 보는 사람, 땅 위에서 벌써 하늘나라가 내려와 있는 것을 보는 사람"(16권 92쪽)에게 그런 눈이 있습니다. 두 번째, 삶을 두 겹으로 보는 것은 반대의 수용을 통해 반대를 극복하는 것입니다. 예수는 원수인 뱀에게서 부활의 진리, 혁명의 진리를 배웠다는 말에서 이것을 알 수 있습니다. 예수는 정말 원수를 사랑했기 때문에 사랑을 원수로부터 배웠고 "자기 혁명을 하는 생명의 진리"(16권 93쪽)를 배웠다고 함석헌은 말합니다. 이처럼 혁명은 두 눈, 겹눈으로 보는 사람이어야 할 수 있으며, 함석헌은 이들을 "하나님의 씨울들"이라 부릅니다(16권 97쪽).

그런데 이 씨울들을 혁명의 주체로 만드는 방법은 '새 종교'밖에 없다고 함석헌은 누누이 말합니다. 새 종교가 나와야 씨울들을 "새 시대의 군대로 행진하게" 할 수 있습니다(16권 98쪽). 기독교 비판은 결국 새 종교에 대한 염원으로 나타납니다. 아니, 좀 더 정확히 말한다면 순서를 바꾸어야 할 것입니다. 새 종교의 출현을 염원하기 때문에 한국 기독교를 비판하고 있습니다. 「한국의 기독교는 무엇을 하고 있는가」라는 1956년 1월 『사상계』에 실린 글에 앞서 함석헌은 새 종교에 대해 중앙신학교에서 특강을 한 적이 있습니다. 이 강의에서 함석헌은 이렇게 말합니다.

> 새 종교가 무어야? '새'가 곧 새 종교다. 새롬, 샘, 삶, 영원히 스스로 새로운 생명을 믿음이 곧 새 종교다. 그러면 새어 나가는 새날의 샘을 따라 새 나라가 내다뵐 것이다. 뵐 것, 샘이 내 속에, 우리 속에 있다. 속의 것이 나오면 새것이다. 새것을 믿으면 새 샘이요, 뜻 곧 명령이다. 새로운 뜻이 참 자유로운 새요, 참뜻은 곧 행동이다. (16권 98쪽)

쉽지 않은 구절이나 이렇게 이해해 볼 수 있습니다. 무엇보다 중요한 것은 '스스로'라는 말일 것입니다. 밖으로부터, 타자로부터, 타인으로부터 나에게 부과된 앎이나 힘이 아니라 나 스스로 알아야 하고 나 스스로 해야 함을 아는 종교여야 한다는 것입니다. 나 스스로 알고 나 스스로 함은 다른 원천이 아니라 나와 둘일 수 없는, 나와 하나요 나의 원천인 생명에 근원을 두는 것입니다. 이 생명은 『주역』의 말로 하면 영원토록 자강불식(自彊不息)하는 생명입니다. 생명 속에, 생명의 내부로부터 샘물처럼 솟아나는 참과 지혜와 힘으로부터 이루어진 삶과 행동이 참 행동이고 참 윤리입니다.

함석헌은 전통적인 기독교 사상을 대다수 그리스도인들과 공유했습니다. 그러다가 1951년 '대전환'을 겪으면서 생각의 변화를 보입니다. 대부분의 한국 교회가 교회와 성경을 중시할 때 함석헌은 예수와의 만남의 체험을 강조합니다. 전통적인 속죄론을 버리고 그리스도와의 연합을 강조하는 사상으로 변화됩니다. 건강과 물질의 복을 강조하는 대다수 교회와 달리 함석헌은 내면의 혁명, 철저한 영적 변화를 주장하는 순령주의를 내세웁니다. 많은 교회들이 내세 신앙을 강조할 때 함석헌은 심령 안에 자리하는 내면의 하늘나라를 강조합니다.

두 가지 물음이 여기서 생깁니다. 첫 번째는 예수 그리스도와 하나됨이 대속 신앙과 반드시 대척점에 서 있어야 하는가 하는 물음입니다. 예수님과 하나됨은 그분과 함께 죽고, 함께 살아남으로 가능합니다. 사도 바울은 로마서 6장에서 세례를 이와 연관시켜 보았습니다. 세례는 예수 그리스도를 믿는 믿음을 통해 우리의 죄를 용서받고 하나님의 자녀로 입양되는 절차입니다. 세례에 참여한 사람은 그리스도와 함께 죽고 함께 살아남으로 하나님의 자녀로, 구원받은 성도로, 새 사람으로 살아갈 수 있습니다. 그리스도와 하나됨은 하나님과 사람 사이를 가로막은 죄의 장막을 십자가 죽음을 통해 걷어 내지 않고는 가능한 일이 아닙니다. 그러므로 속죄 신앙과 하나됨을 상호배타적으로 볼 필요가 없습니다.

두 번째는 정신주의, 순령주의가 하나님의 나라를 제대로 보여주는가 하는 물음입니다. 기독교는 분명히 영의 종교, 생명의 종교입니다. 육에서 영으로, 죽음에서 생명으로의 전환이 예수 그리스도를 통해 일어납니다. 그런데 이 전환이 표현되는 현장은 구체적인 일상의 삶입니다. 일상의 삶은 신체와 물질과 떨어져 있지 않습니다. 우리는 먹고 마시고, 얼굴과 몸으로 타인을 만납니다. 영적인 것은 물질을 통하여, 신체를 통하여, 타인과의 관계를 통하여 드러납니다. 예수님의 성육신과 십자가의 죽음과 부활은 물질인 신체를 통하여 일어난 사건입니다. 그러므로 지독한 정신주의, 지독한 순령주의는 신체와 물질, 타인의 존재를 수용하는 물질주의로 전환되어야 제대로 힘을 발휘할 수 있습니다. 시몬 베일(Simone Weil, 1909-1943)의 '은총'과 '중력'의 이분법을 가지고 표현한다면, 은총은 중력의 무게를 통과하여 일상의 삶을 바꾸어 낼 때 그 고유의 가치를 드러낼 수 있다고 저는 믿습니다.

함석헌은 한국의 대다수 교회에게는 여전히 이단자입니다. 아마 앞으로도 계속 그렇겠지요.

함석헌과 나

이제 저의 개인적인 이야기로 끝을 맺겠습니다. 저는 함석헌 선생님을 직접 뵌 적이 없습니다. 선생님을 알게 된 계기는 그분의 자서전을 통해서였습니다. 중학교 2학년 가을인지 겨울인지 확실하게 기억은 나지 않습니다. 저는 그때, 경남 삼천포, 이제는 그냥 사천이라고 부르는 곳에서 태어나 자랐습니다. 그 시골에서, 함석헌의 "나의 자서전"이라는 부제가 붙은 『죽을 때까지 이 걸음으로』라는 책을 읽었습니다. 작은누님이 사온 책이었습니다. 저에게는 최초의 지적인 눈 열림이고 충격이었습니다. 그때 저는 교회를 열심히 다니고 있었고 신약성경을 몇 번 반복해서 읽은 터였습니다. 이때 받은 최초의 충격은 나중에 김형석 선생님, 안병욱 선생님, 이어령 선생님, 그리고 파스칼과 키에르케고어의 책으로 이어지면서 많이 완화되었습니다. 물론 대학에 들어가기 전 이야기입니다.

『죽을 때까지 이 걸음으로』는 저에게 세 가지를 남겨 주었습니다. 걸음이 빨라진 것이 하나이고, 책 첫머리에 인용한 "If winter comes, can spring be far behind?"(겨울이 만일 온다면 봄이 어찌 멀었으리요?)라는 셸리의 시구가 두 번째이고, "열두 바구니"란 제목을 달아 모아 둔 기독교 신앙에 대한 함석헌의 반성이 세 번째로 저에게 오래 남아 있었습니다.

셸리의 저 시구는 어려운 일을 당할 때면 늘 위로가 되었습니다. 이 시구를 제목으로 달고는 함석헌은 이어서 이렇게 쓰고 있습니다. "숨이 끊어지는 순간 나같이 이렇게 막힌 가슴속에서도 무슨 스완 송이라도 나갈 것이 있겠는지 모르지만 만일 아무 것도 없다면 이 구절이라도 부르고 갔으면 하는 생각이 있다." 이 글을 읽을 때는 '스완 송'(Swan song)이 뭔지도 몰랐습니다. 한참 뒤에야 슈베르트의 슈바넨게장(Schwanengesang), 「백조의 노래」

가 있다는 것을 알았습니다. 이것은 다시 초서(Geoffrey Chaucer)와 셰익스피어, 그리고 플라톤의『파이돈』까지 소급해 올라간다는 사실은 훨씬 뒤에 알았습니다.

　『파이돈』에서 소크라테스는 자신의 즐겁고도 기쁜 죽음과 관련해서 '백조의 노래'를 언급하고 있습니다. 백조는 죽기 직전 가장 아름다운 노래를 부른다는 전설이 고대 그리스 전통에 있습니다. 여기서 백조는 아폴론 신이 가장 아끼는 새이며 시인과 예술가를 상징하기도 합니다. 시인이기도 한 함석헌은 자신의 마지막을 맞이할 때 가장 아름다운 목소리로 (1920년대 동경 유학 시절에 알게 된) 셸리의 저 시구를 자신의 '스완 송'으로 부르겠다고 한 것이지요. 왜 그러셨는지는 모르지만 "겨울이 만일 온다면 봄이 어찌 멀었으리요?"란 시구는 저에게 오랫동안 남아 있었습니다. 그러다가 나이가 들면서 겨울 산을 바라볼 때마다, 벌거벗은 나무 가운데 이미 발그스레한 봄빛이 담겨 있음을 보게 되었습니다. 공자가 자공에게 "하늘이 무슨 말씀 있으시더냐? 사철이 돌아가고 있고 만물이 자라고 있지만, 하늘이 무슨 말씀을 하시더냐?"(天何言哉 四時行焉 百物生焉 天何言哉)라고 말씀했지요. 저는 이 가운데서 겨울이 지난 뒤 봄이 오게 하는 하나님의 신실하심, 공의로우심, 여상(如常)하심을 읽어 냅니다.

　걸음 이야기를 했습니다만, 함석헌의 책을 보면 그 어른의 걸음이 빨라진 이야기가 나옵니다. 만세 사건이 있은 뒤 조선 땅에는 강연회 행사가 많았는데, 김미리사(1879-1955) 여사의 강연을 들고 걸음이 빨라졌다는 이야기입니다.

나는 본래 뜻이 약하여 실행하는 힘이 아주 부족하다. 이날까지 격언, 좌우명 하는 것을 만들거나 써 붙이거나 해보지 못했다. 나의 잘못을 알아 결심하고 고쳐 본 것이 없다. 누가 묻기를 수양한 것이 무엇이냐 하면 아무 대답할 것이 없다. 그런데 이 걸음걸이 하나만은 내 성격과는 다르게 내가 힘써서 해본 단 하나의 일이다.……[김미리사 여사가 말했다.] "우리나라 청년 걸음걸이가 모두 잠자리 잡으러 가는 것 같습니다." 들고 나니 나보고 한 말 같아서 그것만은 참말 그 이튿날부터 실행을 하였다.……지금도 다른 칭찬은 듣는 것이 하나도 없어도 걸음이 빠르단 말은 듣는다.*

이 말을 듣고는 저의 걸음도 빨라졌습니다. 함석헌의 글을 읽고 중학생이 할 것이 무엇이 있었겠습니까? 정당을 조직하겠습니까? 교회개혁을 하겠다고 운동을 하겠습니까? 실행할 수 있는 일은 걸음걸이를 바꾸는 일밖에 없었습니다. 너무 빠른 걸음이 심장에 좋지 않다고 해서 요즘은 좀 천천히 걸으려고 애쓰고 있습니다. 그래도 함 선생님이 보시면 "잠자리 잡으러 가느냐?"고 묻지는 않겠지요.

세 번째로 저에게 남은 것은 기독교 신앙에 대한 반성입니다. 중학교 2학년생이 신앙을 알면 얼마나 알았겠습니까. 하지만 보

---

* 함석헌, 『죽을 때까지 이 걸음으로』(삼중당, 1964), 87-88.

리떡 다섯 덩이와 물고기 두 마리로 5,000명을 먹이신 이야기는 교회에서 여러 번 들었고 복음서에서 몇 번이나 읽어 알고 있었습니다. 그런데 이 사건이 끝난 뒤 남은 부스러기 열두 바구니는 어떻게 되었을까 하고, 이렇게 저렇게 생각하는 함석헌 선생님의 글은 전혀 다른 차원이었습니다. 늘 듣던 이야기가 아니었습니다. 이어서 계속하는 이야기도 너무나 달랐습니다. 어렴풋이 제가 다니던 교회에서 가르치는 것과 다른 방식이 존재함을 그때 알았습니다. 제가 자란 신앙 배경이 다르고 신학 사상이 다르다고 할지라도, 저는 함석헌 선생님으로부터 받은 최초의 지적 충격을 아직도 잊지 않고 고맙게 생각하고 있습니다.

4강

믿는다는 것

불합리하기 때문에 나는 믿는다
Credo quia absurdum.

"불합리하기 때문에 나는 믿는다." 이 책을 읽는 분이면 이 표현을 한 번쯤 들어 보셨으리라 생각합니다. 2세기 후반과 3세기 초반 아프리카 카르타고에서 활동한 테르툴리아누스(Tertullianus, 155-240)의 말로 대부분 알고 있습니다. ('터툴리안'이라는 영어식 이름으로 우리에게 알려져 있지만 여기서는 라틴어 방식으로 표기하겠습니다.)

"순교자의 피는 교회의 씨앗이다." "사람은 그리스도인이 되는 것이지 그리스도인으로 태어나는 것이 아니다." 이뿐 아니라 "여인은 마귀가 들어온 문이요, [금지된] 나무의 봉인을 뗀 자이며, 하나님의 법을 처음으로 저버린 자"라는 독설에 가까운 말도 테르툴리아누스가 한 말로 전해 내려옵니다. "아테네와 예루살렘이 무슨 관계가 있으며 [플라톤의] 아카데메이아와 교회가 무슨 상관이 있는가?"라는 물음도 철학과 신학의 언저리를 조금이라도 맴돈 분이면 익히 알고 있는 테르툴리아누스의 말입니다.

아테네와 예루살렘이 왜 상관이 없는지 따져 보는 일은 접어 두더라도 "불합리하기 때문에 나는 믿는다"는 그냥 넘어가기가 쉽지 않은 말입니다. 말이 되기 때문에, 사리에 맞기 때문에, 아무리 생각해도 도무지 거부할 수 없기 때문에 믿을 수밖에 없다는 결론에 도달하는 것이 자연스러워 보입니다. 하지만 불합리하기 때문에, 말이 되지 않기 때문에 믿는다고 하는 말은 수긍하기가 어렵습니다.

믿음과 앎

카를 융(Carl Gustav Jung, 1875-1961)은 1959년 BBC 기자와 인터뷰하면서 이런 질문을 받았습니다. "선생님은 하나님을 믿습니까?" 융은 "네, 믿지요!" 하고는 곧장 다시 이렇게 고쳐 말합니다. "나는 하나님을 믿을 필요가 없습니다. 나는 하나님을 압니다." 이 인터뷰가 방송된 뒤 꽤 오랫동안 논란이 이어졌습니다. 융이 그리스도인이냐 아니냐를 둘러싼 논란이었습니다. 융 자신은 평생 그리스도인이라고 생각하며 살았습니다. 그런데도 "하나님을 믿을 필요가 없다"고 말을 하니 논란이 생겼지요.

왜 이런 논란이 빚어졌을까요? "나는 하나님을 믿는다", 이렇게 말을 하고 그쳤으면 논란이 되지 않았을 텐데 "나는 하나님을 안다. 그러니 믿을 필요가 없다"고 하니 그것이 문제를 일으켰습니다. 왜 그랬을까요? 믿음과 앎이 어떻게 다르기에 이런 논란을 빚어냈을까요? '안다'고 말하면 합리적이고, '믿는다'고 말하면 불합리하게 들리기 때문일까요?

융은 스위스 개혁교회의 목사의 아들로 자랐습니다. 말년에 비서에게 구술해서 준비한 회고록을 읽어 보면, 융은 어릴 때부터 특이한 체험을 많이 했습니다. 중고등학교 시절 아버지의 설교를 들으면서 융은 아버지가 하나님을 제대로 모른다는 생각을 가끔 했습니다. 융이 안다고 생각한 하나님은 합리적인 하나님도 불합리한 하나님도 아닌, 합리와 불합리, 이성과 모순을 뛰어넘는 하나님입니다. 하나님은 온 세상을 움직이면서 우리의 상상을 초월할 정도로 어마어마한 존재임을 융은 말하고 있습니다. '믿음'과 '앎'이 어떻게 다르기에 융은 하나님을 '안다'고 말할 뿐 '믿을 필요가 없다'고 했을까요?

만약 "불합리하기 때문에, 말이 되지 않기 때문에 나는 믿는다"는 말을 곧이곧대로 받아들인다고 해봅시다. 그러면 기독교 신앙의 중요한 가르침을 어떻게 이해할 수 있을까요? 기독교 신앙의 요점을 고백의 형식으로 짧게 언급하면 이렇습니다.

1. 전능하고 전지하고 온전히 선하신(全善) 삼위 한 분 하나님을 그리스도인은 믿습니다.
2. 삼위 한 분 하나님이 세상을 지으시고 아버지 하나님이 아

들을 세상으로 보내어 사람으로 태어나 살고, 가르치고, 십자가 죽음을 통하여 성령 안에서 인간과 하나님, 만물과 하나님 사이의 평화를 가능하게 하셨다고 그리스도인은 믿습니다.

3. 예수 그리스도를 믿는 믿음으로 죄 사함을 받고 하나님의 자녀로 그리스도와 하나되어 영원한 생명을 누리게 되었음을 그리스도인은 믿습니다.

4. 삼위 한 분 하나님께 기도와 찬송과 감사의 말을 드릴 수 있고, 그분을 사랑하고, 그분을 알고, 그분에 관해서 말할 수 있다고 그리스도인은 믿습니다.

5. 공의와 사랑과 믿음으로 이웃과 형제자매를 사랑하며 하나님과 겸손하게 걸어가는 삶을 살아야 함을 그리스도인은 믿습니다.

이 가운데 어떤 개념, 어떤 단어와 서술이 불합리하거나 부조리하게 보이는가요? 만일 불합리하게 보인다면 누구에게 불합리하게 보일까요? 믿음의 자리에 이미 들어온 사람에게 불합리하게 보일까요? 만일 "불합리하기 때문에 나는 믿는다"를 사람들이 통상 생각하는 대로 테르툴리아누스가 했다면 이 말을 한 까닭은 무엇이었을까요?

믿음을 이성과 대립해서 생각하는 전통이 이미 형성되어 있지 않다면, 다시 말해 이성과 경험을 토대로 한 지식과 이것을 초월한 것에 대한 '믿음'을 강하게 구별하는 전통이 구축되어 있지 않다면, "불합리하기 때문에 나는 믿는다"는 말은 이해가 되지 않습니다. 이제 이 전통을 함께 살펴보면 좋겠습니다.

계몽과 정당성

테르툴리아누스의 말로 알려진 "불합리하기 때문에 나는 믿는다"는 17, 18세기 유럽에서 이른바 '계몽'(the Enlightenment)이라는 문화가 형성되면서 사람들의 입에 자주 올려졌다는 사실을 상기할 필요가 있습니다. '계몽'의 사상을 여러 가지로 서술할 수 있지만, 가장 두드러진 특징을 짧게 이야기하자면 '정당성의 요구'라고 할 수 있겠습니다.

정당성은 어떤 주장이나 권위가 사람의 자의적이고 임의적인 의지의 사용에 머물지 않고 합법적이고 이성적인 근거가 있는가 하는 문제와 연관되어 있습니다. 예컨대 "지구가 태양 주위를 돌고 있다"고 내가 주장한다면, 내가 그러기를 원하기 때문에 하는 주장이 아니라, 경험을 통해서 아니면 이성을 통해서 옳음을 보증할 수 있는 주장이어야 합니다. 이때 보증을 위해 요구받는 것이 '증거'(evidence)입니다. 정치와 종교와 도덕에 대해서도 계몽의 문화는 동일한 요구를 합니다. "왕권은 정당화될 수 있는가?" "종교의 주장은 근거가 있는 것인가?" "모든 사람에게 동일한 도덕 법칙을 요구하는 근거가 무엇인가?" 이처럼 정당성의 근거로 어떤 '증거' 또는 합리적인 근거를 제시하도록 요구하는 삶의 태도가 곧 '계몽'입니다.

정당성의 근거를 (1)관습에서 찾거나, (2)인간의 본성에서 찾거나, (3)하나님이 보여 주신 '계시'에서 찾으려고 애쓸 수 있습니다. 이것이 동양이나 서양의 전통적 방법입니다. 사람들은 이 방법에 대해 크게 저항하지 않았습니다. 그러나 유럽에서 일어난 '계몽'의 운동은 이러한 방식을 마침내 정당화될 수 없는 '전통'이나 '편견' 또는 '권위'의 이름으로 모두 거부하고 인간이면 언제, 어디서나, 그리고 누구나 공유할 수 있는 공통의 근거를 찾았습니다. 이 공통의 근거가 다름 아닌 '이성과 경험'입니다. 근대의 과학과 기술, 정치제도와 학문, 예술과 문화는 모두 이 근거를 지닐 때 정당화될 수 있다는 생각을 계몽의 문화는 확산시켰습니다. 특정 신분이나 계층에 속한 사람뿐만 아니라 모든 사람의 권리와 책임을 내세우는 민주주의, 한 사람의 특정한 경험이나 추론이 아닌 모든 사람의 공통된 경험과 보편적 합의를 내세우는 경험주의와 합리주의, 사람들 사이의 차별이나 등급을 매기지 않고 모든 사람의 똑같음을 내세우는 평등주의, 누구나 자신의 삶을 결정하고 행동할 수 있는 자유가 있다고 믿는 개인주의와 자유주의, 이런 것들이 계몽의 문화와 사상과 함께 자랐습니다.

종교 신앙과 관련해서 보면 계몽사상은 하나님의 존재와 관련된 물음과 신앙의 타당성과 정당성, 나아가서 신앙의 합리성에 관해 물음을 표시하기 시작했습니다. 이와 함께 19세기 이후 경제학과 사회학, 언어학과 역사학, 심리학과 민속학, 그리고 이와 같은 사회과학에 힘입어 종교학과 문화인류학이 등장하면서 종교를 사회·경제적 관점에서 또는 심리와 문화의 관점에서 해석하는 흐름이 등장했습니다. 종교 신앙에서 합리성을 제거하고 사회 결속에 도움을 주는 사회적·문화적 기능과 삶에 위로와 안전을 제공하는 개인적·심리적 기능만을 인정하는 방향으로 흐르게 된 것이지요. 삶과 존재, 인간과 현실을 인식하고 이해하며 삶 전체를 보는 인식 기능과 세계관의 기능이 신앙에서 배제됩니다.

신앙과 이성은 서로 배제하는가?

계몽의 시대 이후 기독교 신앙을 문제 삼는 사람들은 이렇게 말하고 싶어 합니다. "기독교 신앙이 참인지 거짓인지 나는 모릅니다. 그렇지만 기독교 신앙을 이성적으로 받아들일 사람이 과연 이 세상에 얼마나 있을까요? 나를 그런 부류의 사람들 속에 넣지 마세요. 나는 합리적인 사람이니까요." 이렇게 생각하는 사람에게는 기독교 신앙이 합리적이지 못하고 정당화될 수 없으며, 심지어는 비도덕적이고 오만하게까지 보입니다.

기독교 신앙을 이렇게 대하는 사람에게 "불합리하기 때문에, 말도 되지 않기 때문에 나는 믿는다"고 해봅시다. 그러면 스스로 합리적이라 생각하는 사람은 이렇게 말하는 사람을 어리석기 짝이 없고, 무식하기 때문에 용감하다고 말하겠지요. 그러면서 기독교 신앙은 지적으로나 도덕적으로 열등하다고 생각하고 거부할 것입니다.

이와는 반대로, "불합리하기 때문에 나는 믿는다"라는 신념을 가진 사람이라면 신앙은 합리성과 무관할 뿐 아니라 합리성을 벗어나 있으며 심지어 합리성을 초월한다고 생각할 수 있습니다. 그러면서 합리성과 정당성을 거부하고 '오직 신앙'의 세계 안에 안주할 수도 있습니다. 이러한 태도를 '신앙주의'(fideism)라고 부릅니다. 신앙은 지식 세계와 경험 세계의 질서와는 전혀 다른 차원을 가진다고 믿는 것이지요.

과연 그럴까요? 신앙과 이성, 이성과 신앙은 서로 배제할까요? 신앙에는 이성의 요소가 없고 이성에는 신앙의 요소가 아예 없을까요?

먼저 '이성'이 무엇인지 생각해 봅시다. '이성'(理性)은 '이치 리'(理)와 '성품 성'(性)을 합성하여 영어의 '리즌'(reason)을 번역한 말로, 19세기 중후반 일본에서 고안된 단어입니다. 영어의 '리즌'은 라틴어 '라치오'(ratio)나 그리스어 '디아노이아'(διάνοια)와 마찬가지로, '추론하는 능력'이란 뜻입니다. '추론하는 능력', '추리하는 능력'이란 뜻을 살려 한자어도 '이성'이라고 한 것입니다.

'이성'에서 '이'(理)는 원래 '결'이란 뜻입니다. 예를 들어, 물에 결이 있습니다. 그래서 '물결'이라 합니다. 돌이나 나무에도 결이 있습니다. 나무의 결, '목리'(木理)는 나무의 나이테를 말합니다. 이 테를 세어 보면 나무의 나이를 알 수 있습니다. 결은 이렇게 미루어 보고 짐작해 볼 수 있게 해줍니다. 결을 통해, 이치를 통해 무엇을 미루어 짐작하는 행위가 '추리'(推理)입니다. 추리를 통해 결론을 내리는 능력이 '이성'입니다. 예컨대 "소크라테스는 사람이다. 모든 사람은 죽는다"라는 전제가 주어졌을 때, 우리는 이로부터 무엇을 추리 또는 추론해 낼 수 있을까요? "소크라테스는 죽는다"라는 결론입니다. 이렇게 추론을 통해 결론을 내릴 수 있는 능력이 곧 '이성'입니다.

그렇다면 기독교 신앙은 이러한 이성을 배제할까요? 그럴 수 없습니다. 왜냐하면 생각하고, 추론하고, 나아가 상상하고 판단하는 과정이 신앙에 필수적이기 때문입니다. 성경말씀을 제대로 읽고 신앙생활을 제대로 하기 위해서는 이성을 올바르게 사용해야 합니다. 이성을 마비시키고서는 성경을 제대로 읽을 수 없고 신앙생활을 올바르게 할 수도 없습니다.

하나님은 만유의 창조주이시고 통치자이시며, 예수 그리스도를 통하여 만유를 자신과 화해케 하시며, 성령 안에서 성령을 통하여 회복시키는 분임을 우리가 분명히 알고 우리 삶에서 고백한다고 합시다. 그렇다면 여기서 나오는 귀결은 무엇입니까? 이 세상에 있는 모든 것은 하나님의 창조와 통치 아래 있으며 우리 삶은 그 하나님을 인정하고 감사하는 삶이어야 한다는 결론에 어렵지 않게 도달할 수 있습니다. 이때 우리는 이성을 사용합니다.

그런데 우리가 믿는다고 고백하는 삼위 한 분 하나님은 지식과 논리와 무관한 분이 아니라 그분 자신이 생각하시는 분이고 아시는 분이고 진리 자체인 분입니다. 그러므로 그분을 닮은 우리 인간은 예수 그리스도 안에서 성령 하나님의 사역을 통해 제대로 회복될 때 하나님을 바로 알고 하나님을 바로 사랑할 수 있습니다.

오랜 교회 전통은 하나님이 '로고스'(Logos)의 하나님, 곧 말씀의 하나님이요 이성의 하나님, 논리의 하나님임을 고백해 왔습니다. 하나님의 지혜를 통하여 사물에 부여한 결을 따라 우리가 사물의 이치와 원리와 구조를 파악할 수 있는 것도, 논리와 수학을 발견하고 활용하여 자연세계를 이해할 수 있는 것도, 신학이나 철학을 할 수 있는 것도 모두 로고스이신 하나님의 성격을 닮았기 때문입니다. 이 땅에 존재하는 어떤 다른 생물에게 이와 같은 능력을 하나님은 주시지 않았습니다. 비록 죄로 인하여 왜곡되고 훼손되기는 했지만 우리에게 있는 지성, 이성, 상상력, 판단력, 감성, 공감력, 사회성, 창의성을 성령 안에서 회복해서 제대로 사용할 때 인간은 하나님이 지으신 목적에 따라 아름다운 삶을 살아갈 수 있습니다.

여기에 그치지 않습니다. 믿음의 행위를 조금이라도 들여다보면, 그 가운데는 이성과 지성 능력이 배제될 수 없음을 금방 알 수 있습니다. 우리가 믿는다고 할 때 무엇을 믿습니까? "예수 그리스도는 나의 구주이시고 나의 생명의 주님이십니다." 이것이 우리가 할 수 있는 가장 짧고도 분명한 신앙고백이 아닐까요? 이

고백, 이 신앙이 과연 맹목적이거나 불합리하거나 말도 되지 않는 것일까요? 말이 되지 않기 때문에, 말이 되지 않음에도 불구하고, 예수 그리스도가 구주이고 주님이시라 믿게 될까요?

믿음의 세 가지 요소

믿음의 행위와 관련해서 적어도 세 가지를 이야기할 수 있습니다.

첫 번째, 믿음은 앎을 포함합니다. "예수 그리스도는 나의 구주이시고 나의 생명의 주님이십니다"라고 믿는다고 해봅시다. 그렇다면 적어도 우리는 예수 그리스도가 누구이며 누구를 지칭하는지 알아야 합니다. 2,000년 전 나사렛 땅에서 사시고, 예루살렘에서 십자가에 못 박히시고, 다시 살아나신 분임을 알지 못하고서는 우리는 믿는다고 할 수 없습니다. 그분이 구주이시고 그분이 나의 주님임을 알지 못하면서 그분을 믿는다고 말할 수 없습니다. 적어도 단어의 뜻은 알아야 합니다. 그러므로 모르고서, 알지 못하고 무조건 믿는다는 말은 처음부터 말이 되지 않습니다. '맹목적 신앙'이란 말을 쓰지만 이 표현 자체가 사실은 맹목적입니다.

물론 이때의 앎은 가장 낮은 차원에서의 앎, 곧 그 단어가 무엇을 지칭하는지 알고, 어떤 방식으로 사용되는지 아는 차원에 머물 수 있습니다. 단어가 담고 있는 내용이 무엇인지, 어떤 맥락과 연관되는지, 세계와 삶 속에 어떤 자리를 차지하는지 물을 수도 있습니다. 이 믿음이 정말 참된 앎을 포함한다면 이 앎은 여기에 그치지 않고 믿음의 내용, 믿음의 대상인 그리스도를 즐거워하고 기뻐하고 일상 속에서 그리스도와의 사귐의 끈을 놓지 않는 데까지 이를 것입니다.

믿는다고 할 때 믿음의 행위에는 단지 앎의 요소, 지식의 요소만 있는 것이 아니라 동의와 승인, 찬동의 요소도 있습니다. 이것이 믿음의 두 번째 요소입니다. "예수 그리스도는 나의 구주, 나의 주님이십니다"라고 우리가 신앙을 고백한다고 해봅시다. 그렇다면 예수 그리스도는 '구주'이며 '주'이시라는 단어의 의미를 아는 데 그치지 않고, 이것이 사실이며 내가 받아들인다는 승인 또는 동의가 개입됩니다. 역사와 관련해서 우리는 우리 자신의 동의나 승인 또는 찬동 없이도 얼마든지 이야기할 수 있습니다. 그러나 예수가 구주이시며 주님이시라고 고백한다면, 이 고백은 내가 그 내용에 동의하고 승인하고 찬동한다는 의미가 있습니다. 신앙고백에는 언제나 나 자신이 개입됩니다. 나 자신, 나 자신의 의지를 통한 수용이 개입되지 않고서는 믿음을 고백할 수 없습니다. 그러므로 믿음의 행위는 단순히 서술의 행위에 그치지 않고 감사와 찬양으로 이어질 수밖에 없습니다.

"예수 그리스도는 나의 구주, 나의 주님이십니다." 이 믿음의 고백은 문법의 관점에서 보면 분명히 서술 문장입니다. 술어인 "나의 구주", "나의 주님"은 주어 "예수 그리스도"를 서술해 줍니다. 이 점에서 "서울은 한국의 수도입니다"라는 서술과 형식상 동일합니다. 그럼에도 "서울은 한국의 수도입니다"라는 서술과 "예수 그리스도는 나의 구주, 나의 주님이십니다"라는 서술은 차이가 있습니다. 왜냐하면 이 서술은 나 자신의 의지, 나 자신의 판단과 수용이 개입될 뿐만 아니라 그로 인해 감사가 우러나고, 감사로부터 자연스럽게 찬양이 흘러나오기 때문입니다. 믿음의 행위는 동의 또는 승인에 그치지 않고 감사와 찬양으로 이어집니다. 신약성경에서 신앙을 '고백하다'라고 할 때 사용한 단어 '호몰로게오'(ὁμολογέω)가 '승인하다', '확증하다', '증언하다', '감사를 드리다', '찬양하다'라는 뜻을 가진 것은 우연이 아닙니다.

믿음의 행위 가운데 가장 중요한 요소는 세 번째 요소입니다. 이것은 루터와 칼빈뿐만 아니라 교부들의 이해였습니다. 세 번째 요소는 신뢰, 맡김, 의존입니다. "예수 그리스도는 나의 구주, 나의 주님이십니다"라고 우리가 믿음을 고백한다는 말은 예수 그리스도가 나의 구주이고 주님이라 승인하고 동의하고 찬동하는 데 그치지 않고 나의 구주, 나의 생명의 주님이신 예수 그리스도를 내가 신뢰하고 그분께 나 자신과 삶을 맡기고 의지한다는 뜻입니다.

구주 예수께 자신을 의탁하고 신뢰할 때, 이 세상 다른 무엇이 줄 수 없는 안전과 보호, 평안과 기쁨을 누립니다. 이것에 대한 지식과 확신이 믿음입니다. 칼빈은 그러므로 믿음에 대해서 이렇게 말합니다. "우리를 향한 하나님의 자비에 대한 굳건하고 확실한 지식"이며 이 지식은 "그리스도 안에서 값없이 주어진 약속의 진리에 기초하여 성령을 통하여 우리의 지성에 계시되었고 우리의 마음에 인침을 받았다"(『기독교 강요』 3. 2. 7.).

『하이델베르크 교리문답』은 칼빈과 마찬가지로 지식의 요소를 언급하면서도 참된 믿음에 대해서 "하나님께서 성경을 통하여 우리에게 계시하신 모든 것을 내가 진실되다고 아는 참된 지식이며 또한 전적 신뢰"(『하이델베르크 교리문답』 21 문답)라고 지식과 신뢰의 요소를 강조합니다.

이제 요약해 보겠습니다. 예수 그리스도의 구주되심과 주되심을 믿는다고 할 때, 이 믿음은 그리스도가 누구인지 아는 앎(notitia, knowledge)과 그가 나의 구주요 주님임을 승인하고 동의함(assensus, assent)과 그를 신뢰하고 온전히 맡김(fiducia, trust)을 두고 말하는 믿음입니다. 이 믿음에는 깊은 사귐과 교제로 나아가는 앎이 있고, 깊은 감사와 그로부터 우러나오는 참된 찬양이 있고, 온전한 맡김과 신뢰로부터 그리스도와 하나되어 자기를 부인하고 그리스도를 따라가는 순종의 삶이 있습니다. 그러므로 믿음은 역사적이고 객관적인 지식에 머물 수 없습니다. 믿음의 이런 성격을 알고 나면 믿음과 행위가 하나인가 둘인가 하는 물음은 쓸모없는 질문에 지나지 않습니다. 참된 믿음에는 앎과 동의와 신뢰가 있고 이와 함께 수반되는 사귐과 감사와 기쁨과 찬양과 순종이 있기 때문입니다. 믿음과 행위는 둘이 아니라 하나입니다.

테르툴리아누스 다시 읽기

그럼에도 우리는 여전히 "불합리하기 때문에 나는 믿는다"고 해야 할까요? 학자들은 이제 테르툴리아누스가 이 말을 한 적이 없다는 데 대부분 동의합니다. 초기 기독교 신학 형성에 크게 기여한 유스티누스와 클레멘스에 비교해 보면 테르툴리아누스의 저작이 그래도 가장 많이 남아 있는 편입니다. 하지만 "불합리하기 때문에 나는 믿는다"라는 말이 그의 작품 가운데 어느 곳에서도 발견되지 않을뿐더러 그의 생각과도 무관하다는 것이 그의 저작을 샅샅이 살펴본 전문가들의 결론입니다. 믿음을 불합리성이나 부조리와 관련짓고자 하는 노력은 테르툴리아누스와 무관하다는 말입니다. 오히려 그는 '삼위일체'(trinitas)와 같은 새로운 신학 용어를 만들어 냈고, 구약성경에 보이는 창조의 하나님과 예수 그리스도를 통해 계시된 하나님은 다른 하나님이라는 마르키온의 주장을 논박합니다. 테르툴리아누스는 당시 영지주의자들의 생각과 달리 그리스도가 육신으로 이 세상에 오신 하나님이심을 강하게 변호하였습니다.

그렇다면 왜 그렇게 오랫동안 "불합리하기 때문에 나는 믿는다"라는 말이 테르툴리아누스의 말과 생각으로 오인되어 왔을까요? 예수 그리스도의 육신의 부활과 관련해서 테르툴리아누스는 『그리스도의 육신론』(De carne Christi)에서 이렇게 쓰고 있습니다.

하나님의 아들이 죽었다. 어리석기 때문에 믿을 수 있다. 묻혔지만 다시 일어났다. 불가능하기 때문에 확실하다.

이 가운데 "어리석기 때문에 믿을 수 있다"(credibile est quia ineptum est), "불가능하기 때문에 확실하다"(certum est quia impossibile est)라는 말이 등장합니다. 참된 하나님이 사람이 되시고 사람이 되신 참된 하나님 예수 그리스도가 죽었다는 것은 사람의 관점으로 볼 때는 어리석고 부끄러운 일로 보이지만 하나님만이 하실 수 있기 때문에 믿을 수 있습니다. 죽은 사람이 다시 살아나는 일은 인간의 관점에서 볼 때는 불가능한 일이지만 하나님은 하실 수 있기 때문에 확실하다고 테르툴리아누스는 보았습니다. 예수 그리스도의 성육신과 십자가의 죽음 그리고 부활은 이성적이냐 비이성적이냐 하는 문제(합리성의 문제)가 아니라, 하나님이 하실 수 있느냐 없느냐 하는 문제(능력의 문제)였습니다. 십자가의 죽음과 부활은 테르툴리아누스가 볼 때 인간으로서는 불가능하지만 하나님으로서는 하실 수 있기 때문에 믿을 수 있다는 것이었습니다.

이즈음에서 우리는 두 가지를 이야기할 수 있습니다. 첫째, 어리석음과 불가능성을 말한 까닭은 이성을 배격하고 불합리, 부조리를 신앙과 신학의 일반 원리로 채택하기 위함이 아니었다는 것입니다. 어리석음과 불가능성은 예수의 죽음과 부활에 관해서 테르툴리아누스가 한 표현입니다. 기독교 신앙을 통째로 어리석음과 불가능성으로 근거 지으려는 노력을 그는 하지 않았습니다. 예수의 육신으로 태어나심, 십자가 처형과 죽으심, 육신의 부활이 사람들이 보기에는 부끄럽고 어리석으며 불가능한 일로 보이지만, 그 일을 하나님은 하실 수 있기 때문에 부끄러워하지 않고, 믿을 수 있고, 확실하다고 본 것입니다.

둘째, 육신으로 오신 참 신, 참 인간의 고난과 죽음과 부활은 사람들이 보기에는 '역설'이지만 하나님이 하신 '놀라운 일'임을 테르툴리아누스는 말하려고 했습니다. 테르툴리아누스 사상을 철저하게 연구한 반스(Timothy D. Barnes)와 오스본(Eric Osborne), 그리고 이들의 연구를 이은 던(Geoffrey D. Dunn)은 그가 신앙과 이성의 대립과는 무관함을 잘 보여줍니다. 변호사 출신인 테르툴리아누스가 스토아 철학과 수사학, 그리고 이성적 추론을 줄곧 사용한 것을 보면 "불합리하기 때문에 나는 믿는다"는 그의 말이 아닐 뿐만 아니라 그의 생각과도 거리가 멀다고 하겠습니다.

믿음 안에서 사는 삶

오늘 우리가 살고 있는 시대는 신앙과 이성을 극단적으로 대립시키는 시대입니다. 차라리 신앙과 이성을 다 같이 배격하는 시대라고 해야 옳을지 모르겠습니다. 기독교 신앙을 가진 사람들은 이성을 자신들과는 아무 상관없는 물건 보듯 바라보고, 기독교 신앙을 배격하는 사람들은 신앙과는 무관한 듯 살아갑니다. 그로 인해 신앙인은 신앙이 무엇인지 제대로 이해하지 못하고, 신앙과 상관없이 이성으로 살아간다고 믿는 사람은 이성을 제대로 이해하지 못한 채 살아가는 불행한 상황이 되었습니다.

믿음을 가지고 사는 삶은 앞에서 이야기한 대로 앎과 승인, 신뢰를 가지고 살아가는 삶입니다. 앎과 승인, 신뢰의 삶은 지성과 이성, 감성과 상상력과 의지가 하나로 통합되어 온 인격이 하나로 드러나는 삶입니다. 그러므로 믿음 안에서의 삶은 온 인격으로, 온 몸과 온 마음과 온 힘을 다해 하나님과 이웃과 주변 환경을 알고, 사랑하고, 공감하고, 하나님을 절대 의지하는 가운데 감사와 찬양과 기쁨으로 살아가는 삶입니다. 이성과 신앙, 신앙과 이성 사이에 때로는 긴장이 있을 수 있지만 삶의 깊은 차원에서 볼 때 본질적인 대립은 있을 수 없습니다.

그러면 융의 말은 어떻게 이해해야 할까요? 융이 한 말을 좀 더 풀어 쓰면 이렇습니다. "나는 하나님을 믿을 필요가 없습니다. 나는 그분이 누구인지, 어떤 분인지 알고 있습니다." 융은 믿음과 앎을 분명히 대비시키고 있습니다.

융의 대비는 철학이나 신학에서 볼 수 있는 신앙과 이성의 대비가 아닙니다. 오히려 우리의 일상 언어, 특히 서양어의 일상 어법과 관계된다고 보면 크게 잘못이 없으리라 생각합니다. 지금 바깥에 비가 온다고 합시다. 그리고 그것을 내가 확인해 보고 확실하게 안다고 합시다. 그러면 혹시 누가 "지금 바깥에 비가 오고 있을까?"라고 물을 때 나는 "그럴 것 같아"(I believe)라고 말하지 않습니다. "그래, 비가 와"라고 답하지요. 비가 온다는 걸

내가 안다는 말입니다. 아는 걸 믿을 필요는 없습니다. 저는 융이 "나는 하나님이 어떤 분인지 확실하게 압니다. 그런데 그분이 어떤 분인지 모르면서 추측을 기반으로 믿는다고 말해야 한다면 나는 그렇게 할 수 없습니다. 나는 그분을 아니까요"라는 의미로 그가 하나님을 믿는 것이 아니라 '안다'고 답했으리라 생각합니다.

그럼에도 우리는 여전히 "네, 하나님을 믿습니다"라고 말할 수 있습니다. 왜냐하면 믿는다는 것은 단지 추측하거나 수용에 그치지 않고 온 몸과 온 마음을 맡기고 따르는 일이기 때문입니다.

안다는 것

너희가 믿지 않으면 알지 못하리라

Nisi credideritis, non intelligetis.

이제 믿음이 앎과 삶, 이성과 지성에 어떤 의미가 있는지 생각해 보려고 합니다. 지난 2,000년 기독교 역사를 보는 다양한 입장이 있습니다. 이성이나 지성을 완전히 무시하는 이들은 '오직 신앙', '오직 믿음'을 내세우지요. 믿음에 앞서 지성을 내세우고 지성의 판단에 따라 신앙을 이해하려는 이들도 없잖아 있습니다. 여러분은 어떻게 생각하시나요? 믿음은 지식뿐만 아니라 우리의 삶에도 중요합니다. 믿음 없이는 한순간도 살 수 없기 때문입니다. 지식 또한 마찬가지입니다. 우리는 지식 없이 살 수 없고, 아무리 열심이 있더라도 알지 못하고 믿으면 그것도 참으로 딱한 일입니다.

"너희가 믿지 않으면 알지 못하리라." 이 말은 굳게 믿은 다음 알려고 해야 한다는 뜻으로 이해되는 표현입니다. 서양 지성사 전통에서 신앙과 이성의 관계를 푸는 중요한 열쇠 역할을 했던 생각이 이 문장에 담겨 있습니다. 『요한복음 주석』(416)에서 아우구스티누스는 이렇게 묻고 말합니다. "알기를 원하십니까? 믿으십시오. 하나님은 선지자를 통하여 이렇게 말씀하셨습니다. '너희가 믿지 않으면 알지 못하리라.' 믿기 위해서 알려고 하지 마십시오. 알기 위하여 믿으십시오." 여기서 말하는 선지자는 이사야입니다. 이사야 7:9을 아우구스티누스는 이렇게 읽었습니다. "너희가 믿지 않으면 알지 못하리라"(*Nisi credideritis, non intelligetis*). 아우구스티누스의 독해는 옛 라틴어(*Vetus Latina*) 번역에 의존한 것이었습니다.

아우구스티누스가 사용한 라틴어 구역(舊譯)은 칠십인역 성경에 기초한 번역으로 추정해 볼 수 있습니다. 칠십인역 성경은 기원전 3세기경 알렉산드리아에서 당시 지역에 보편적으로 퍼져 있던, 그리스어로 히브리어 성경을 번역한 구약성경입니다. 이 성경은 이사야 7:9 후반부를 그리스어로 "에안 메 피스튜세테, 우데 메 수네테"(ἐὰν μὴ πιστεύσητε, οὐδὲ μὴ συνῆτε), 즉 '믿지 않으면 알지 못하리라', '믿지 않으면 깨닫지 못하리라' 또는 '믿지 않으면 이해하지 못하리라'는 뜻으로 번역했습니다. 현재 우리가 가진 히브리어 성경으로 보면 분명한 오역입니다.

너희가 믿지 않으면

아우구스티누스와 동시대에 살았던 히에로니무스는 이 구절을 "만일 너희가 믿지 않으면 너희는 굳게 머물지 못하리라"(Si non credideritis, non permanebitis)라고 번역했습니다. 히에로니무스는 히브리어와 그리스어, 라틴어, 시리아어 등 근동 언어에 익숙했기 때문에 성경 번역과 관련해서는 아우구스티누스보다 히에로니무스를 더 믿을 수 있겠지요. 오늘 우리가 접하는 거의 모든 성경은 이사야 7장과 관련해서 아우구스티누스가 쓰던 라틴어 구역을 버리고 히에로니무스가 번역한 라틴어 신역(新譯)에 가까운 번역을 택하고 있습니다.

그렇다면 우리말 성경에서는 어떻게 번역하고 있을까요? 개역한글에서는 이 구절을 "만일 너희가 믿지 아니하면 정녕히 굳게 서지 못하리라", 개역개정에서는 "만일 너희가 굳게 믿지 아니하면 너희는 굳게 서지 못하리라", 새번역에서는 "너희가 믿음 안에 굳게 서지 못한다면, 너희는 절대로 굳게 서지 못한다"로 번역했습니다. 영어성경 NIV나 NRSV, 그리고 KJV도 크게 다르지 않습니다.

하나님은 이사야에게 믿음 가운데 서 있지 않으면 굳게 서지 못한다는 말씀을 아하스 왕에게 전하라고 명령하셨습니다. 유다가 굳건하고 튼튼하게 서기 위해서는 무엇보다도 믿음을 가져야 한다는 말씀입니다. 여기서 말하는 믿음은 당연히 하나님에 대한 믿음입니다. 하나님을 굳게 믿으면 나라가 흔들리지 않고 굳게 설 것이라는 말씀입니다. 하나님에 대한 믿음이 한 개인과 나라의 안전과 평화의 선행조건이 된다는 말씀입니다. 그러므로 오직 하나님만 의지하고 그분 말씀을 따라 순종하는 삶을 살라는 권고를, 하나님은 선지자 이사야를 통하여 시리아와 북이스라엘의 공격을 두려워하고 있는 아하스에게 전하라고 하셨습니다. 문맥을 보더라도 앞선 번역보다 뒤에 나온 히에로니무스의 번역이 상황과 훨씬 깊은 연관이 있음을 알 수 있습니다.

이사야 7:9을 히브리어 원문으로 보면, '임 로 타아미누 키 로 테아메누'(אם לא תאמינו כי לא תאמנו)입니다. 여기서 '믿을 것이다'란 뜻을 가진 '타아미누'와 '굳게 서게 될 것이다'란 뜻을 가진 '테아메누'는 다 같이 '견고하다, 튼튼하다, 확고하게 서 있다, 신뢰할 수 있다'는 뜻을 가진 동사 '아만'(אמן)에 뿌리를 두고 있습니다. 이사야서의 이 구절은 같은 단어를 가지고 말놀이를 하고 있는 셈입니다. 한자로 이야기하면 '믿을 신'(信)과 '설 립'(立)을 서로 연결시키는 것이지요. 그래서 "믿지 않으면 서지 못한다"는 표현을 하고 있습니다.

그러고 보니 『논어』의 한 구절, '무신불립'(無信不立)이 떠오릅니다. "믿음이 없으면 서지 못한다"는 뜻입니다. 공자의 제자 가운데 자공이란 사람이 있었습니다. 여러 제자 가운데 재산이 가장 많았지요. 이 사람이 한번은 공 선생님께 정치에 관해 물었습니다. 그랬더니 공 선생님이 세 가지가 있어야 한다고 말씀했습니다. 식량이 풍족해야 하고, 국방이 튼튼해야 하고, 백성들의 믿음이 있어야 한다고요. 자공이 물었습니다. 이 셋 가운데 어쩔 수 없이 하나를 버려야 한다면 무엇을 버려야 하느냐고요. 군사는 없어도 된다고 공 선생님이 답했습니다. 부득이하게 또 하나를 포기해야 한다면 그게 무엇이겠느냐고 묻자 식량은 없어도 된다고 말씀했습니다. 이 둘을 포기하더라도 믿음만은 끝까지 있어야 한다고 공 선생님은 보았던 것이지요. 그래서 한 말이 '무신불립', 곧 "믿음이 없으면 서지 못한다"입니다.

외부의 적으로부터 죽임을 당하든지 식량이 없어 굶어 죽든지, 어떻게 죽든지 간에 사람은 옛날부터 죽기 마련이니 나라가 바로 서려면 믿음만은 있어야 한다고 본 것이지요. 이때의 믿음은 종교적인 신앙이 아니라 백성들 사이의 믿음을 말합니다. 그러므로 공 선생님은 '무신불립' 앞에 백성 '민'(民)을 덧붙여 '민무신불립'(民無信不立)이라고 했습니다. "백성들에게 믿음이 없으면 서지 못한다"고 말이지요.

오늘 우리 사회나 교회를 바라보면 사람들 사이에 그 어느 때보다 믿음이 필요함을 절실히 느낍니다. 그런데 믿음은 정치에만 필요한 것이 아닙니다. 믿음 없이 우리는 한순간도 살 수 없습니다. 믿음 없이는 무엇을 먹을 수도 없고, 어디를 다닐 수도 없고, 거래를 할 수도 무엇을 배울 수도 없습니다. 선생님이 나에게 참된 것을 가르친다는 믿음이 있어야 배울 수 있고, 서로 속이지 않는다는 믿음이 있어야 거래를 주고받을 수 있으며, 내가 원하는 곳에 데려다주리라는 믿음이 있어야 버스를 탈 수 있습

니다. 식당에서 음식을 먹더라도 그 음식에 독이 들어 있지 않다
는 믿음이 있지 않고서는 음식을 사 먹을 수 없습니다. 우리 삶
은 믿음의 터 위에 자리 잡아야 비로소 번성할 수 있습니다. 이
렇게 생각하고 보면 믿음은 진실과 매우 깊이 연관되어 있음을
알 수 있습니다. 구약성경이 기록된 히브리어의 경우, '믿음'과
'진실'이 모두 같은 뿌리에서 나온 말임은 우연이 아닙니다.

누구도 속임 당하지 않으려는 걸 보면 진실과 참된 것, 진리
는 분명히 있다고 말할 수밖에 없습니다. 설령 거짓말로 남을 속
이는 사람조차도 거짓말을 듣기 싫어하고 속임수를 피하기 때문
입니다. 거짓말을 하고 거짓 행동을 하는 사람들이 오히려 그들
의 양심으로는 거짓과 참된 것을 구별하고 있습니다. 그렇지 않
다면 그들조차 계속 속고 살겠지만 사실은 그렇지 않기 때문입
니다. 자신의 이익과 관련해서는 오히려 이런 사람들이 참과 거
짓을 가려내려고 더 애쓰기도 합니다. 왜냐하면 거짓을 말하고
거짓 행동을 늘 하는 사람들이야말로 진실이 귀하고 진실된 것
만이 믿을 수 있음을 알고 있기 때문입니다.

그런데 아하스 왕을 찾아갔던 이사야는 사람들 사이의 신뢰
를 이야기하지 않았습니다. 하나님을 믿고 하나님을 신뢰하라고
권합니다. 당시 유다가 처한 상황은 마치 오늘 우리나라가 처한
것과 비슷하게 강대국 사이에 끼어 있었습니다. 아하스의 마음
이 오죽했겠습니까? 시리아와 북이스라엘의 침공으로 그는 두
려움에 사로잡혔습니다. 이러한 상황에서 하나님은 이사야에게

'남은 자가 돌아오리라'는 뜻의 이름을 가진 그의 아들 스알야숩을 데리고 아하스 왕에게 가도록 하셨습니다. 이사야는 이렇게 말했습니다. 풀어서 옮겨 보겠습니다.

왕이시여, 정신을 바짝 차리고, 침착하게 행동하십시오. 시리아의 르신과 르말리야의 아들이 크게 분노한다 하여도, 타다가 만 두 부지깽이에서 나오는 연기에 지나지 않으니, 두려워하거나 겁내지 마십시오. 시리아 군대가 왕에 맞서, 에브라임 백성과 그들의 왕 르말리야의 아들과 함께 악한 계략을 꾸미면서 "올라가 유다를 쳐서 겁을 주고, 우리들에게 유리하도록 유다를 흩어지게 하며, 그곳에다 다브엘의 아들을 왕으로 세워 놓자"고 합니다. 그러나 주 하나님께서 말씀하십니다. "이 계략은 성공하지 못한다. 절대로 그렇게 되지 못한다. 시리아의 머리는 다마스쿠스이며, 다마스쿠스의 머리는 르신이기 때문이다. 에브라임은 육십오 년 안에 망하고, 뿔뿔이 흩어져서, 다시는 한 민족이 되지 못할 것이다. 에브라임의 머리는 사마리아이고, 사마리아의 머리는 고작해야 르말리야의 아들이다. 너희가 믿지 않는다면 너희는 절대로 굳게 서지 못한다!"고 말이지요(사 7:4-9).

아하스의 반응은 이사야가 기대한 바와는 달랐습니다. 하나님의 약속이 참임을 알기 위해서 징조를 구해 보라고 이사야가 말했지만 아하스는 이마저도 거부했습니다. 그에게는 하나님을 믿고 의지함보다 자신을 보호해 줄 주변 강대국의 힘이 더 소중하게 보였기 때문입니다. 전형적인 불신의 반응이라 하겠습니다. 하나님이 "이 계략은 성공하지 못한다. 절대로 그렇게 되지 못한다"고 말씀하셔도 이 약속이 아하스에게는 아무런 힘도 되지 않았습니다. 왜냐하면 하나님의 말씀을 그는 믿지 않았기 때문입니다. 비록 그가 하나님의 언약 백성들의 나라, 곧 유다의 왕이라 해도 그에게는 하나님이 어떤 분인지에 대한 지식이 전혀 없었습니다. 그가 하나님이 전능하신 분이며 그들의 방패와 구원이 되시는 분임을 알았다면 하나님께 의지했겠지만, 그에게는 이런 지식이 없었습니다. 그러므로 하나님을 의지하며 사는 삶을 아하스 왕에게 기대할 수는 없었습니다.

믿음은 결코 지식과 떨어질 수 없음을 우리는 이 경우에서 추론해 볼 수 있습니다. 하나님을 아는 지식이 없었기 때문에 그는 믿을 수 없었고, 하나님을 믿지 않으므로 그의 나라 유다가 견고하게 설 수 없었습니다. 유다는 결국 멸망의 길에 들어섰습니다. '무신불립'을 눈앞에 선명하게 보여준 경우입니다.

신앙과 이성의 역사

비록 번역에 오해가 있었지만, "너희가 믿지 않으면 알지 못하리라"는 말은 서양 기독교 전통에 큰 영향을 주었습니다. 그런데 이 표현을 '무신불립'과 짝을 이루도록 구성해 보려면 어떻게 해야 될까요? '무신부지'(無信不知), 이렇게 표현하면 되지 않을까 생각합니다. "믿음이 없으면 알지 못한다." 그렇다면 기독교의 발전과 밀접하게 연관된 서양 전통에는 이 표현에 담긴 이해가 어떤 영향을 주었을까요?

신앙과 이성, 믿음과 앎의 관계와 관련해서 서양의 역사를 보면 크게 세 시기가 있습니다. 첫 번째가 고대 그리스 철학이 등장한 시기이고, 두 번째가 그리스 사상과 기독교 신앙이 만난 때이고, 세 번째가 근대 계몽 문화의 시기입니다. 서양 근대 문화를 통해서 이제는 온 세계가 하나된 상황에서 신앙과 이성은 다시 새로운 관계 정립을 요구받고 있습니다. 이러한 새로운 관계를 저는 '지식은 믿음의 터 위에서 가능하고 믿음은 지식을 요구한다'는 방식으로 이해합니다. 자세히 모두 설명하기는 어렵겠지만 간단히 살펴보면 이렇습니다.

고대 그리스 철학의 등장을 뮈토스(Mythos)에서 로고스(Logos)로의 전환이라고 보는 관점이 꽤 오래 통용되었습니다. 예컨대 호메로스의 『일리아스』나 『오디세이아』를 보면, 신들의 세계와 인간의 세계가 연결되어 있고, 살아 있는 사람과 죽은 사람의 세계도 서로 이어져 있습니다. 모든 세계는 신들이 참여하는 세계입니다. 신과 인간 사이에 차이가 있다면, 인간은 죽을 수밖에 없는 존재이지만 신들은 불사의 존재라는 것입니다. 하지만 신들도 인간과 마찬가지로 각자에게 주어진 일정한 영역과 일정한 몫인 '운명'을 피할 수 없습니다. 이것을 그리스 사람들은 '모이라'(μοῖρα)라고 부르고 로마 사람들은 라틴어로 '파툼'(fatum)이라고 불렀습니다. 제우스는 하늘과 번개의 신이라는 운명에 처해 있고 포세이돈은 바다의 신이라는 자신의 운명에 처해 있습니다. 신들조차 이 운명을 벗어날 수가 없습니다. 신들도 서로 싸우고 질투하며 거짓말하고 성관계도 합니다. 신들도 부도덕할 수 있습니다. 이렇게 그려진 신들은 니체의 표현을 빌리자면 "인간적인, 너무나 인간적인" 신들입니다. 인간과 세계의 관계, 인간과 신의 관계가 (마르틴 부버의 표현을 빌려 쓰면) '나와 너'의 관계와 같이 서로 주고받을 수 있는 것처럼 이해되었다고 할 수 있지요.

그런데 그리스의 이성주의는 신들뿐만 아니라 주변 세계를 이런 방식으로 서술하는 단계를 벗어나, 세계를 (다시 부버의 표현을 빌려 쓰면) '나와 그것'의 관계로, 다시 말해 이성을 통해서 인간과 세계와 신을 객관적으로 인식하려고 노력했습니다. 보이는 세계에 근거한 감각적인 믿음, 전통을 통해 내려온 신화, 이성에 근거하지 않은 주장은 신뢰할 수 없는 것으로 배제되었습니다. 이것이 믿음과 전통, 신화를 배제한 이성주의 문화의 첫 시기였습니다.

그런데 이렇게 형성된 헬레니즘 문화가 확산된 지역에 다시 '나와 너'의 인격적 관점에서 신과 인간과 세계를 이해하는 복음이 전파되었습니다. 십자가에 달려 죽었다가 다시 살아나신 이가 전능하신 하나님의 아들이며, 그분의 대속적인 죽음이 만인의 죄를 사해 주고, 그분을 통해 하나님과 사람의 닫힌 관계가 다시 열렸을 뿐만 아니라 그분을 통해 만물이 회복될 것이라는 소식은, 그리스의 이성주의적 사고와 문화에 익숙한 사람들에게는 한갓 어리석은 이야기에 지나지 않았습니다. 그리스 전통은 이성(λόγος, διάνοια)과 올바른 인식(ἐπιστήμη)을 단순한 믿음(πίστις)과 의견(δόξα)에 대립시켜 보았습니다. 그런데 바울은 십자가에 달린 예수와, 이성을 조롱하는 신앙을 전했습니다. 그러므로 바울이 전한 복음은 그리스 사람들에게는 어리석은 것이었습니다. 왜냐하면 세계를 인격적 관계로 이해하는 기독교 신앙은 자신들이 이성주의로 배척한 신화의 세계를 다시 끌어들인 것처럼 보였기 때문입니다.

그런데 초기 신앙 변증가들을 거쳐 중세 1,000년간 신앙과 이성의 관계를 설정해 준 사람은 아우구스티누스였습니다. 이러한 정립에 결정적인 성경말씀이 '무신부지'(無信不知), 곧 "너희가 믿지 않으면 알지 못하리라"였습니다. 앞에서 이야기한 것처럼 믿음이 지식의 전제조건이라고 보는 관점입니다. 그런데 이 믿음은 다름 아니라 하나님께서 우리에게 주신 선물이라고 아우구스티누스는 보았습니다. 우리에게 하나님이 주신 믿음의 성향이 없다면 우리는 종교적 믿음뿐만 아니라 우리가 눈으로 보는 것에 대한 믿음조차도 형성할 수 없다는 것이지요. 우리는 충분한 밝기가 주어진 가운데 우리 눈이 제대로 기능할 때, 우리 눈앞에 보이는 장면에 대해 그 장면이 '어떠하다'는 믿음을 가질 수 있습니다.

예컨대 창밖에 비가 내린다고 해봅시다. 그러면 내가 밖을 내다볼 때, 내가 판단할 수 있을 정도로 충분하게 밝고 내 눈이 올바르게 기능한다면, 나는 '바깥에 비가 오고 있다'는 믿음을 형성할 수 있습니다. 내가 볼 수 있고, 지금 보고 있고, 그리고 본 것을 언어로 표현할 수 있다는 믿음이 나에게 없다면, 나는 사물을 알 수가 없습니다. 이러한 이해 방식은 아우구스티누스를 이어 안셀무스와 아퀴나스가 받아들였습니다. 이성을 배제하지 않고 오히려 믿음을 해명하는 수단으로 이성을 사용한다는 점이 여기서 중요합니다. 믿음은 이성 사용의 전제가 되지만 이성은 또한 믿음의 선한 수단이라는 것이지요. 아우구스티누스나 안셀무스는 신앙과 이성, 믿음과 앎은 서로 불가분의 관계에 있다고 믿었습니다. 이것이 신앙과 이성의 관계에 관한 두 번째 시기라고 할 수 있습니다.

그런데 중세 후기 오캄의 윌리엄에 이르러 이러한 조화가 깨져 버립니다. 신앙과 이성이 서로 독립된 길을 걷게 된 것이지요. 오캄을 이어 근대에는 데카르트와 로크가 등장합니다. 이들과 더불어 신앙과 이성의 관계와 관련해서 제3의 시기가 시작됩니다. 데카르트나 로크는 다 같이 기독교 신앙이 참이라 생각했습니다. 그럼에도 그들은 신앙과 이성은 별개라고 보았습니다. 별다른 근거 없이, 어떤 증언이나 권위에 의존해서 단순히 수용하는 태도를 보이는 신앙과 달리, 이성은 철저하게 '증거'를 요구한다고 믿었습니다. (이러한 요구를 철학에서는 증거론evidentialism이라 부릅니다.) 어떤 무엇이 '지식'이라는 이름을 가지려면, 반드시 '증거'가 있어야 한다는 것이지요.

데카르트가 요구한 증거는 직관을 통해 명석판명(明晳判明)하게 파악되는 증거이고 로크가 요구한 증거는 경험을 통해 제공되는 증거입니다. 로크는 "만족할 만한 증거에 비례해서 믿음의 정도를 가지라"는 이른바 '비례의 원칙'을 내세웠습니다. 무엇을 믿을 경우, 믿음의 강도와 분량은 믿을 수 있도록 제공해 줄 증거의 개연성에 달려 있다는 말이지요. 증거를 토대로 쌓은 지식이야말로 반석 위에 세운 집처럼 튼튼한 집이라고 데카르트와 로크는 생각했습니다. (지식에 대한 이러한 태도를 철학에서는 토대론 foundationalism이라 부릅니다.) 20세기 중반까지만 해도 증거론과 토대론의 지식 이론이 철학계와 심지어 신학계를 지배했다고 해도 과언이 아닙니다.

이 원칙을 고수한다면, 나의 아버지와 어머니가 정말 나의 아버지와 어머니인지, 내가 내일 탑승하려고 예약한 비행기를 정말 타고 갈 수 있을지, 내가 먹는 밥이 정말 나에게 영양을 제공해 줄 것인지, 하나하나 빠짐없이 증거를 확보해야 할 것입니다. 그러나 우리 삶은 이렇게 진행되지 않고 우리가 얻는 지식도 이런 방식으로 주어지지 않습니다. 이제 이 점을 폴라니를 통해서 드러내 보겠습니다.

무신부지와 마이클 폴라니

'무신부지' 곧 "너희가 믿지 않으면 알지 못하리라"를 20세기 중후반에 자신의 철학 표지로 삼은 이가 마이클 폴라니(Michael

Polanyi, 1891-1976)입니다. 원래 의학을 공부했으나 나중에는 물리화학으로 세계적 학자가 되었지요. 그의 연구는 노벨화학상 수준에 이르렀지만 생애 후반에 철학자가 되어 활동하는 바람에 상을 받지는 못했습니다. (토론토 대학 교수였던 그의 아들 존 폴라니가 나중에 이 상을 받았습니다.) 폴라니는 신학자 가운데 토마스 토렌스(Thomas F. Torrance, 1913-2007)와 인도 선교사 출신이며 미셔널(missional) 교회 운동의 선구자라 할 수 있는 레슬리 뉴비긴(Lesslie Newbigin, 1909-1998)에게 영향을 크게 주었습니다.

폴라니는 믿음이 모든 지식의 원천이라고 생각합니다. 물론 그는 과학적 지식을 자세히 살폈지만 일상에서 얻는 지식도 여기서 배제하지 않습니다. 그는 이 둘 사이에 연속성이 있다고 보았습니다. 왜냐하면 둘 다 '사람이 아는 지식'이기 때문입니다. 사람의 지식은 드러내 놓고 명시적으로 증명하거나 검사받기 이전에 암묵적 방식으로 형성되고 유지되고 전달된다는 생각을 그는 내놓았습니다. 그래서 '암묵지'(tacit knowledge, 암묵적 지식)가 폴라니 철학의 중심 개념의 하나가 되었습니다.

폴라니는 '암묵지'를 두 가지 차원으로 나눕니다. 하나는 존재론적 차원이고 다른 하나는 인식론적 차원입니다. '존재론적 차원'은 모든 지식이 현실(reality)의 구조를 드러내는 일과 관련이 있다는 의미입니다. 예컨대 수학을 포함해서 매우 추상적으로 보이는 지식조차도 진정으로 추구하는 지식이라면, 그것들은 단지 '심적인 표상'이나 '이론적인 구상'에 그치지 않고 현실의 숨은 의미를 드러내는 일을 한다는 암묵적 전제가 있다고 보는 것입니다.

암묵지가 가진 '인식론적 차원'은 세 가지 측면, 곧 기능적, 의미론적, 현상적 측면과 연관됩니다. '기능적 측면'은 초점 의식(focal awareness)과 보조 의식(subsidiary awareness)의 기능적 관계를 말합니다. 예컨대 벽에 못을 박는다고 해봅시다. 나는 왼손 엄지와 인지 사이에 못을 쥐고 오른손에는 망치를 들고 있습니다. 망치를 들고 있는 오른손을 나는 의식할 수 있지만, 이때 나의 의식은 실상 나의 의식의 초점이 집중된 못에 가 있습니다. 망치를 들고 있는 손에 대한 나의 의식은 못을 박고자 하는 나의 '초점 의식'에 종속되어 있습니다. 이런 의미에서 이 의식을 '보조 의식'이라 부릅니다. 피아노를 칠 때도 나는 악보에 시선을 두고 피아노 건반을 누릅니다. 이때 시선을 옮겨 건반을 두들기는 내 손을 의식한다면 나는 곧 혼란에 빠지고 맙니다.

일상적인 지각이나 행위뿐만 아니라 이론적 지식의 경우에도 지식의 과정과 획득은 이와 같은 초점 의식과 보조 의식의 통합에 의해 가능하다고 폴라니는 주장합니다. 명시적으로 표시된 수학 공식이나 이론은 그것을 읽고 의미를 이해하는 의식과 통합됨으로써 지식으로 수용될 수 있습니다. 어떤 지식에나 그와 같은 통합 과정이 개입됩니다.

예컨대 시각장애인이 지팡이로 어떤 사물을 감지하려고 시도한다고 생각해 보십시오. 손의 촉감을 통해 전달된 것이 무엇을 뜻하는지 처음에는 그것을 읽어 낼 수 없습니다. 그러나 그것이 무엇인지 한 번 안 뒤로는 손의 촉감을 통해 사물의 의미를 곧장 읽어 낼 수 있습니다. '사물에 의미를 부여하는 통합'은 이와 같은 방식으로 진행됩니다. 말을 배울 때도 문자에 관심을 두기보다 의미에 초점을 맞추어 그것을 이해했을 때 비로소 말을 제대로 배울 수 있습니다. 이와 같은 측면은 암묵지가 지닌 '의미론적 측면'입니다.

암묵지의 과정에는 또한 '현상적 변화'가 발생합니다. 외국어를 배울 때 처음에는 전혀 이해할 수 없던 소음이 차차 의미를 담은 언어로 들리게 된다든지, 전혀 낯선 문자라도 그것을 해독할 줄 알 때 그것이 완전히 새로운 모양으로 등장하게 된다든지 하는 경험 말입니다.

내시경을 통해 위벽을 검사한다든지 엑스레이 사진을 판독하는 과정에서도 이와 같은 일이 일어납니다. 엑스레이를 볼 때 처음에는 검은 바탕에 여기저기 하얀 점이 있는 사진으로 보이지만, 판독하는 법을 익힌 후에는 점점 늑골로 초점을 모으고 다시 늑골에서 폐로 초점을 모으는 '기능적' 측면이 발생합니다. 배움이 깊어 감에 따라 사진의 의미를 판독하는 '의미론적' 측면이 있고 흑백 사진에서 질병을 진단할 수 있는 자료로 사진의 모습이 바뀌는 '현상적' 측면이 있습니다. 우리의 모든 지각은 이렇게 연습과 훈련을 통해 얻게 되는 일종의 숙련기(skill)의 도움을 받습니다. 길거리를 걷는 것에서부터 줄타기에 이르기까지, 노끈을 꼬는 일에서부터 피아노 연주까지 모든 일에는 숙련을 통해 얻은 기술이 개입됩니다. 여기에는 물론 몸이 관계합니다. 하지만 우리는 우리 몸을 스스로 의식하지 않습니다. 몸에 대한 의식은 보조 의식으로 초점 의식을 늘 뒷받침하고 있습니다. 사진을 판독할 때나 내시경을 볼 때 우리는 우리 자신의 눈이나 손에 대해서 의식하지 않습니다. 몸에 대한 의식은 암묵적으로 항상 그곳에 수반되어 있습니다. 몸은 대상으로서가 아니라 내가 그 안에 '거주함'으로 의식됩니다.

우리의 지식은 지식을 얻게 하는 수단 또는 도구에 의존하고 그것을 믿고 신뢰함을 통해서 이뤄집니다. 신뢰 곧 믿음은 한 개인의 인격적 행위입니다. 텍스트를 해독할 때도 이러한 인격적 행위가 개입된다고 폴라니는 믿었습니다. 텍스트를 읽을 때는, 첫째로 읽는 행위가 있어야 하고, 둘째로 이해하는 행위가 있어야 하며, 셋째로 이해한 것을 믿는 믿음의 행위가 있어야 한다고 보았습니다. 그렇지 않고서는 텍스트를 통해 얻은 지식이 지식으로 성립될 수 없다는 것이지요. 어떤 텍스트가 있더라도 그것을 읽을 수 있고 이해할 수 있고 믿을 수 있는 인격의 암묵적 능력이 전제되지 않고서는 텍스트가 의미를 가질 수 없다는 사실을 쉽게 알 수가 있습니다.

이로부터 폴라니는 "모든 지식은 믿음에 근거한다"는 주장을 하게 됩니다. 근대 객관주의의 관점에서 볼 때 '믿음'은 고작해야 주관적 의미만을 가집니다. 믿음을 지식의 기초로 삼는다면 '주관주의'에 빠지지 않을까 하는 염려를 객관주의는 했습니다. 어떤 믿음이 단순한 믿음에 머물지 않고 '지식'이고자 한다면 그 믿음은 참이어야 하고, 참될 뿐만 아니라 정당화되어야 한다는 것이지요. 폴라니는 의심을 지식의 출발점으로 삼은 데카르트와는 반대로 오히려 믿음을 출발점으로 삼았습니다. 이 점에서 폴라니는 객관주의를 극복하려 했습니다.

다리를 건너는 경우를 생각해 봅시다. 우리의 초점 의식은 전방을 보면서 자동차를 운전하는 데 집중되어 있습니다. 하지만 여기에는 다리에 대한 암묵적 신뢰가 깔려 있습니다. 우리는 우리 자신을 다리에 '내맡깁니다'. 지적 탐구를 할 때도 의식하건 의식하지 못하건 간에 우리가 사용하는 눈과 손 같은 지각 기관, 근육 조직을 위시한 신체 운동 체계, 지적 작용, 모국어, 우리가 배운 기술과 정보 등에 우리 자신을 '내맡깁니다'. 믿음이란 '내맡김'(commitment)이고 이러한 '내맡김' 없이는 어떠한 연구나 교육, 심지어 신앙 행위도 가능하지 않다는 것이 폴라니가 믿음을 강조할 때 한 생각입니다.

우리에게는 근본적으로 믿고자 하는 힘, 신뢰하는 힘이 있다고 폴라니는 믿었습니다. 의심보다는 신뢰가, 객관적인 앎보다는 믿음이 훨씬 더 근원적이며, 이를 바탕으로 우리 삶뿐만 아니라 지식이 가능하다고 본 것입니다. 증명과 비판도 중요하지만 이것들은 언제나 신뢰와 믿음 뒤에 온다는 것이지요. 믿음 없이는 비판적으로 검토할 수 없고, '증거'로 수용되는 것조차 믿음을 통해서 가능하다는 생각입니다. 이런 의미에서 폴라니는 자신의 철학을 '비판 이후의 철학'(Post-critical Philosophy)이라 불렀습니다. 그러면서 아우구스티누스의 "너희가 믿지 않으면 알지 못하리라"는 말, 곧 '무신부지'를 자신의 철학 표어로 삼았습니다.

다시 아우구스티누스로

무신불립(無信不立)과 무신부지(無信不知), 어떤 경우이든 믿음이 중요합니다. 믿음 없이는 설 수 없고, 믿음 없이는 지식도 얻을 수 없습니다. 불신해야 할 이유는 많으며 절대적 신뢰 대상을 이 세상에서 찾을 수 없음은 너무나 분명합니다. 전적으로 신뢰할 수 있는 대상은 길이요 진리요 생명이신 예수님과 그분을 통해 알게 된 삼위 한 분 하나님밖에 없습니다. 그분 안에서 우리는 이 세상에 존재하는 만물과 타인을 '나와 너'의 인격적 관점에서 비로소 신뢰할 수 있습니다.

그런데 이즈음에서 궁금한 대목이 있지 않습니까? 아우구스티누스가 이사야 7:9을 칠십인역에 근거한 라틴어 구역 번역 하나만 알았을까요? 그렇지 않았다는 증거를 그가 말년에 완성한 『그리스도교 교양』(De Doctrina Christiana)에서 엿볼 수 있습니다. 이 책에서 아우구스티누스는 다양한 해석의 유용성을 논의하면서 자기가 늘 익숙하게 쓰던 번역과 히에로니무스를 통해 새롭게 번역된 표현 사이의 차이를 언급합니다. 그러면서 둘이 서로 모순되지 않는다고 덧붙입니다. 믿어야 알게 되리라고 할 때, 천상에서 영원한 사물의 형상을 알게 되는 것이 지식이라면, 믿음은 그곳에 이르기까지 이 땅의 일시적인 삶에서 마치 젖을 먹여 주듯이 우리를 키워 주는 것이며, 이렇게 믿음에 머물면서 이 땅을 걸어간 사람만이 영원히 머무는 형상과 결합하여 영원히 머물 수 있다고 해석합니다.

아우구스티누스가 줄곧 지지한 라틴어 번역은 언어의 관점에서 보면 분명 오역(誤譯)이지만, 서양 전통에서는 매우 중요한 사상입니다. 아우구스티누스를 이어 안셀무스는 "알기 위해 나는 믿는다"(Credo ut intelligam)고 말했습니다. 그러면서 '앎을 추구하는 믿음'(Fides quaerens intellectum)을 말했습니다. 알기 이전에는 믿어야 하지만, 일단 믿었으면 믿음의 내용을 지성을 통해 탐구해야 한다고 본 것이지요. 이런 방식으로 믿음과 지성, 신앙과 이성을 선후 관계로 보면서 신앙의 진실을 드러내는 수단으로 이성과 지성에게 일정한 자리를 부여했습니다. 아우구스티누스와 안셀무스는 이 점에서 일치했습니다. 오역이라 할 수 있는 번역이, 이런 방식으로 신앙과 이성의 자리매김에 일정한 역할을 했다는 사실은 말의 힘, 개념의 힘이 어느 정도인지 짐작해 볼 수 있게 해줍니다.

신학한다는 것

신학은 하나님으로부터 배우고, 하나님을 가르치고, 하나님께로 인도한다

Theologia a Deo docetur, Deum docit, ad Deum ducit.

이제 학문 가운데서도 믿음을 다루는 학문인 '신학'에 대해 같이 생각해 보면 좋겠습니다. 신학은 그리스도인들이 믿고 있는 내용을 해명하고 이해하려는 노력에서 비롯되었습니다. 중세의 안셀무스는 이것을 '앎을 추구하는 믿음'이라고 표현했습니다. 아우구스티누스가 일찍이 가르친 대로 알기 때문에 믿는 것은 아닙니다. 그러나 일단 믿었으면 무엇을 믿는지, 믿는다는 것이 무엇인지, 왜 믿는지, 어떻게 믿음의 삶을 살아야 하는지, 묻고 따지고 생각하지 않을 수 없습니다. 이렇게 하느라 신학이 나왔습니다. 그렇다면 신학이 무엇일까요? 신학을 어떻게 정의할 수 있을까요?

"신학은 하나님으로부터 배우고, 하나님을 가르치고, 하나님께로 인도한다." 이 구절은 신학이 무엇인지, 무엇을 하는 노력인지 알려 주는 오래된 신학의 정의입니다. 라틴어로 적으면 이렇습니다. "Theologia a Deo docetur, Deum docit, ad Deum ducit." '하나님'을 일컫는 '데우스'(*Deus*)가 한 번은 탈격(*Deo*)으로, 두 번은 목적격(*Deum*)으로, 세 번 나옵니다. '가르친다'는 뜻을 가진 '도케레'(*docere*)와 '인도한다'는 뜻을 가진 '두케레'(*ducere*)가 서로 울림을 주고받는 문장입니다. 내용을 보면 세 부분으로 나누어집니다. 하나님으로부터 배움, 하나님을 가르침, 하나님께로 인도함. 이 세 구분은 신학의 기원과 출처, 신학의 대상, 신학의 목적을 보여줍니다. 신학은 하나님의 가르침을 따라 하나님으로부터 배우고, 하나님을 대상으로 삼아 사람들에게 하나님을 가르치며, 마침내는 하나님께로 이끌어 가는 공부라는 것이지요.

누가 이 말을 했을까요? 학계에서는 오랫동안 토마스 아퀴나스의 말로 통용되었습니다. 아퀴나스는 누구보다도 하나님 중심으로 사고한 수도사요, 신부요, 학자였습니다. 만일 성경구절을 가지고 그의 사상을 요약해 보라고 한다면, 저는 사도 바울이 로마서에서 이른바 '이스라엘 문제'를 끝맺으면서 마지막으로 했던 말씀, "이는 만물이 주에게서 나오고 주로 말미암고 주에게로 돌아감이라. 그에게 영광이 세세에 있을지어다"(롬 11:36)라는 구절로 정리하겠습니다. "만물은 하나님으로부터 나오고(*exitus*, 발출) 하나님께 돌아간다(*reditus*, 귀환)"는 생각이 그의 방대한 저술

『신학대전』(Summa Theologiae)의 기본 구조를 이루고 있습니다. 이렇게 한 까닭은, 하나님이 만물의 원인(causa)이자 시작(principia, 통치원리)이며 만물이 결국은 돌아가야 할 궁극 목적(finis ultimus)이라고 보았기 때문입니다. 그러므로 그에게 만일 신학이 무엇이냐고 물으면, 당연히 하나님이 신학의 기원이고 원천이며 신학의 대상이고 목적이라고 말했으리라 어렵지 않게 상상할 수 있습니다. 그런데 최근 어느 학자가, 문헌을 통해 이 구절을 확인할 수 있는 출처는 그보다 뒤늦은 17세기라는 주장을 펼쳤습니다. (이 이야기는 끝에 가서 다시 하겠습니다.)

과거의 영광(?)을 잃어버린 신학

여러분은 신학이 무엇이라고 생각하시나요? 목회자가 되기 위해 신학대학원에서 하는 공부 정도로 알고 계신 분이 많으리라고 생각합니다. 신학대학원에 입학하는 학생들도 그렇게 생각하니까요. 신학을 '목회학'과 동일시하는 관점이 널리 퍼져 있어서 목회자가 아닌 그리스도인들에게는 신학이 필요하지 않다는 생각이 우리 주변에 자연스럽게 형성되어 있습니다. "신학은 필요 없어!" "신학은 목회에 전혀 도움이 되지 않아!" 이렇게 신학 무용론을 말하는 목회자들이 꽤 있는 걸 보면 일반 성도들이 신학에 관심을 두지 않는 현상은 그리 놀랄 일이 아니지요.

그런데 생각해 보십시오. 하나님의 가르침을 받고, 이렇게 가르침을 받은 사람이 자신뿐만 아니라 다른 사람에게도 하나님에 관해 가르치고 하나님께로 인도하는 활동이 신학이라면, 하나님 나라 시민으로 살아간다고 자처하는 사람이 신학에 무관심할 수 있을까요? 신학이 하나님 백성의 삶과 무관할까요? 날마다 사용하는 전기에 대해서 잘 알지 못하고 날마다 타고 다니는 자동차에 대해서 지식이 부족할 수 있습니다. 그러나 안전하게 전기를 사용하고 자동차를 운전할 수 있으면 일상의 삶에 별 지장이 없습니다. 필요하면 전기 기사나 자동차 정비사의 도움을 받으면 문제를 해결할 수 있기 때문입니다. 하지만 하나님을 아는 지식과 신앙과 관련해서도 그럴까요? 필요하면 목회자나 신부를 찾아가고, 신학자들에게 물어보면 될까요?

한 가지 분명한 사실은 신학이 과거의 영광을 잃었다는 것입니다. 이는 철학도 크게 다르지 않습니다. 대학에 들어가면 누구나 철학을 공부해야 한다고 생각한 때가 있었지만, 오늘처럼 근본적인 물음을 기피하는 시대에 철학이 외면받는 현상은 어쩌면 당연한 흐름일 것입니다.

그러나 신학이 교육 기관에서 확고한 자리를 차지했던 유럽의 경우를 보면, 신학이 처한 상황은 철학보다 심각합니다. 기독교의 전성기인 중세는 언급하지 않더라도 19세기 독일 대학의 경우만 봐도 그렇습니다. '근대 신학의 아버지'라고 불리는 슐라이어마허가 처음 강의를 시작했던 할레 대학의 경우, 1804년에 재학생이 796명이었습니다. 나폴레옹이 점령하여 대학을 폐쇄하던 1806년에는 1,280명으로 늘어나 있었습니다. 신학부 재학생은 1804년에는 347명, 1806년에는 473명이었습니다. 절반까지는 되지 않지만 신학부 학생들이 대학 전체에서 차지하는 비중이 어느 정도였는지 상상할 수 있습니다. 오늘의 대학에서 신학부(또는 신학대학)는 수나 영향, 관심의 측면에서 볼 때, 자리가 아예 없거나 있다고 해도 거의 변방에 속합니다.

신학은 누가 뭐라 해도 유럽에서 대학이 시작된 중세 시대부터 확고한 자리를 차지했습니다. 제대로 된 대학이 세워지는 곳에는 어디에나 법학부와 의학부, 그리고 신학부가 설치되었습니다. 예과 일반교양 과정을 거친 다음, 신학을 하거나 법학을 하거나 의학을 전공하는 방식으로 대학 교육이 진행되었습니다. 법학이 사회질서를 유지하는 일에 쓰이고 의학이 신체 건강을 되찾는 데 필요하다면, 신학은 영적 복지에 필수적인 학문이었습니다. 대학은 몸과 영혼, 사회의 건강을 돌볼 사람들을 키워 내는 기관이고, 이 가운데서도 영혼의 '영원한 건강'(영혼 구원)이 다른 건강보다 중요하다는 생각이 중세 사회에서 목소리를 크게 얻었기 때문입니다.

신학은 특별했습니다. 왜냐하면 다른 학문은 하나님이 만드신 세계를 탐구하지만 신학은 만물의 근원이요 최고 존재자인 하나님을 대상으로 삼는 학문이라 생각했기 때문입니다. 그러므로 신학은 단순히 하나의 학문이 아니라 '학문 중의 학문'(scientia scientiarum), '학문의 여왕'(regina scientiarum)이 되었습니다. 법학과 의학은 '세속 영역'과 관련되지만 신학은 '성스러운 영역'과 관련된다고 생각했기 때문에 특별한 지위를 누릴 수 있었습니다. 중세 유럽 시대, 신학이 한때 가장 융성했던 대학이 있었던 파리를 '새 예루살렘'이라 부를 정도였으니까요.

하지만 신학은 과거의 영광을 잃어버렸습니다. (뒤늦게 성장한 한국 교회의 사정도 크게 다르지 않습니다.) 이렇게 된 까닭이 무엇일까요? 교회의 쇠퇴, 문화와 학문의 세속화, 반지성주의, 신학의 전문화 등 여러 이유를 열거할 수 있겠지만 저는 여기서 두 가지 이유만 생각해 보겠습니다. 하나는 16세기 개신교의 교회개혁 운동에 대한 로마 가톨릭교회의 대응으로 모였던 트리엔트 공의회(1545-1563)의 결정, 그리고 다른 하나는 루터의 교회개혁 운동 이후 개신교 안에 생긴 성경 중심 전통입니다.

우리는 루터의 교회개혁 운동이 대학에서 시작되었음을 기억할 필요가 있습니다. 루터는 당시 비텐베르크 대학의 성경 교수였고, 면벌부에 관한 그의 95개 명제의 주장은 중세 대학에서 행해지던 논쟁(Disputation) 제도의 산물이었습니다. 루터는 중세 대학의 오랜 전통인 논쟁 관습을 이용해 자기의 주장을 가지고 대학에서 논쟁하기를 원했지만, 성사가 되지 않았습니다. 그 대신, 당시 대중화되기 시작한 인쇄술 덕분으로 루터의 면벌부 비판문이 유럽 전역으로 퍼져 나갔고 그의 비판이 호응을 얻기 시작했습니다. 이때 중세 신학은 여전히 '스콜라적' 방법을 사용하는 스콜라 신학이었습니다. 스콜라, 곧 학교는 '대학'을 말합니다. 당시 대학의 신학 방식은 주제를 중심으로 물음을 던지고 물음을 두고 토론하는 방식이었습니다. 그 자체로는 매우 귀한 방식이지만 질문 방식이 보편화되면서 쓸모없는 질문조차 다루게 되었습니다. "바늘 끝에 천사가 몇이나 앉을 수 있는가?" "하나님은 자신이 들 수 없는 돌을 만들 수 있는가?" "여자와 포도주와 진리 가운데 무엇이 더 강한가?" 신학을 이런 방식으로 했기 때문에 신학자들의 논의는 복잡하고 까다로워졌으며, 보통 사람들은 알아들을 수가 없었습니다. 이런 방식의 신학 교육에 대한 반성이 16세기 개신교의 교회개혁 운동과 더불어 로마 가톨릭 교회에서 시작됩니다.

로마 가톨릭교회는 개신교회의 도전에 대응하기 위해 1545년 부터 1563년까지 공의회를 열었습니다. 이것이 트리엔트 공의회입니다. 공의회가 끝나는 마지막 제23차 회의(1563)에서는 각 교구마다 사제들을 양성하는 교육 기관을 설립할 것을 결정합니다. 이 교육 기관이 바로 '세미나리움'(Seminarium, Seminary)입니다. 중세 교회의 타락은 사제 교육과 관련 있다는 인식이 있었기 때문입니다. 사제들이 제대로 교육을 받지 못했거나, 교육을 받았다 해도 중세 대학 체제에서 학문 중심 교육을 받았기 때문에 사제로서 역할을 제대로 하지 못했다는 인식이 있었습니다. 그러므로 사제 교육에는 학문적인 훈련에 앞서, 삶을 통한 경건 훈련과 제대로 읽고 쓰고 말하는 인문 교육이 우선되어야 한다는 생각을 하게 되었습니다. 여기서 중점은 학문 훈련이 아니라 사제에게 필요한 품성과 지식을 배양하여 교회를 섬길 성직자를 '양성'하는 데 있었습니다. 그러므로 '대학'이란 말을 쓰지 않고 '세미나리움'이란 용어를 썼습니다. 12세가 넘은 소년 가운데 합법적인 결혼 관계에서 태어나고 교회를 위해 봉사할 결의가 되어 있으면, 먼저 중고등학교 수준의 '작은 세미나리움'(*Seminarium minorum*, 소신학교)에 입학시키고 이 과정을 마친 사람을 대학 수준의 '큰 세미나리움'(*Seminarium majorum*, 대신학교)에서 교육하는 방식입니다. 16세기와 17세기 예수회 주도로 유럽에 펼쳐진 인문학 중심의 중고등학교 설립 운동도 '세미나리움' 운동과 연관되어 있습니다.

세미나리움 운동은 로마 가톨릭교회에만 국한되지 않았습니다. 개신교에도 이 제도가 들어왔습니다. 미국이 두드러진 경우입니다. 최근 예일 대학교에 병합된 앤도버 신학교가 1807년에, 프린스턴 신학교가 1812년에 세워졌습니다. 제가 지금 가르치고 있는 그랜드래피즈의 칼빈 신학교는 1867년에 세워졌습니다. 이 학교들은 인문적인 소양 교육도 중시했지만, 성경을 제대로 가르치고 개인 경건 훈련을 철저하게 시켜 복음 전도자와 교회 사역자로 적합한 사람을 양성해 내려고 애썼습니다. 이 학교들은 모두 학교 이름에 '세미너리'(Seminary)를 붙이고 있습니다.

세미너리는 앞에서 이야기한 라틴어 '세미나리움'에서 왔습니다. '세미나리움'은 씨(*semen, semina*)를 뿌려 모종을 키워 내는 '모판'(seed-bed)을 뜻합니다. 하나님의 교회에서 일할 미래의 일꾼들, 미래의 목회자를 마치 모판에 씨를 뿌려 키워 내듯이 양성하는 기관이 세미너리 곧 신학교입니다. 한국에서는 모두 '신학대학원'이라 부르기 때문에 대단히 학문적인 연구를 하는 것처럼 생각하지만, 사실은 '모판'처럼 교회 사역을 위한 '모종'을 양성해 내는 기관입니다. 그러므로 '목회자 양성소'라고 부르면 세미나리움의 정신을 훨씬 더 잘 살릴 수 있으리라 생각합니다.

우리나라 신학교는 (대학에 속한 학교라고 해도) '목회자 양성소'의 성격이 강한 학교로 발전했습니다. 타 학문과 대화를 나누고 때로는 대결을 하면서 자신의 입지와 정체성을 확립해야 하는 대학 내의 신학부로 자리 잡기보다는 목회자 양성을 위한 신학교 모델이 주류가 된 셈이지요. 이로써 오늘의 한국 신학이 교회를 생각하고 목회를 준비하는 신학이 된 점에서 유익이 있지만, 학문과 문화, 사회와 소통하는 능력은 턱없이 부족한 신학이 되어 버렸습니다.

학문으로서의 신학이 크게 관심을 받지 못하게 된 또 다른 이유로, 성경을 우선시하되 지성활동은 경시하는 복음주의 전통도 지목할 수 있지 않을까 생각합니다. 특별히 한국 교회 성도들과 목회자들은 성경을 매우 중시합니다. 성경에 직접 쓰여 있을 경우 문자적으로 고집하는 반면, 그렇지 않은 경우에는 무시하는 경향이 있습니다. 예를 들어, 하나님을 이야기할 때 '삼위일체' 교리만큼 중요한 내용은 없습니다. 그럼에도 삼위일체 하나님에 대해서 설교하거나 묵상하게 하거나 삶 속에서 경험하게 하는 것은 거의 전무하다시피 할 정도로 무관심한 것이 우리의 현실입니다. 성경 본문에 하나님이 삼위 한 분임을 강조하는 구절이 여럿 있지만, '삼위일체'라는 말이 등장하지 않기 때문에 개인의 삶에서나 예배 중에 삼위 한 분 하나님을 찬송하고 삼위 한 분 하나님께 기도하는 일에 게으른 교회가 되지 않았는가 하는 생각이 듭니다.

'삼위일체'란 말이 성경에 없듯이 '신학'이란 말도 성경에 나오지 않습니다. 만일 "너희가 신학을 열심히 탐구하라"는 한 구절만 성경에 있었더라도 신학을 열심히 공부하려고 했을 것입니다. '신학'뿐만 아니라 우리에게 익숙한 '심리학'이나 '사회학'과 같은 분야 이름도 성경에 나오지 않습니다. 이러한 학문은 모두 근대 대학의 산물입니다.

학문 명칭으로 쓰이는 단어 가운데 성경에서 유일하게 만날 수 있는 단어는 필로소피아(φιλοσοφία), 곧 '철학'이 아닐까 생각합니다. 사도 바울이 아테네를 찾았을 때 그와 토론을 한 사람들이 스토아파와 에피쿠로스파 '철학자'들이었습니다. 이들과 더불어 바울은 논쟁을 벌이고 예수와 부활을 전했습니다(행 17:18). 골로새서 2:8에는 '필로소피아'가 직접 언급됩니다. 물론 부정적인 의미로 쓰이고 있지만요.

누가 **철학**이나 헛된 속임수로, 여러분을 노획물로 삼을까 조심하십시오. 그런 것은 사람들의 전통과 세상의 유치한 원리를 따라 하는 것이요, 그리스도를 따라 하는 것이 아닙니다.

그런데 '신학'이 신약성경에 등장하지 않는 이유가 무엇일까요? 예수 그리스도를 믿는 신앙은 '신학'과 무관하다고 생각해서 그렇게 했을까요? 신약성경이 기록될 당시, 아니 그보다 훨씬 앞서 그리스 문화권에서는 '테오스'(θεός, 신)에 관한 '로기아'(λογία, 말, 이야기, 이론), '테올로기아'(θεολογία, 신학)가 존재했습니다. 그런데 그리스 전통에서 신에 관하여 이야기하는 사람이 누구였겠습니까? 다시 묻자면, 그리스 문화권에서 '테올로고스'(θεολόγος) 곧 신학하는 사람(theologian, 신학자)이 누구였습니까?

신에 관해서, 신들에 관해서 말하는 사람은 그리스 문화에서는 일차적으로 '시인'들입니다. 『일리아스』와 『오디세이아』를 쓴 호메로스와 『신들의 계보』를 쓴 헤시오도스가 그리스 신학자입니다. 신들을 노래하고 이야기하는 시인들이 신학자입니다. 그들에게 신학은 신들의 일을 이야기하고 신들을 찬양하는 일이었습니다. 그러므로 신을 거부하거나 모독하는 사람은 그들에게 적대자입니다. 소크라테스를 기소한 세 사람 가운데 대표격인 멜레토스가 시인 그룹에 속했음은 우연이 아닙니다. 소크라테스는 청년들을 타락시킨다는 혐의뿐만 아니라 아테네 시민들이 섬기는 신들을 섬기지 않고 오히려 '다이모니온'(Δαιμόνιον)이라는 낯선 신을 도입했다는 혐의를 받았습니다. 그가 기소를 당한 법정은 종교 문제를 처리하는 법정이었습니다.

두 번째 중요한 신학자는 '철학자'였습니다. 시인은 신들을 노래하고 찬양하지만 철학자는 신을 개념적으로 생각하고 이성에 근거하여 논리적으로 신을 논의하는 사람입니다. 이런 의미로 플라톤과 아리스토텔레스는 '신학'이란 용어를 썼습니다. 특히 아리스토텔레스는 존재를 논하는 철학 담론의 최상의 단계로 신학을 보았습니다. 왜냐하면 만물의 근원이요, 자신은 움직이지 않으면서 만물을 움직이는 부동(不動)의 원동자(原動者) 곧 '제1원인'이 신이고, 그 신을 이야기하고 말하는 지식이 신학이기 때문입니다.

세 번째 부류의 신학자는 나라와 도시를 대표해서 신들에게 제사를 지내는 '제관'들입니다. 시인이나 철학자와는 달리 제관들은 그야말로 신들의 문제를 종교적으로 다루는 사람들이었습니다. 시민 종교, 국가 종교를 다루는 이 사람들이 세 번째 의미의 신학자입니다. 이들은 제사와 예식을 주도하고 공동체의 결속을 도모하는 전문가입니다.

시인들은 신들을 노래하고, 철학자들은 신들을 생각하고, 제관들은 신들에게 예배하는 방식으로 각각 '신학'을 했습니다. 그리스의 이 전통이 로마로 그대로 전수되었습니다.

기독교 신학과 철학

그런데 예수 그리스도를 통해 일어난 사건, 곧 성육신과 십자가에 달리심과 부활과 승천, 그리고 성령 가운데 오늘도 우리 가운데 오셔서 함께하시는 사건을 첫 그리스도인들은 무엇이라 불렀을까요? 성령 강림 후 제자들이 방언으로 말하는 소리를 듣고 여러 나라에서 예루살렘을 찾은 유대인들은 "하나님의 큰 일"(*Magnalia Dei*)을 말하는 것을 듣는다고 했습니다(행 2:11). "하나님의 큰 일"이 첫 그리스도인들에게 불러일으킨 반응은 무엇이었을까요? 그들은 어떻게 자신들의 반응을 표현했을까요? 사도행전은 예수 그리스도를 통해 일어난 사건에 대한 사람들의 반응을 '믿음'(πίστις)이란 말로 표현합니다.

하나님의 말씀이 계속 퍼져 나가서 예루살렘에 있는 제자들의 수가 부쩍 늘어가고, 제사장들 가운데서도 이 믿음에 순종하는 사람들이 많았다. (행 6:7, 개역한글판과 개역개정판은 '믿음'을 '도'라고 번역하였습니다.)

예수가 주이시며 메시아임을 인정하고, 예수께로 돌아와 회개하고 죄 사함 받고 구원을 받게 된 사람들이 "믿음에 순종하는 사람들"이었습니다. 믿음은 '믿음의 행위'(믿는 행위)와 '믿음의 내용'(믿는 내용)으로 나눌 수 있습니다. "믿음에 순종하는 사람들이 많았다"고 할 때의 믿음은, 믿는 행위를 일컫기보다 '믿음의 내용' 곧 베드로와 사도들이 선포한 나사렛 예수가 주이시며 메시아(행 2:36)라는 선포 내용입니다. 이 믿음은 다른 사람에게 전할 수 있고 가르칠 수 있는 내용을 가지고 있었기에 이 믿음을 받아들여 따르는 사람들이 예루살렘에 많이 생겼습니다.

이 '믿음'을 선포하고 수용하고 따르도록 사람들에게 권유하는 것이 초대교회의 선교활동이었습니다. 사도행전을 쓴 누가는 예수가 주와 메시아(행 2:36), 왕과 구주(행 5:31)이심을 믿고 자신들이 믿은 믿음의 내용을 선포하며, 선포한 믿음을 따라 일상을 살았던 사람들을 '믿는 사람'이라고 표현합니다(행 2:44; 4:4, 32; 5:12). 그러므로 그들이 믿고 따르는 내용을 '믿음'이라는 말 외에 달리 표현할 길이 없었습니다.

사도들의 가르침 자체를 두고 '신학'이니 '철학'이니 하는 말을 붙일 수 없다는 사실은 자명합니다. 그런데 '신학'이 적극적으로 기독교 전통에 들어오고 기독교 신앙을 심지어 '참된 철학'이라 부른 까닭이 무엇일까요? 어떻게 '철학'과 '신학'이 기독교 신앙, 기독교 믿음과 관련 있게 되었을까요? 그리고 이것이 성도들의 삶과 무슨 상관이 있을까요?

우리 모두가 알듯이 복음은 예루살렘에만 머물지 않았습니다. 소아시아, 그리스, 로마 지역으로 퍼져 나갔습니다. 예루살렘에 살던 성도들은 예수를 메시아로 수용하고 "믿는 자"(πιστεύοντες, 행 2:44)로 자신들의 정체성을 드러낼 수 있었습니다. 그들이 믿는 내용도 단순하게 '믿음'이라 부를 수 있었습니다. 그러나 그리스와 로마 문화권에서는 모든 것이 그렇게 쉽지 않았습니다. 사도행전 11장을 보면, 안디옥에서 처음으로 예수를 믿는 사람들이 '크리스티아노이'(Χριστιανοί)라는 이름을 얻었습니다. '메시아를 따르는 사람들', '그리스도를 따르는 사람들'이란 뜻입니다. 타 문화권에서는 설명이 필요한 내용입니다. 메시아가 누구인지, 예수 그리스도가 메시아임이 무슨 뜻인지, 더구나 황제가 '주'(κύριος)로 불리는 곳에서 예수 그리스도가 누구인지 설명이 필요했습니다.

그리스와 로마 문화는 모든 일에 '이유, 근거를 제시(설명)함'(λόγον διδόναι)을 최고의 덕목으로 삼던 문화였습니다. 새롭게 전파되는 '믿음'은 무조건 믿기만 하면 되는 믿음에 머물러 있을 수 없었습니다. '믿음'은 설명이 요구되었습니다. 예수가 왜 '주'이신지, 첫 그리스도인들이 전하는 예수의 복음이 왜 허황된 신화가 아닌지를 설명하고 이유를 제시하는 것은 지적 요구를 넘어 윤리적 요구였습니다. 예수를 전하는 사람들은 지적으로 신뢰할 만해야 했고, 거짓을 말하는 사람이 아니라 정직한 사람임을 말과 삶으로 보여줌으로 근거와 이유를 제시해야 했습니다.

도전이나 반격이 있을 때는 자신을 변호하고 방어해야 합니다. 그러기 위해서는 정당한 이유가 제시되어야 합니다. '이유를 제시함'이 지배하던 문화 속에서는 더욱더 그러했습니다. '철학'과 '신학'이 기독교 신앙과 관련해서 가깝게 다가온 이유를 우리는 이러한 상황 변화에서 찾을 수 있습니다. 그리스와 로마 문화권에는 종교와 사상 전통이 이미 있었고, 신학적 물음과 답을 하는 방식이 어느 정도 확립되어 있었습니다.

사도들이 전한 '예수는 메시아', '예수는 그리스도'라는 복음을 곧이곧대로 수용했다면, 복음은 그저 믿음으로 전수되고 믿음으로 머물렀겠지요. 그러나 그런 일은 일어나지 않았습니다.

믿음을 전하는 사람들은 믿음을 설명해야 하고, 그러한 내용이 이야기되는 배경을 말해야 하고, 그리스와 로마 전통에서 나온 물음에 답하지 않을 수 없는 상황에 처했습니다. 더구나 교회 안팎으로 도전을 받으면서 비판자들과 적대자들과 싸워야 했습니다. 이렇게 하는 가운데 믿음의 내용이 논리적으로 정리가 되고, 공의회를 통하여 '교의'(敎義, dogma)로 확정되고, 확정된 교의가 토론 과정을 거쳐 더욱 정교해지는 과정이 발생합니다. 이 과정을 거쳐 서방 교회와 동방 교회 모두에 '신학'이라고 부르는 전통이 형성됩니다. 그런데 기독교 역사에서 신학이 제도적으로 완전히 자리 잡기 시작한 때는 (앞에서도 이야기했듯이) 서양 중세, 그것도 대학이 한창 융성하기 시작하던 13세기와 그 이후로 보아야 하지 않을까 싶습니다.

토마스 아퀴나스만 하더라도 '신학'이란 말을 그렇게 많이 사용하지는 않았습니다. 그의 대표작 『신학대전』에는 '신학'이란 용어가 (제가 확인한 바로는) 열네 번 등장합니다. 그는 오히려 "거룩한 가르침"(聖敎, sacra doctrina)이란 말을 더 좋아합니다. 이 점에서 토마스 아퀴나스는 아우구스티누스를 따르고 있다고 보아도 무방합니다. 칼빈도 이 점에서 아퀴나스와 비슷합니다. 칼빈은 이보다 더 단순하게 "가르침"(doctrina)이라는 말을 즐겨 씁니다.

아우구스티누스는 '신학'을 그리스와 로마 전통의 '삼중신학'(신화신학, 자연신학, 정치신학)을 일컫는 말로 주로 쓸 뿐 자신이 하고 있던 작업에 붙이는 말로는 거의 사용하지 않았습니다. 기독교 진리와 관련해 아우구스티누스는 오히려 카파도키아 교부인 니사의 그레고리우스와 마찬가지로 '철학'이란 말을 사용합니다. 어떻게 이런 일이 일어날 수 있었을까요? 어떻게 '믿음'을 '철학'이란 이름으로 이야기할 수 있었을까요? 이 물음에 답하려면 그리스 전통의 철학을 다시 생각해 보아야 합니다.

'철학'은 그리스어로 '필로소피아'(φιλοσοφία)입니다. 문자 그대로는 '지혜 사랑'입니다. '필로소피아를 하는 사람' 곧 '필로소포스'(φιλόσοφος)는 '지혜를 사랑하는 사람' 또는 '지혜의 친구'입니다. 이런 뜻을 가진 '필로소피아'를 우리는 '철학'이라고 번역해 씁니다. 그런데 '철학'이 무엇을 하는 학문인지, 철학이라는 단어 자체를 살펴보아도 쉽게 이해할 수 없습니다. 법학은 '법'을 다루는 학문이고 경제학은 '경제'를 다루는 학문입니다. 그러면 '철학'은 '철'을 다루는 학문인가요? '철'을 '쇠 철'(鐵)로 알아듣고는 철학과를 '문과대 금속공학과'로 오해한다는 농담이 있습니다. '철'이 무엇인가요? '철'(哲)은 '밝은', '현명한', '지혜로운'이란 뜻을 가진 한자어입니다. 그렇다면 철학은 '밝은 학문', '지혜로운 학문', '현명한 학문'이 되어야 할 텐데, 정말 그런 뜻일까요? '철학'이란 말을 처음 들을 때 무슨 말인지 이해가 되지 않는 까닭은 일종의 이중압축으로 만들어진 단어이기 때문입니다.

19세기 중반 그리스어 '필로소피아'를 일본에서 처음 번역할 때는 '희구철지학'(希求哲智學) 곧 '밝은 지혜를 바라고 찾는 학문'이었습니다. 이때 '철'은 지혜를 꾸며 주는 말로 쓰였습니다. '철지'(哲智) 곧 '밝은 지혜'를 바라고 찾는 학문이라는 말입니다. 말하자면 '철'은 여기서 형용사로 쓰였지요. '법학', '신학', '의학'은 모두 두 자인데, '희구철지학'은 학문 용어로는 너무 깁니다. '희구철지'를 두 자로 압축하면 '희철'이 되고, 여기에 '학'을 붙이면 '희철학'(希哲學)이 됩니다. 여기서 한 번 더 압축하여 '철학'(哲學)이 된 것입니다. 일본이나 한국, 중국 세 나라에서 이제는 아무런 거부 없이 필로소피아를 '哲學'으로 번역하여 쓰고 있습니다. 우리나라에서는 '철학', 일본에서는 '테츠가쿠', 중국에서는 '츠수에'라고 발음만 달리할 뿐 같은 단어를 쓰고 있습니다. 어떻게 발음을 하든 철학이 '지혜 사랑'임은 변하지 않습니다.

철학이 무엇인지 몸으로 잘 보여준 사람은 누가 뭐라 해도 소크라테스였습니다. 그야말로 지혜를 사랑한 사람이고 지혜의 친구였습니다. 소크라테스는 그를 법정에 기소한 아테네 사람들을 향하여, "소크라테스여, 이제 우리가 아니토스의 말을 따르지 않고 그대를 무죄 방면하오. 그러나 더 이상 철학을 하지 않는다는 조건이오"라고 하더라도, 자신은 "아테네인 여러분! 저는 여러분보다는 오히려 신께 복종할 것입니다. 그리고 내가 살아 있는 동안은 그리고 할 수 있는 동안까지는 철학하는 일을 그만두지 않을 것입니다"라고 대꾸하리라고 말합니다. 철학은 잠자는 아테네 사람들을 깨우기 위해 신이 자신에게 준 소명이라고 소크라테스는 믿었습니다. 그러기 위해 소크라테스는 묻고 따지고 또 물었습니다. 소크라테스가 묻고 또 물은 까닭은 신이 인간을 만들 때 겨냥한 최고의 탁월성에 도달하기 위함이었습니다. 이 탁월성을 그리스 전통에서는 '아레테'(ἀρετή)라고 불렀습니다. 흔히 '덕'(德)이라고 번역되는 말입니다.

말(馬)의 덕 곧 말의 탁월성은 잘 달리는 것에 있고, 칼의 덕 곧 칼의 탁월성은 날카로움에 있습니다. 그렇다면 인간의 덕 곧 인간의 탁월성은 어디에 있겠습니까? 이것을 찾는 과정이 소크라테스의 삶이었습니다. 인간이 어떻게 올바르게 기능하여 인간에게 부여된 탁월성을 드러낼 수 있을지 소크라테스는 물었습니다. 그는 그것을 알고자 했고, 그러한 앎을 따라 살고자 했습니다. 지혜는 인간의 올바른 기능, 인간의 탁월성을 제대로 파악하고 아는 데 있습니다. 그렇게 하려면 인간을 포함하여 세계가 무엇인지 알아야 하고, 제대로 행동하고 사는 법을 알아야 한다고 소크라테스는 생각했습니다. 인간으로 제대로 사는 법, 이것이 다름 아닌 지혜이고 이 지혜를 사랑하고 추구함이 곧 철학이었습니다.

소크라테스 이후 플라톤과 스토아 철학자들이 철학 곧 지혜 사랑을 자연학과 논리학, 그리고 윤리학으로 구분해서 논의한 까닭이 여기에 있습니다. 그들은 존재하는 세계가 어떤 세계이고(자연학), 어떻게 생각하고 알아야 하며(논리학), 어떻게 처신하고 살아야 할지(윤리학), 이 세 가지를 생각하고 알아가는 일을 철학의 주요 과제로 생각했습니다. 이것이 곧 지혜로운 삶을 추구하는 방식이었습니다. 철학은 그들에게 이론적인 활동이자 실천적인 활동이었고 '삶을 살아가는 방식'(τεχνή τοῦ βίου, *ars vitae*)이었습니다.

그런데 생각해 보십시오. 복음을 수용한 사람들은 어디서, 어떻게 지혜를 찾을 수 있을까요? 예수를 알게 된 사람들은 영혼의 구원만을 맛보는 데 그치지 않았습니다. 그들은 예수를 통하여 알게 된 하나님과 그분의 존재와 속성, 그분을 통해 알게 된 세계와 인간을, 복음을 통해 새롭게 파악하고 이해하며, 그것을 언어와 개념으로 표현해야만 했습니다. 존재하는 사물들이 어디서 오는지, 그것들의 정체가 무엇인지, 인간이 누구이며 무엇으로 구성되었는지, 어디로부터 와서 어디로 가는지, 현재 처한 상황이 무엇인지, 함께 살고 있는 가정이나 사회가 무엇이며 어떻게 타인과 관계하며 살아야 할지, 무엇이 중요한 가치이며 무엇을 추구해야 하는지와 같은 철학자의 질문을 그들도 하지 않을 수 없었고, 그들의 믿음의 내용을 그들이 체험하고 읽고 이해한 대로 표현하고 주장하고 변론하지 않을 수 없었습니다.

무엇보다도 그들은 예수 그리스도를 통해 새로운 삶을 체험했습니다. 그들은 예수 그리스도를 통해 구속주 하나님을 만났습니다. 구속주 하나님을 통해 자신들이 자신과 주변 사물의 주인이 아님을 알았습니다. 존재하는 모든 것은 하나님께서 태초에 만드셨으며, 하나님 없이는 어느 하나도 존재할 수 없음을 알았습니다. 타락으로 인해 인간은 하나님을 알고 하나님을 사랑하는 지식에 치명적 손상을 입었습니다. 하지만 하나님이 자신의 모습, 자신의 형상으로 사람을 지으셨기 때문에 비록 제한적이어도 원칙적으로는 하나님을 알 수 있다고 그들은 믿었습니다. 여기에 논리와 지식의 근거가 있습니다. 또한 예수 그리스도가 보여주신 하나님 사랑과 이웃 사랑을 삶의 방식으로 받아들여 하나님의 뜻에 순종하며 살아야 함을 그리스도인들은 알았습니다. 이와 같은 기본적인 철학(자연학 곧 존재론, 논리학과 지식론, 윤리학)이 그리스도인들에게 형성되었습니다. 그리스도인들의 철학은 그들에게 삶의 길이며 최상의 철학이었습니다.

하나님을 사랑하는 사람이 참된 철학자이다

이런 배경에서 우리는 아우구스티누스가 『신국론』(De civitate Dei)에서 "하나님을 사랑하는 사람이 참된 철학자이다"(Verus philosophus est amator Dei)라고 한 말을 이해할 수 있습니다. 철학자는 문자 그대로 '지혜를 사랑하는 사람'입니다. 하나님은 '지혜 자체'인 분이시기 때문에 하나님을 사랑하는 사람이야말로 지혜를 진정으로 사랑하는 사람이고, 따라서 하나님을 사랑하는 사람이 참된 철학자입니다. 이런 의미에서 기독교 신앙이야말로 '참된 철학'이라는 생각을 아우구스티누스는 줄곧 가졌습니다.

아우구스티누스는 카르타고에서 수사학을 공부할 때 키케로의 『철학의 권유』(Hortensius)를 읽었습니다. 그때를 기억하면서 『고백록』에 이렇게 썼습니다.

나의 하나님, 그때에 내 마음이 얼마나 불타고 있었는지요! 땅의 것을 떠나 당신께로 다시 날아가고자 얼마나 불타고 있었는지요! 하오나 나는 당신이 내게 무엇을 하시려는지 알지 못하고 있었나이다. 이는 '지혜가 당신께 있음이라'(욥 12:13, 16), 하온데 지혜에 대한 사랑을 그리스어로 '필로소피아'(철학)라 이르오니 그 책은 나로 하여금 그것에 대한 사랑으로 불타오르게 하였나이다. (3. 4. 8.)

아우구스티누스는 마침내 그리스도 안에서 참된 지혜의 하나님을 알았고 사랑하게 되었습니다. 그러므로 아우구스티누스의 신앙과 신앙에 대한 서술은 그에게 철학이었고, 이는 그가 보기에 플라톤이나 아리스토텔레스의 철학보다 훨씬 더 깊고 고상한 철학이었습니다. 그리스 전통을 통해 이해되던 '신학'은 이때 아직 그의 신앙을 표현하는 용어로는 전면에 등장하지 못했습니다. 왜냐하면 여전히 '신학'은 그리스와 로마의 삼중신학의 테두리 안에서 이해되었기 때문입니다. 아우구스티누스가 바로(Marcus Terentius Varro, 기원전 116-27)의 삼중신학 개념을 논의한 『신국론』6권, 특히 5장에서 이와 관련된 이해를 찾아볼 수 있습니다. 여기서 아우구스티누스는 바로가 구별한 시인들의 신학인 신화신학, 철학자들의 신학인 자연(본성)신학, 도시에서 제사를 행한 제관들 중심의 정치신학을 논의하고 있습니다.

아우구스티누스의 철학 이해는 그를 이은 중세와 근대보다는 오히려 그보다 앞선 고대 전통과 연결됩니다. 고대 전통에서 철학은 '삶의 방식'이고 '삶의 길'이며 '삶의 방식에 대한 반성'이었습니다. 철학에 이론적인 성찰이 빠질 수는 없었지만 철학은 무엇보다, 그리고 언제나, 참된 지혜를 통한 영혼의 평화와 구원을 추구했습니다. 심지어 피에르 아도(Pierre Hadot, 1922–2010)는 고대철학을 일컬어 '영적 수련'(spiritual exercise)이라고 했습니다. 이 관점에서 보면 아우구스티누스뿐만 아니라 에라스무스, 그리고 칼빈조차 기독교 신앙과 신앙에 따른 삶을 '참된 철학'으로 이해한 이유를 알 수 있습니다.

겸비해지신 그리스도를 따라 단순하게 사는 삶을 에라스무스는 '그리스도의 철학'(Philosophia Christi)이라 이름 붙였고, 성경을 이해할 수 있는 열쇠를 제공하는 '기독교 교리의 요약'을 칼빈은 '기독교 철학'이라 이해했습니다. 『기독교 강요』가 칼빈에게는 곧 '기독교 철학'이었습니다. 이때 철학은 이론을 포함한다 해도 전적으로 실천적이며 영원한 삶을 향하는 도정이며, 자기 인식과 하나님에 대한 지식을 포함한 지혜를 추구하는 삶을 두고 일컫는 말이라고 해야 할 것입니다.

그런데 왜 서방 교회 전통, 특별히 13세기에 들어서면서 신학이 전면으로 등장하고 철학은 오히려 신학의 도구, '신학의 시녀'(ancilla theologiae)가 되었을까요? 왜 신학이 점점 전문적인 학문의 모습을 띠며 현실과 유리된 듯 보이게 되었을까요? 그리고 마침내 철학은 신학에서 벗어나 어떻게 독자적인 걸음을 걷게 되었을까요? 긴 역사를 모두 서술할 수는 없기에 단순화해 이야기하면 이렇습니다.

　중세 중기 곧 12세기와 13세기에 이르러, 아리스토텔레스의 철학이 아랍을 거쳐 유럽 중세 대학에 본격적으로 도입됩니다. 그러면서 철학은 정교하게 전문화된 도구로 신학에 사용됩니다. 앞에서 잠시 이야기했듯이 '신학'을 제1철학(형이상학) 가운데서도 최고 단계의 지식으로 본 아리스토텔레스의 관점이 곧장 중세 스콜라 신학에 도입되면서 대학에서 신학의 입지는 확실하게 확보됩니다.

　'삶의 길'과 '삶의 길에 대한 반성'으로서의 철학은 오히려 수도원의 삶으로 흡수되고(중세에는 수도사들이 '철학자'라는 이름을 가졌습니다), 대학에서 연구되던 철학은 전문화의 길을 걷게 된 신학의 도구로 사용됩니다. 철학의 논리와 문제의식에 영향을 받은 신학은 보통 사람은 이해하기 힘들 정도로 높은 수준으로 발전하고, 이와 더불어 대학의 철학도 신학자들이 갈고닦은 결과 고도의 전문화 과정을 걷게 됩니다.

　19세기까지만 해도 신학은 여전히 철학 방법을 사용하지만 철학은 이미 17세기부터 신학의 지배를 벗어나 독자적인 길을 걷게 됩니다. 서양 중세에는 대부분의 신학자가 철학자였지만 근대 이후 대부분의 철학자는 신학자가 아니었습니다. 말브랑슈, 버클리, 토마스 리드, 슐라이어마허, 키에르케고어 정도가 예외일 것입니다.

신학의 정의

이제 6강을 시작했던 "신학은 하나님으로부터 배우고, 하나님을 가르치고, 하나님께로 인도한다"는 구절로 돌아가 봅시다. 앞에서 한 이야기를 배경으로 해서 보면, 이 말은 전형적인 중세 유럽 대학 신학의 산물입니다. 중세 신학자들은 '신학'을 더 이상 그리스인과 로마인의 전유물로 보지 않고 기독교 고유의 것으로 만들었습니다.

신학이 이야기하는 신은 시인들이 노래한 제우스나 아폴론이 아니고, 철학자들이 논의하던 '알지 못하는 신'도 아니며, 도시의 제관들이 제사 지내던 아테네나 로마의 신들이 아니라 '예수 그리스도를 통해 자신을 알려 주신 하나님'입니다. 이 하나님은 홀로 계시지만 인간의 삶에 무관심하지 않으며 오히려 인간을 찾아오시고 말씀하시고 관계하시는 하나님입니다. 그러므로 하나님을 말하는 신학은 인간을 찾아오시는 하나님에 관한 이야기이고, 찾아오시는 하나님을 맞이하여 그분의 말씀을 듣고 믿고 따르는 인간에 관한 이야기이기도 합니다.

하나님을 말하는 기독교 신학자는 하나님을 서술하는 언어를 사용하지만, 서술 언어가 경배와 찬양으로 이어질 때 진정한 신학 언어로 자리 잡습니다. 예컨대 "하나님은 우리의 구원자이다"라고 말한다면 이 서술은 하나님이 우리의 구원자임을 개념을 통해 서술하면서도 예배의 자리에 설 때는 경배와 찬양의 자리로 나아가게 합니다. 신학은 이런 의미에서 '하나님에 대한 이야기'이면서 '하나님이 하신 일에 대한 감사에서 우러난 찬양'입니다. 이로부터 우리는 고전적인 신학의 정의를 이해해 볼 수 있습니다.

1. **"하나님으로부터 배우고"**: 하나님을 말하고 하나님을 찬양하고 감사드릴 수 있는 신학은 하나님이 말씀을 통하여 가르치실 때 시작됩니다. 하나님이 말씀을 통하여, 자연과 역사를 통하여, 우리 자신의 삶의 경험을 통하여 자신을 보여주고 알려 주시지 않는다면, 다시 말해 '계시'해 주시지 않는다면, 우리는 하나님을 생각할 수도, 말할 수도, 하나님께 기도드릴 수도 없습니다. 이런 의미에서 하나님은 신학의 시작이고 원천이며, 나아가 신학의 주체라고 말할 수 있습니다.

2. **"하나님을 가르치고"**: 하나님이 먼저 초대해 불러 주실 때 신학자는 하나님 앞으로 나아가, 하나님으로부터 듣고 배웁니다. 이렇게 해서 배운 신학은 삼위 한 분 하나님을 대상으로 삼습니다. 신학은 하나님을 대상으로 삼아 이야기하고 생각하는 학문입니다. 신학은 하나님으로부터 배운 내용을 사람들에게 가르칩니다. 이렇게 할 때 신학은 하나님을 통하여, 하나님 안에서 인간과 세계를 보게 됩니다. 그러므로 신학은 하나님 안에서 인간을 포함한 모든 존재자에 관하여 배우고, 알고, 이야기하는 활동입니다.

3. "하나님께로 인도한다": 신학이 마침내 이끌어 가는 지점은 생명의 근원이며 생명 자체이신 하나님입니다. 다른 학문은 하나님이 지으신 세계 안에 있는 것들에 대한 지식입니다. 이 모든 학문은 세계를 알고 인간에게 유익을 끼치기 위함이고, 결국에는 모두 하나님께 영광을 돌리기 위한 지식입니다. 신학은 다른 학문들과 달리 하나님을 직접 이야기하고, "만물이 주에게서 나오고 주로 말미암고 주에게로 돌아감이라"(롬 11:36)라는 말씀처럼 만물의 방향과 목적을 보여주며, 만인을 하나님께로 인도하는 학문입니다.

그렇다면 "신학은 하나님으로부터 배우고, 하나님을 가르치고, 하나님께로 인도한다"는 말은 누구의 말일까요? 지금까지는 토마스 아퀴나스의 말이라고 주장하는 사람들이 가장 많았습니다. 그의 선생인 알베르투스 마그누스의 말이라고 한 사람도 있었고, 심지어 아우구스티누스의 말이라고 한 사람도 있었습니다.

그런데 독일 기센 대학 신학부의 랄프-토마스 클라인(Ralf-Thomas Klein) 교수는 이 표현이 토마스 아퀴나스나 알베르투스 마그누스의 사상을 잘 대변한다 하더라도, 문헌상으로는 17세기 루터파 독일 신학자 요한 게르하르트(Johann Gerhard, 1582-1637)의 『신학의 본질에 관한 서언』(Prooemium de natura theologiae, 1625)에 처음 등장한다는 주장을 최근에 펼쳤습니다.* 이 표현을 다른 신

---

*   Ralf-Thomas Klein, "Theologie - von Gott gelehrt: 'Theologia a Deo docetur, Deum

학자가 썼을 가능성을 완전히 배제할 수는 없다는 말을 덧붙이기는 했지만, 현재까지는 게르하르트가 창시자라 생각해도 무방하다고 클라인은 주장합니다.

하지만 이야기는 여기서 끝나지 않습니다. "신학은 하나님으로부터 배우고, 하나님을 가르치고, 하나님께로 인도한다"는 말은, 토마스 아퀴나스보다 한 세대 앞섰던 알렉산더 할렌시스(Alexander Halensis 또는 Alexander of Hales, 1185-1245)의 글에 거의 비슷하게 등장합니다. 신학에 관하여 알렉산더는 "하나님으로부터, 하나님에 관하여, 하나님께로 인도한다"(a Deo et de Deo et ductiva ad Deum)고 쓰고 있습니다. 신학은 하나님으로부터 나오고, 하나님에 관해서 말하고, 하나님께로 이끌어 간다는 말입니다. 알렉산더는 프란체스코 수도회 소속 수도자였고, 아퀴나스와 나란히 파리 대학 신학부 교수를 지낸 보나벤투라의 스승이었습니다. 중세 전통에서 신학 전체의 개요 곧 숨마(Summa)를 처음 쓴 사람이고, 페트루스 롬바르두스의 『명제집』(Sententiae)에 처음 주석을 쓰기 시작한 세대에 속합니다.

신학이 하나님으로부터 시작하고 하나님을 말하고 하나님께로 인도한다고 해서, 신학이 오직 하나님만 이야기해야 한다고 오해해서는 안 됩니다. 하나님이 신학의 출발점이고 대상이며

---

docet, ad Deum ducit' - zu Ursprung und Wirkungsgeschichte einer ökumenisch rezipierten Beschreibung der Theologie," in Lutherische Beiträge, 21-3 (2016), 173-183.

목적지라 함은 하나님 안에서, 하나님을 통하여, 하나님을 중심으로 세계와 역사와 인간과 나 자신의 존재를 발견하고 알아간다는 의미일 뿐, 하나님 외의 모든 것을 배제한다는 의미는 아닙니다. 신학이 하늘의 언어를 쓰거나 하늘의 지식을 펼치는 것은 더더욱 아닙니다. 신학은 계시에 의존해서 주어진 시간과 장소, 주어진 삶의 여건 가운데서 여전히 인간의 언어를 사용하고 인간의 생각으로 하나님을 말하는 활동이므로, 이 지식은 유한하며 여전히 오류가 있을 수 있기 때문입니다.

3부

세상 속의
그리스도인

7강

교회개혁의 참 의미

오직 성경, 오직 은혜, 오직 믿음
Sola scriptura, Sola gratia, Sola fide.

지금까지는 하나님을 찾는 인간의 모습과 그리스도의 삶과 가르침에 감동된 삶의 방식, 그리고 믿음과 앎을 다루었습니다. 이제 우리에게 놓인 삶의 현실, 교회와 사회에서 볼 수 있는 오해와 왜곡을 세 가지 주제를 가지고 함께 생각해 보겠습니다. 하나는 가짜 뉴스와 관련된 문제이고, 다른 하나는 지금 온 세계가 경험하고 있는 팬데믹 상황을 16세기 초 루터가 겪었던 정황에 비추어 보는 것입니다. 이 주제들에 들어가기에 앞서 '종교개혁'을 기념할 때마다 내세우는 '오직'이라는 구호를 에워싼 오해부터 이야기해 보겠습니다. (일본에서 잘못 번역한 '종교개혁'이라는 용어를 대신하여 이후로는 '교회개혁'으로 칭하겠습니다.)

7강 교회개혁의 참 의미   **177**

교회개혁을 기억할 때 우리는 '오직 성경'(*Sola scriptura*), '오직 은혜'(*Sola gratia*), '오직 믿음'(*Sola fide*)을 함께 떠올립니다. 여기에 '오직 그리스도'(*Solus Christus*), '오직 하나님께 영광'(*Soli Deo Gloria*)을 더하여 이른바 '교회개혁의 다섯 가지 솔라들'(The Five Solas of the Reformation)을 이야기하기도 합니다.

루터나 츠빙글리, 마르틴 부처, 그리고 칼빈과 하인리히 불링거가 이 표현들을 쓰기는 했지만, 한 번도 이 셋을 같이 묶어 쓰거나 다섯 가지 전체를 '솔라'라는 구호로 외친 적은 없습니다. 19세기 후반 미국에서 만들어 낸 구호라는 의견이 현재로는 거의 정설입니다. 그럼에도 사람들은 이 구호를 교회개혁자들이 외친 줄 알고 있지요. '상식의 오류'의 전형적인 예입니다. 하지만 구호 속에 담긴 각각의 표현은 개혁자들과 밀접하게 연관되어 있습니다.

왜 루터는 대자보를 붙였을까?

1517년에 루터는 왜 그가 주장한 95개의 명제를 대자보 형태로 만들어 비텐베르크 성 교회(*Schlosskirche*) 출입문에 붙였을까요? 다른 방법이나 수단, 통로가 있었을 텐데 말이지요. 이 물음에 답을 얻으려면 대자보를 교회 문에 '못질했다'고 알려진 루터의 배경을 기억해 보면 도움이 되리라 생각합니다. 그는 아우구스티누스 수도회 수사 출신이지만, 개혁의 목소리를 높일 당시에는 중세 전통을 여전히 고수하던 비텐베르크 대학의 교수였습니다.

앞에서도 언급했지만, 중세 대학에는 '논쟁'이라는 제도가 있었습니다. 교수와 학생들이 정기적으로 모여 어떤 문제를 두고 갑론을박하는 제도입니다. 여기에는 참여하는 사람들을 설득할 수 있는 수사학적 능력도 중요하고, 통찰과 논리도 중요했습니다. 교수와 학생은 이 논쟁 제도를 통하여 자신들의 능력을 키워나갔습니다. 교수와 학생의 탁월함은 논쟁을 통해서 자연스럽게 드러났습니다. 우리 귀에 익은 아벨라르, 아퀴나스, 보나벤투라, 스코투스, 오캄 등 탁월한 중세 신학자와 철학자들은 모두 논쟁에서 두각을 드러낸 분들입니다. 손으로 필사한 책들이 유통되기 시작한 시절이지만, 월터 옹(Walter J. Ong, 1912-2003)의 구분법을 따르면 문자성(Literacy)보다는 입과 귀를 통해 말을 주고받는 구술성(Orality)이 여전히 중요했습니다.[*]

중세 대학의 논쟁 제도를 따라 루터는 "면벌부 효력 해명을 위한 논쟁"(*Disputatio pro declaratione virtutis indulgentiarum*)을 제안합니다. 빽빽하게 쓰면 전지 두 장에 들어갈 분량의 글인데, 알려진 바로는 한 달 내에 유럽 전역으로 퍼져 나갔다고 합니다. 이는 인쇄술의 발달 때문이었습니다. 비텐베르크만 해도 인쇄소가 세 군데 있었고, (지금은 벨기에 땅이 된) 안트베르펜에는 대량으로 인쇄물을 찍어 낼 수 있는 큰 인쇄소들이 있었습니다.

---

[*] 대학의 논쟁 제도와 루터의 개혁 운동의 상호 연관성에 대해서는 강영안, 『종교개혁과 학문』(SFC, 2016) 1장을 참고하시기 바랍니다.

시작은 구술 문화에 토대를 둔 중세 대학의 논쟁 제도였지만, 대량 인쇄가 가능한 문자 문화로 인해 '교회개혁' 운동이 확장되었습니다. 얀 후스나 위클리프, 네덜란드 신학자요 인문학자인 베슬 한스포르트(Wessel Gansfort, 1419-1489) 등 루터보다 앞선 이들이 있었지만 이들의 노력은 미미한 결과를 낳았습니다. 그러나 루터의 목소리는 활자로 인쇄된 문자의 힘을 입어 빠르고 넓게 유럽 전역으로 확산되었습니다. 독일과 네덜란드, 스위스와 프랑스, 영국 등지에서 교회개혁 운동이 그야말로 들불처럼 번졌습니다.

　　돌이켜 보면 16세기의 교회개혁 운동은 교회개혁에만 그치지 않고 거의 모든 삶의 영역에 영향을 주었습니다. 예컨대 당시 유럽의 화가들은 성화(聖畵)를 주로 그렸습니다. 하지만 교회개혁과 더불어 성상 제거 운동이 일어나게 되자 교회에서 성화가 사라졌습니다. 소재를 잃은 화가들은 이제 일상의 삶을 그리기 시작했습니다. 네덜란드 화가 렘브란트나 요하네스 페르메이르, 얀 스테인이 두드러졌습니다.

　　경제 영역에서 이자 제도를 최초로 정당화해 준 신학자는 칼빈이었습니다. 이것을 두고 자본주의의 시작이라고 할 수는 없지만 돈으로 돈을 버는 은행 제도가 신학적으로 정당성을 얻게 된 것은 중세 전통에서 보면 커다란 변화였습니다. 이탈리아를 중심으로 은행이 등장했지만 은행 제도는 교회로부터 지지를 받지 못했습니다. 두 가지 이유 때문이었습니다.

첫 번째는 구약성경을 보면 이자를 받고 돈을 꾸어 주지 말라는 경고가 나옵니다. 따라서 돈을 남에게 빌려주고 이자를 받는 일은 불의하다는 생각이 교회 전통에 있었습니다. 두 번째는 소나 돼지 같은 살아 있는 존재는 새끼를 낳을 수 있지만 인위적인 교환 수단에 불과한 돈이 '새끼'를 칠 수 없다는 아리스토텔레스의 철학이 배후에 있었습니다. 칼빈은 돈이 필요한 가난한 사람에게는 이자를 받지 말고 그냥 꾸어 주라고 했습니다. 그러나 산업 자본을 위해서 돈이 필요할 경우에는 이자를 받고 돈을 빌려줄 수 있다고 보았습니다.

　개혁 운동이 삶의 많은 영역에 변화를 가져왔지만 무엇보다 교회개혁 운동이었음을 잊어서는 안 됩니다. 이 가운데 예배의 개혁이 가장 중요한 변화일 것입니다. 많은 요소 가운데 예배 형식에 변화가 생겼습니다. 과거에는 예배의 주역이 신부였습니다. 신부는 사제 곧 제사를 드리는 사람입니다. 예배는 제사였고 제사는 사제들이 드립니다. 성도들은 사제들이 드리는 제사를 눈으로 보고 제사에서 나온 결과물을 나누어 먹는 역할에 그쳤습니다(희생제사와 관련된 이야기는 이 강의 끝부분에서 다시 하겠습니다). 찬송을 맡은 사람도 사제였습니다. 하지만 개혁 운동이 일어나면서 성도들이 찬송을 부르게 되었고 예배에 능동적으로 참여하게 되었습니다. 곡과 가사를 새로 쓰고 성도들로 구성된 찬양대가 등장합니다.

　교회개혁 운동은 예배개혁, 교회 직제개혁, 신학개혁, 신학

교육의 개혁으로 전개되었습니다. 이것이 결혼과 가정의 개혁, 일과 소명의 개혁, 교육의 개혁, 물건을 생산하고 소통하는 경제의 개혁, 그리고 정치개혁으로 이어졌습니다. 그러나 개혁 운동의 시발은 루터에게서 볼 수 있듯이 지극히 실존적인 구원 문제와 관련되어 있었습니다. '오직 성경, 오직 은혜, 오직 믿음', 이 구호는 이러한 배경에서 이해할 수 있습니다.

루터의 신앙 여정

구원의 문제는 루터의 신앙 여정과 떼어 생각할 수 없습니다. 루터는 아우구스티누스 수도회 수사였고, 사제 서품을 받은 뒤 비텐베르크 대학에서 비로소 신학을 공부하게 되었습니다. 비텐베르크 대학은 프리드리히 선제후가 1502년에 세운 신생 대학입니다. 그 당시 이곳은 주민이 약 2,100명, 주택이 400채 정도밖에 되지 않는 작은 도시였고, 그 가운데 170여 가정이 맥주를 생산하고 있었습니다.

루터의 영적 성장 과정에 크게 영향을 미친 요하네스 폰 슈타우피츠가 이 대학 신학부의 학장이었습니다. 슈타우피츠는 루터의 재능을 일찍이 알아보았습니다. 그는 1512년 루터에게 박사학위를 수여하고 곧장 성경을 가르치는 교수로 임명했습니다.

교수가 된 뒤에도 루터는 자신의 죄와 하나님의 진노 앞에 두려워 떨면서 영적 투쟁을 이어 갔습니다. 중세에 형성된 신학에는 '공로 신학'이라 부르는 부분이 있습니다. 죄 사함을 받으려면 공로를 쌓아야 한다는 생각입니다. 공로 자체만 두고 보면 우리의 정의감에 부합합니다. 예를 들면, 선한 일을 한 사람은 상을 받고 악한 일을 한 사람은 악행에 대한 벌을 받아야 합니다. 남에게 해를 끼친 사람은 해를 당한 사람에게 그에 상응하는 보상을 해주어야 합니다. 나쁜 일을 저질렀다면 선한 일을 하여 그만큼 많은 공로를 쌓아야 벌을 면할 수 있다는 생각은 우리의 직관에도 맞습니다.

공로를 쌓는 방법 가운데 고행이 있습니다. 루터도 수많은 고행을 실천했습니다. 그는 밥 먹듯이 굶었습니다. 잠을 자지 않고 몸을 학대하고 거의 죽을 지경에 이를 때까지 자신의 몸을 추위에 노출시키기도 했습니다. 후반기의 루터는 뚱뚱한 사람으로 보이지만 젊을 때의 초상화를 보면 비쩍 말랐습니다. 고행의 흔적입니다. 루터가 말년에 배가 나온 이유는 그의 아내 카타리나 폰 보라가 수녀원에서 배운 양조 기술로 빚은 맥주 때문이라고 합니다. 이처럼 젊은 루터는 고행을 통해서 죄의 문제에서 벗어나 보려고 애썼습니다.

우리는 루터가 깊이 탐구하는 학자이자 죄를 묵상함으로 하나님과 화평을 누리고자 한 수사이기도 했다는 사실을 잊지 말아야 합니다. 그는 읽고, 묵상하고, 기도하면서 쉬지 않고 하나님과 씨름했습니다. 루터의 결론은 여전했습니다. 하나님께서 자신을 포함한 모든 인간을 세밀하게 감찰하시고 진노하시고 심판하시는 분이며, 자신처럼 하나님을 알기 위해 엄청난 고통을 겪는 사람조차 무자비하게 일격에 없애 버릴 수 있는 분이라고 루터는 생각했습니다. 그래서 그는 성경을 가르치는 동안에도 학생들과 더불어 이 고민을 계속 이어 나갔습니다.

루터는 자신의 고해신부이기도 한 슈타우피츠를 쉬지 않고 찾아갔고, 죄를 여섯 시간이나 고백한 적도 있다고 합니다. 오죽했으면 슈타우피츠가 루터에게 "마르틴, 하나님이 너에게 화를 내시는 게 아니라 네가 하나님께 화가 났구나!"라고 했다는 말이 전해졌을까요. 슈타우피츠는 루터에게 오직 예수 그리스도의 피로 죄를 용서받을 수 있다는 말을 해줍니다. 루터는 시편과 로마서, 갈라디아서를 강의하게 되는데, 이를 통해 하나님의 의에 관한 이해를 새롭게 합니다. 그리고 오직 예수 그리스도만으로, 오직 그분의 은혜만으로, 오직 그분을 믿는 믿음만으로 죄 용서를 받을 수 있다는 사실을 깨닫습니다.

- 복음에는 하나님의 의가 나타나서 믿음으로 믿음에 이르게 하나니 기록된 바 오직 의인은 믿음으로 말미암아 살리라 함과 같으니라(롬 1:17).
- 이제는 율법 외에 하나님의 한 의가 나타났으니 율법과 선지자들에게 증거를 받은 것이라. 곧 예수 그리스도를 믿음으로 말미암아 모든 믿는 자에게 미치는 하나님의 의니 차별이 없느니라(롬 3:21-22).

루터는 이 말씀들을 통해 우리가 비록 죄인이지만 예수 그리스도를 믿는 믿음을 통해서 하나님께서 우리에게 베푸시는 은혜로 의롭다고 인정받는 의인이 된다는 사실을 깨달았습니다.

그러던 차에 도미니코 수도사였던 요한 테첼이 루터가 살고 있던 지역 근처까지 와서 면벌부 구매를 독려합니다. 면벌부는 공로 사상에서 보면 쉽게 생각해 낼 수 있는 방법입니다. 지은 죄에 대해 무언가를 바치면 그에 대한 보상으로 벌을 면할 수 있다는 생각이지요. 루터도 이런 사고를 가지고 있었습니다. 그런데 루터는 말씀을 통해서 면벌부가 잘못된 것임을 알게 되었습니다. 면벌부에 대한 토론 제안문 곧 95개의 명제는 이렇게 해서 나왔습니다. 루터는 알브레히트 대주교에게 우편으로 이 내용을 보냅니다.

루터가 실제로 비텐베르크 성 교회 정문에 95개의 명제를 적은 대자보를 '못질'했는지는 의견이 분분합니다. 20세기에 들어와 대부분의 학자들은 전설에 지나지 않는다고 생각했습니다. 루터 자신이 이 일에 대해 증언하는 내용이 어디에도 없기 때문입니다. 그러나 오랫동안 루터의 비서로 일했던 게오르그 뢰러가 손으로 쓴 증언이 2007년 발견되면서 루터가 직접 대자보를 붙였다는 주장이 다시 힘을 얻게 되었습니다.*

---

* Scott H. Hendrix, *Martin Luther: Visionary Reformer* (New Haven, CT: Yale University Press, 2015), 61. 우리말로는 『마르틴 루터: 새 시대를 펼친 비전의 개혁자』(손성현 옮김, IVP, 2017)로 번역이 되어 있습니다.

여기서 한 가지 짚고 넘어가야 할 것은 알브레히트 대주교에게 면벌부에 대한 주장을 담은 편지를 보낼 때, 자신의 이름을 처음으로 '마르틴 루터'(Martin Luther)라고 썼다는 사실입니다. 루터의 성은 원래 '루더'(Luder 또는 Ludher)입니다. 그런데 이제는 '루터'(Luther)라고 쓴 것입니다. 왜 그랬을까요? 그리스어로 자유를 '엘류테리아'(ελευθερία)라고 합니다. 루터가 자신의 이름을 '루더'가 아니라 '루터'라고 쓴 것은 그리스도 안에서 자유를 얻은 사람, 어느 무엇에도 매임이 없고 오직 그리스도의 종일 뿐이라는 생각을 이 속에 담아냈다고 해석할 수 있습니다. 성경 외에, 그리고 예수 그리스도를 통해 자신을 보여주신 하나님 외에는 어떤 다른 권위에도 종속되지 않겠다는 결의를, 자신의 이름을 바꾸어 쓰기 시작한 데서 엿볼 수 있습니다.

구원, 은혜의 선물

'오직 성경, 오직 은혜, 오직 믿음.' 이 구호는 구원의 길이 무엇이냐 하는 것과 연관이 있습니다. 구원은 공덕이나 선행이 아니라 예수 그리스도를 통해서, 그리고 예수 그리스도를 통해서 주시는 하나님의 은혜와 이 은혜를 내가 받아들이는 믿음을 통해 받는다는 것입니다. 이 점에서 개신교는 다른 모든 종교와 구별됩니다.

공덕을 이야기하지 않는 종교는 없습니다. 내가 뭔가를 보여야 하고, 내가 그럴 만한 가치가 있어야 한다는 것이지요. 그러므로 공덕을 쌓기 위해서는 선행이 중요하고 개인의 수행 과정이 중시됩니다. 저는 어릴 때 구걸하는 사람이 손을 벌리면서 "적선(積善)하십시오" 하는 말을 자주 들었습니다. '선을 쌓으라'는 말이지요. 먹을 것이나 돈을 주는 것이 선을 쌓는 것이라 보았기에 이렇게 말할 수 있었습니다. 먹을 것이 필요한 사람에게는 먹을 것을 주어야 하고 헐벗은 사람에게는 입을 옷을 주어야 합니다. 뭔가를 필요로 하는 사람에게 필요한 것을 제공해 도움을 주는 것만큼 좋은 일은 없습니다.

그러나 루터는 선행으로, 공덕을 쌓음으로 구원을 얻는다는 생각이 잘못되었음을 알게 되었습니다. 구원은 공덕이나 선행이나 우리 자신이 지닌 어떤 가치 때문에 얻는 것이 아니라, 예수 그리스도 안에서 보여주신 하나님의 사랑을 통해 값없이, 은혜로 받는 것임을 루터는 깨달았습니다. 만일 필요한 조건이 있다면 이 은혜를 수용하는 믿음뿐입니다. 이런 의미에서 구원은 믿음에 대한 선물이고 은혜로 받는 자유요 해방이며, 이로 인해 시작되는 새로운 삶입니다.

그런데 여기에 함정이 있습니다. 오직 믿음으로, 오직 은혜로 구원받았으니 우리는 아무것도 하지 않아도 되고, 이제 구원은 확실하게 얻어 놓았으니 어떻게 살아도 상관없다는 생각입니다. 이런 생각을 최근 들어 '구원파 신앙'이라 부르기도 하지요. ('구원파'가 실제로 이렇게 생각하는지에 대해서는 저는 잘 알지 못합니다. 내가 한번 구원받았다고 믿으면 무슨 짓을 해도, 아무렇게 살아도 상관없이 구원받는다고 가르치는지 그들에게 직접 들어본 적은 없습니다.)

루터의 깨달음과 가르침은 이런 것이 아니었습니다. 루터는 1520년 10월 「그리스도인의 자유」(*Tractatus de libertate Christiana*)라는 글을 씁니다. 교황 레오 10세가 루터에게 보낸 「엑수르게 도미네」(*Exurge Domine*, '주여, 일어나소서')라는 교서에 답하는 논문입니다. 이 교서를 루터는 멜란히톤과 비텐베르크 대학 신학부 학생들과 같이 1520년 12월 10일 저녁, 교황청 법률 문서와 함께 불태웁니다. 그리고 1521년 1월 3일 루터는 교황청으로부터 파문됩니다.

교황 레오 10세에게 보낸 글에서 루터는 믿음의 기능과 관련해서 세 가지를 이야기하고 있습니다.

1. 믿음은 그로 인해 하나님의 의롭다 함이 주어지는 통로입니다. 이때 믿음은 하나님이 누구인지를 알며, 하나님을 받아들이며, 무엇보다 하나님을 절대의존하며 따르는 행위입니다. 루터는 "우리가 신뢰를 두는 곳에 우리의 신, 우리의 하나님이 있다"고 말합니다. 하나님께 절대신뢰를 두면 우리는 어떠한 우상도 우리 앞에 두지 않게 됩니다. 반대로, 하나님을 절대신뢰하지 않고 신뢰할 만한 다른 것을 갖는다면 그 다른 것이 우리에게는 우상 곧 다른 신이 됩니다.

2. 믿음은 우리가 의롭게 됨으로 예수 그리스도와 연합하게

합니다. 로마서 6장을 보면 우리는 세례를 통해 예수 그리스도와 함께 죽고, 함께 살아납니다. 사나 죽으나 우리는 예수와 함께, 한 몸이 됩니다. "내가 그리스도와 함께 십자가에 못 박혔나니 그런즉 이제는 내가 사는 것이 아니요 오직 내 안에 그리스도께서 사시는 것이라"(갈 2:20). 이것이 '그리스도와의 연합'입니다.

3. 믿음은 그리스도와의 연합으로 인해 사랑의 열매 곧 선행의 열매를 맺게 합니다. 루터가 '믿음으로 인한 의롭게 됨'을 말할 때 '오직 믿음'만 강조하고 선행은 배제했다고 생각하는 사람들이 많습니다. 그러나 루터의 책을 직접 읽어 보면 그런 말을 할 수 없습니다. 루터의 논리를 따르면, 만일 선행의 열매가 없다면 우리가 믿는다고 하는 믿음은 참된 믿음이 아니거나 '텅 빈 믿음'에 지나지 않는다고 볼 수밖에 없습니다.

논리학 연습

여기서 저와 함께 잠시 논리학 공부를 한번 해보면 좋겠습니다. 논리의 형식 가운데는 "비가 온다", "바람이 분다"는 방식으로 단정해서 말하는 경우가 있습니다. "비가 오거나 바람이 분다"고 말할 때처럼 둘 가운데 하나를 선택하여 긍정하는 방식도 있습니다. 두 문장을 조건 관계로 연결하여 "만일 비가 오면 땅이 젖는다", "만일 바람이 불면 구름이 밀려간다" 하는 식으로 진술하는 문장도 있습니다. 세 번째 경우는 앞의 조건이 충족되면 뒤의 조건이 뒤따라오는 경우입니다. 이 중에 우리가 이야기하려는 논리 형식은 세 번째 조건문과 관련됩니다.

"만일 비가 오면 땅이 젖는다"는 문장을 보십시오. 이 문장은 두 문장으로 구성되어 있습니다. "비가 온다"는 문장과 "땅이 젖는다"는 문장이 "만일 무엇이라면 무엇이다"라는 조건의 형식으로 서로 연결되어 있습니다. 이 경우, "비가 온다"는 문장은 앞선 조건이기 때문에 '전건'(antecedent)이라 부르고 "땅이 젖는다"는 문장은 뒤따라오는 조건이기 때문에 '후건'(consequent)이라고 부릅니다. 전건이 충족되면 후건도 필연적으로 따라온다는 것이 '긍정 논법'입니다. 전건을 긍정함으로 후건을 긍정하는 방식을 말합니다. 근거가 주어지면 그로 인해 결과를 도출해 내는 논법입니다. "비가 온다"는 문장이 긍정될 수 있으면 "땅이 젖는다"는 문장도 긍정될 수 있다는 말입니다.

그런데 이것을 뒤집어서 "땅이 젖는다"를 긍정할 수 없다고 해보십시오. 다시 말해 "땅이 젖는다"가 부정된다고 해보십시오. 그러면 "비가 온다"도 부정되어야 합니다. 다음과 같은 방식의 논리이지요. "만일 비가 오면 땅이 젖는다. 그런데 땅이 젖지 않았다. 그러므로 비가 오지 않았다." 후건이 주어지지 않기 때문에 전건도 주어지지 않는다고 말하는 것이지요. 이것이 '부정 논법'입니다. 후건이 주어지지 않았기 때문에 그것을 제거(부정)함을 통해서 전건도 제거(부정)하는 논법이라는 뜻입니다. 긍정 논법은 "만일 P이면 Q이다. P이다. 그러므로 Q이다"라고 논리를 전개하고, 부정 논법은 "만일 P이면 Q이다. 그런데 Q가 아니다. 그러므로 P가 아니다"라는 방식으로 논리를 전개합니다.

이왕 시작한 김에 조건문과 관련된 추론을 할 때 오류가 발생하는 경우를 잠시 살펴봅시다. "만일 비가 오면 땅이 젖는다"라고 할 때 "비가 온다"는 문장이 긍정된다면 "그러므로 땅이 젖는다"라고 올바르게 추론할 수 있습니다. 그런데 "비가 오지 않았다. 그러므로 땅이 젖지 않았다"고 추론할 경우는 오류가 발생합니다. 다시 말해 전건을 부정하여 후건을 부정하는 방식은 오류라는 것이지요. 비가 오면 땅이 젖지만 비가 오지 않더라도 땅이 젖을 수 있는 경우를 우리는 충분히 생각해 볼 수 있습니다. 지나가던 소방차가 물을 뿌렸거나 어느 집에서 수돗물이 새어 나와 땅을 적실 수도 있습니다. 돌팔이 의사가 이렇게 말했다고 합시다. "내 약을 먹으면 네 병이 낫는다. 그런데 너는 내 약을 먹지 않았어! 그래서 네 병이 안 나은 거야!" 이런 경우를 논리학에서 '전건 부정의 오류'라고 부릅니다.

반대의 경우도 있습니다. "비가 오면 땅이 젖는다. 땅이 젖었다. 그러므로 비가 왔다." 이것도 오류 추론입니다. 앞의 경우와 마찬가지로 땅이 젖은 근거가 비가 왔기 때문이 아닐 경우도 얼마든지 생각할 수 있습니다. 돌팔이 의사가 "내 약을 먹으면 네 병이 나아. 네 병이 나았구나! 내 약을 먹어서 그래!"라고 말하는 경우와 같습니다. 왜냐하면 돌팔이 의사의 약을 먹지 않았어도 다른 이유로 병이 나았을 수 있기 때문입니다. 후건이 긍정된다고 해서 전건이 반드시 긍정될 수 없기 때문에 이와 같은 추론으로 빚어지는 오류를 '후건 긍정의 오류'라고 부릅니다.

믿음의 결과로 드러나는 칭의와 연합, 그리고 선행의 관계를 방금 이야기한 논리로 생각해 본다고 해봅시다. 믿음과 선행의 관계를 '조건 삼단논법' 형식으로 옮기면 이렇게 말할 수 있습니다. "만일 너에게 참된 믿음이 있다면 너는 선한 삶의 열매를 맺을 것이다. 너에게 참된 믿음이 있다. 그러므로 너는 선한 삶의 열매를 맺을 것이다." 긍정 논법을 적용한다면 이 추론은 타당한 추론입니다. 그런데 이와 달리 선한 삶의 열매가 없다고 해봅시다. "만일 너에게 참된 믿음이 있다면 선한 삶의 열매를 맺을 것이다." 그런데 선한 삶의 열매가 전혀 보이지 않는다면 어떤 결론을 내리겠습니까? 부정 논법을 적용하여 추론하면 "그러므로 너에게는 참된 믿음이 없다"는 결론을 얻게 됩니다. 다시 정리해 보지요. "만일 너에게 참된 믿음이 있다면 너는 선한 삶의 열매를 맺을 것이다. 그런데 너에게 선한 삶의 열매가 없다. 그러므로 너에게 참된 믿음이 없다." 16세기와 17세기 개혁파 정통주의 신학자들은 이와 비슷한 방식을 '실천적 삼단논법'이라고 불렀습니다.

이 논리를 좀 더 적용해 봅시다. 삶에서 선행의 열매가 있다고 해봅시다. 사람들을 구제하고 도와주며 모든 부분에서 도덕적으로 칭송할 만한 사람이 있다고 합시다. 그런 사람은 분명히 삶의 선한 열매가 있다고 말할 수 있겠지요. 그렇다고 참된 믿음도 있다고 해야 할까요? "만일 너에게 참된 믿음이 있다면 너는 삶의 선한 열매를 맺을 것이다. 너에게 선한 삶의 열매가 있다. 그러므로 너에게는 참된 믿음이 있다." 이렇게 추론을 할 수 있을까요? 이 경우는 앞에서 말한 후건을 긍정함으로 전건을 긍정하는 방식입니다. 따라서 '후건 긍정의 오류'를 범한 경우에 들어갑니다.

반대로 "너에게 참된 믿음이 없다. 그러므로 너에게는 삶의 선한 열매를 기대할 수 없다"고 해야 할까요? 이것은 '전건 부정의 오류'를 범하는 경우입니다. 참된 믿음이 없다고 해서 선행이 결여되는 것이 아니고 선행이 있다고 해서 반드시 참된 믿음이 있다고 단정할 수 없다는 말입니다. 이러한 실천적 삼단논법이 보여주는 중요한 교훈은 참된 믿음이 있다면 반드시 삶 속에서 선한 열매가 드러나며, 선한 삶의 열매가 없다면 참된 믿음이 없다는 것입니다.

오직 성경?

루터는 이신칭의에서 멈추지 않았습니다. 교황 레오 10세에게 보낸 글에서 루터는 믿음과 선행은 뗄 수 없는 관계임을 분명하게 보여주었습니다. 믿음은 그리스도와의 연합을 가져오며, 그리스도와의 연합은 필연적으로 선행을 수반한다는 사실을 루터는 개혁 운동 초기부터 강조했습니다. 선행은 구원의 수단이

나 조건이 아니라 믿음의 결과, 믿음이 맺는 열매임을 누구보다 강력하게 주장했습니다.

교회개혁 전통은 우리에게 '오직 은혜', '오직 믿음'뿐만 아니라 '오직 성경'의 유산도 물려주었습니다. '오직 은혜', '오직 믿음'이 구원의 길임을 내가 어떻게 알 수 있는가 하는 물음이 루터의 씨름 가운데 등장합니다. 구원의 확실성을 분명하게 알 수 있는, 말하자면 지식론적 근거를 루터는 찾고자 했습니다. 그의 스승 슈타우피츠는 교회를 의지하라고 권면합니다. 그러나 루터는 교회와 교회 전통이 확실성의 근거일 수 없다고 생각합니다. 그가 찾은 답은 성경입니다. 성경만이 오직 그리스도를 믿는 믿음과 그로부터 오는 은혜로 내가 구원받을 수 있다는 사실을 확실하게 알려 준다는 확신에 루터는 도달합니다.

'오직 성경'은 단지 지식론적 근거에 머물지 않았습니다. 성경은 루터에게 최종 권위가 어디에 있는지 가르쳐 주었습니다. 로마 가톨릭교회는 교황과 공의회와 전통에 권위를 두었습니다. 전통을 해석하고 공의회를 소집하고 심지어 성경을 해석할 수 있는 권한을 교황에게 부여했기 때문에 가톨릭교회에서는 교황이 실제로는 최종 권위입니다. 그러나 루터는 성경만이 유일한 권위를 갖는다고 보았습니다. 성경을 해석할 권한이 교황에게 있는 것이 아니라 성경 자체에 있다고 본 것이지요. 이로부터 "성경은 그 자신의 해석자이다"(Scriptura sui ipsius interpres)라는 해석 원리가 나왔습니다. 그렇다고 루터가 문자주의에 사로잡히지는 않았습니다. 다만 하나님의 말씀인 성경을 읽을 때 성령께서 우리를 깨닫게 하시고 진리를 알게 하신다는 확신이 그에게 있었습니다.

1539년, 루터가 그때까지 독일어로 쓴 글을 모아 전집을 만들 때 서문으로 붙인 글이 있습니다.[*] 여기에 중요한 세 단어가 등장합니다. 오라치오(oratio, 기도), 메디타치오(meditatio, 묵상), 텐타치오(tentatio, 영적 씨름, 영적 시련)입니다.[**]

우리가 말씀을 읽을 때 무엇보다 먼저 해야 하는 것은 기도입니다. 왜냐하면 말씀은 성령 하나님을 통해 쓰였기 때문입니다. 그러므로 말씀을 깨닫고 말씀을 따라 살아가려면 무엇보다 성령 하나님의 도움이 있어야 합니다. 두 번째는 묵상입니다. 루터가 뜻한 묵상은 명상이 아니라 말씀을 입에 담아 중얼거리며 씹고 또 씹어, 그 말씀이 온몸에 스며들도록 하는 행위를 말합니다. 세 번째는 영적 씨름입니다. 영적 시련 또는 고난은 현실의 삶 속에서 무엇을 하든지 말씀을 가지고 씨름하면서, 고난 가운데 말씀대로 살려고 애쓰는 삶입니다. 야곱이 얍복 강가에서 하나님과 씨름하듯 삶 속에서 말씀으로 씨름하며 고난을 겪어야 한다는 말입니다. "기도와 묵상, 영적 씨름이 신학자를 만든다"(*Oratio, meditatio et tentatio faciunt theologum*)는 루터의 말은 이런 배경에서 나왔습니다. 신자가 말씀을 읽고 기도하고 묵상하고 세상의 삶에서 씨름하며 산

---

[*] 『루터 전집』(바이마르판) 50권 657-661.

[**] 루터는 이 세 가지를 "신학을 바르게 공부하는 방법"이라 부릅니다. 강영안, 『읽는다는 것: 독서법 전통을 통해서 본 성경 읽기와 묵상』(IVP, 2020), 137-147을 참고하시기 바랍니다.

다면, 그가 진정한 신학자가 된다는 말입니다. 신학은 단순히 지적인 작업이 아니라 하나님을 이야기하고, 하나님의 말씀으로 살아가며, 일상 속에서 하나님을 찬양하는 행위이기 때문에 루터는 이렇게 말할 수 있었습니다.

여기에도 역시 함정이 있습니다. '오직 성경'을 이야기한다고 해서 성경만 읽으라는 말이 아닙니다. 제가 어릴 때 만난 어느 목사님은 서재가 없었습니다. 그분이 가진 책은 성경책이 전부였습니다. 그리고 요한계시록을 중심으로 언제나 말세 설교만 했습니다. '오직 성경'은 이 목사님처럼 살라는 말이 아닙니다. 루터는 교부들의 책을 포함해서 너무 많은 책이 저술된 것에 대해 불편한 마음을 비쳤습니다. 그러나 성경 외에 다른 책을 읽지 말라는 권유를 한 적은 없습니다. 만일 그랬다면 전집본으로 계산하더라도 100권이 훨씬 넘는 글을 루터는 쓰지 않았겠지요. 그리스도인은 성경 외에 다른 책도 읽어야 합니다. C. S. 루이스의 충고대로, 오늘의 책을 한 권 읽으면 고전도 한 권 읽거나, 이렇게 할 수 없으면 오늘의 책 세 권을 읽으면 고전을 최소한 한 권을 읽으면 좋겠습니다.*

왜 과거의 책을 읽어야 하는가 물으면 저는 우리 인간은 '역사적 존재'이기 때문이라 답하겠습니다. 인간은 역사를 통해 형성되는 존재입니다. 우리가 쓰고 있는 언어, 우리의 사고와 행동 방식, 우리가 먹는 음식이나 집, 어느 하나 우리가 태어나기 이

---

* 루이스의 권고에 관해서는 『읽는다는 것』, 212-213을 보십시오.

전의 먼 과거와 이어져 있지 않은 것이 없습니다. 모두가 역사의 산물입니다. 그렇다고 전통주의를 고수하자는 이야기는 아닙니다. 전통주의는 '산 사람들의 죽은 신앙'입니다. 역사의 산물은 우리 것으로 만드는 노력과 과정을 거쳐야 합니다. 그렇게 해야 '죽은 사람들의 살아 있는 신앙'으로 좋은 전통이 이어집니다.**
책은 전통주의를 고수하는 데 기여할 수도 있고 좋은 전통을 물려주는 수단이 될 수도 있습니다. 문제는 어떻게 읽느냐에 달렸습니다.

책을 읽어야 할 또 다른 이유는 우리가 타인과 함께 세계를 살아가는 존재이기 때문입니다. 만일 책을 읽지 않으면 나는 나의 세계 속에 갇혀 지낼 수밖에 없습니다. 나의 생각과 관념과 편견 속에 갇혀 내가 세계 전체인 듯, 내 생각이 유일하게 참인 듯 착각에 빠져 있을 가능성이 높습니다. 그러므로 끊임없는 독서를 통해 나는 나의 창밖을 내다볼 수 있고, 갇혀 있던 동굴을 빠져나와 타인과 함께 숨 쉬는 넓은 세상을 보고 향유하고 함께 살아갈 수 있습니다. 이와 같은 사정은 신앙을 가진 사람들에게도 마찬가지입니다. 오직 성경만 읽는 사람은 성경조차 제대로 읽을 수 없다고 말해야 할 것입니다.

다른 책은 열심히 읽으면서 성경은 읽지 않는 분에게는 오히려 정반대의 이야기를 해야겠습니다. 성경도 분명히 다른 책과

** Jaroslav Pelikan, *The Vindication of Tradition* (New Haven, CT: Yale University Press, 1984), 65 참조.

마찬가지로 '책'입니다. 그러나 성경은 다른 책과 비교할 수 없는 책이라고 저는 생각합니다. 성경은 사람에게 빛을 비추어 주고 방향을 보여주는 책입니다. "모든 성경은 하나님의 감동으로 된 것으로 교훈과 책망과 바르게 함과 의로 교육하기에 유익하니 이는 하나님의 사람으로 온전하게 하며 모든 선한 일을 행할 능력을 갖추게 하려 함이라"(딤후 3:16-17)라는 말씀처럼, 성경은 우리 삶에 교훈과 책망을 줄 뿐 아니라 우리가 공의롭게 살고 정의롭게 살아가도록 가르쳐 줍니다. 이를 통해 우리가 하나님의 사람으로 빚어지며 선행을 할 수 있는 능력을 얻게 됩니다.

그러나 성경을 어떻게 읽느냐 하는 문제가 있습니다. 성경은 한 번 읽고 덮을 책이 아닙니다. "하나님의 말씀은 살아 있고 활력이 있어 좌우에 날선 어떤 검보다도 예리하여 혼과 영과 및 관절과 골수를 찔러 쪼개기까지 하며 또 마음의 생각과 뜻을 판단"합니다(히 4:12). 그러므로 씹고 또 씹어 묵상하고, 몸에 스며들도록 읽어야 할 책입니다. 이렇게 하려면 우리의 성경 독서는 두 가지를 병행해야 합니다.

하나는 꾸준히 읽어 가는 방식입니다. 다른 하나는 그 가운데 한두 마디 말씀을 계속 붙잡아 내 것으로 만드는 방식입니다. 마트에 다양하고 많은 식료품이 있지만 매일 보는 것만으로는 충분하지 않습니다. 그 가운데 내 몸에 영양을 줄 수 있는 것을 조금씩 입안에 넣고 씹어야 그것이 살이 되고 피가 됩니다. 하나님의 말씀도 마찬가지입니다. 말씀이 우리 몸에, 우리 영에 들어와 우리 자신의 활력이 되어야 합니다. 성경말씀을 생명의 말씀이라 하는 까닭은 성경말씀으로 우리가 소생하고 살아가기 때문입니다.

교회개혁 이후의 예배

교회개혁을 이야기할 때 우리는 예배개혁을 생각하지 않을 수 없습니다. 중세 가톨릭교회에서 미사(the Mass)는 예수 그리스도의 죽음을 지금, 여기에 다시 '재현'(reenactment)하는 행위입니다. 제사장 곧 사제는 예수의 십자가 희생 죽음을 여기서 반복해서 다시 일어나게 하는 일을 맡은 직분자입니다. 동방 교회 전통도 이 점에서는 크게 차이가 없습니다.

하지만 개신교에서 드리는 예배는 예수의 죽음을 지금, 여기에 다시 재현하는 행위가 아닙니다. 오히려 예수 그리스도를 통해 받은 구원의 은혜를 '감사하고 경축하는 일'입니다. 장-자끄 폰 알멘(Jean-Jacques von Allmen, 1917-1994)이 표현하듯이 '구원의 축제'가 예배입니다.* 예배에는 하나님이 먼저 우리의 하나님으로 찾아오십니다. 예배에 참여한 사람은 찾아오시는 하나님께 화답하고, 예수 그리스도를 통해 이루신 구원의 은혜에 감사하며, 삼위 하나님과 우리를 연결해 주시며 거룩하게 하시고 회복

---

* 장-자끄 폰 알멘, 『구원의 축제』(박근원 옮김, 아침영성지도연구원, 2010). 이 책 외에도 로버트 웨버(Robert E. Webber)의 예배에 관한 책들을 모두 찾아 읽어 보십시오. 예배에 대한 오해를 깨뜨려 줄 뿐 아니라 개신교를 넘어서 기독교 전통의 모든 예배를 바르게 이해할 수 있는 틀을 제공받을 수 있습니다.

시켜 주시는 성령 하나님을 찬송합니다. 예수의 살과 피에 참여하는 성찬 예식이 말씀과 함께 예배의 중심에 있습니다.

제2차 바티칸 공의회(1962-1965) 이후 로마 가톨릭교회 안에서도 큰 변화가 일어났습니다. 무엇보다 라틴어가 아니라 자기 나라 말로 예배를 드리게 되고, 일반 성도들의 참여가 두드러지게 되었습니다. 미사 가운데 말씀의 전례 부분에 성도들의 참여가 허용된 것입니다. 하지만 성찬의 전례에는 여전히 성도들이 배제됩니다. 그리고 희생제사라는 기본적인 의미는 바뀌지 않았습니다. 사제는 여전히 제사장이고 제사드리는 일이 가장 중요한 임무입니다. 제사 지낸 다음 제사의 결과인 빵과 포도주를 나누어 주는 역할도 사제가 담당합니다. 과거에는 성찬을 받을 때 일반 성도는 포도주에 참여하지 못했습니다. 지금도 여전히 이 습속(習俗)이 대부분 유지됩니다. 성도들이 포도주 잔에 참여하는 일은 극히 드문 경우입니다.

개신교 예배는 이것을 바꾸어 놓았습니다. 말씀이 중심에 있고, 그 말씀을 듣는 성도들은 하나님께 감사의 찬송으로 응답합니다. 더 이상 구경꾼이 아니라 참여자가 되었습니다. '보는 예배'가 아니라 '드리는 예배'가 되었습니다. 개혁자들은 여기서 한 걸음 더 나아가 우리 삶 전체가 예배임을 강조했습니다. 하지만 삶으로 드리는 이 예배는 아직도 요원한 현실입니다.

루터는 「그리스도인의 자유」를 쓰기 몇 달 전 「독일 그리스도인 귀족들에게 고함」이란 글을 썼습니다. 「교회의 바벨론 포로」와 더불어 이 세 글을 '종교(교회)개혁 3대 논문'이라고 부릅니다. 모두 1520년 한 해에 쓴 글입니다. 「독일 그리스도인 귀족들에게 고함」에서 루터는 세 가지 벽을 이야기합니다. 교황만이 교회 공의회를 소집할 권한을 가졌다는 것과 교황만이 최종적인 성경해석권을 가지고 있다는 것이 두 번째와 세 번째 벽입니다. 이것은 교황과 교황 외 모든 그리스도인 사이를 가로막는 벽입니다. 그런데 이 벽보다 루터가 가장 통렬하게 꼬집어 이야기하는 벽은 첫 번째 벽입니다. 이 벽은 신부와 주교와 추기경과 교황으로 대표되는 '영적 권위의 영역'과 세상 군주나 일반인들의 '세속권의 영역'을 둘로 나누어 서로 침투하지 못하도록 세운 벽입니다. 다른 말로 하면 '성과 속의 벽'입니다.

루터는 이 부분에서 모든 신자가 사실은 교황이고 추기경이고 사제라고 외칩니다. 모든 신자, 모든 그리스도인이 하나님으로부터 거룩한 직분을 받았다는 말입니다. 여기서 좀 더 나아가면 모든 직업, 모든 일은 하나님의 부르심(calling), 하나님의 소명(vocation)이라는 주장에 이르게 됩니다.

우리 삶은 하나님이 주신 선물입니다. 우리의 존재, 우리의 사명, 우리의 지식, 그리고 우리가 함께 살아가는 사람들과 주변 세계 가운데 하나님이 주시지 않은 것이 없습니다. 선물을 받은 사람은 선물을 숨기거나 쌓아 두기만 해서는 안 됩니다. 받은 선물을 선용해야 합니다. 주신 것들을 감사히 여기고, 지금 여기서 감사함으로 누려야 합니다. 비록 병들고 불편하고 어려움이 있다 하더라도, 가장 큰 선물인 하나님을 즐거워하고 그분께 감사하는 삶을 사는 것이 성도들의 과제입니다. 이것도 교회개혁 운동이 우리에게 남겨 준 소중한 유산입니다.

오직 성경, 오직 은혜, 오직 믿음

'오직 성경, 오직 은혜, 오직 믿음'으로 다시 돌아가 봅시다. 이것이 구호로 등장한 시기는 교회개혁이 시작된 16세기가 아닙니다. 루터나 츠빙글리, 칼빈의 글에 '오직 성경', '오직 은혜', '오직 믿음'이 자주 등장합니다만, 이 세 표현이 함께 등장하는 경우를 저는 보지 못했습니다. 대부분이 각각 다른 맥락, 다른 문맥에서 등장합니다. 지금까지 밝혀진 바에 따르면, '미국의 루터'라는 별명을 얻은 칼 월터(Carl F. W. Walther, 1811-1887)가 19세기 중후반 처음으로 '오직 성경, 오직 은혜, 오직 믿음'을 하나로 묶어 쓴 것으로 보입니다.[*]

네덜란드 개혁신학자 헤르만 바빙크는 '성경만, 은혜만, 믿음만'(Scriptura sola, gratia sola, fides sola)이라는 고백에 교회개혁의 원리가 담겨 있다고, 1917년 교회개혁 400주년을 기념하는 한 강연에서 말했습니다.[**] 바빙크의 말은 우리에게 익숙한 표현

---

[*] Henk van den Belt, "Sola Scriptura: An Inadequate Slogan for the Authority of Scripture," in *Calvin Theological Journal 51* (2016), 204-226 가운데 206 각주 6.

[**] Herman Bavinck, "De Hervorming en ons nationale leven," in *Ter herdenking der Hervorming, 1517-1917. Twee redevoeringen, uitgesproken in de openbare zitting van den senaat der Vrije Universiteit op 31 October 1917*, ed. H. Bavink and H. H. Kuyper (Kampen: Kok, 1917), 7.

과 다릅니다. '솔라'가 앞에 오지 않고 뒤에 옵니다. 이런 정황을
미루어 짐작해 보면, 우리에게 익숙한 구호는 교회개혁 400주
년을 기념하는 시기를 전후해서 유행하기 시작했다고 볼 수 있
습니다.

　여기에 '오직 그리스도'와 '오직 하나님께 영광'을 덧붙여 '교
회개혁의 다섯 가지 솔라들'(The Five Solas of the Reformation)이라고
부르게 된 시기는 이보다 훨씬 뒤, 미국에서 라틴어 지식이 대중
가운데 사라지기 시작한 이후로 보아야 할 것입니다. 라틴어를
알았다면 다섯 가지 '솔라들'을 '솔라스'(Solas)라고 하지 않고 '솔
라에'(Solae)라고 했겠지요. 이렇게 해야 라틴어로 복수형을 제대
로 표현해 주기 때문입니다. 그리스도가 유일한 중보자라는 뜻
에서 '오직 그리스도'(Solus Christus)라고 할 때 '오직'은 여성형인
'솔라'가 아니라 남성형인 '솔루스'입니다. 이렇게 라틴어 문법이
무시된 것을 보면 이 구호는 멀리 거슬러 올라가더라도 1930년
대 이후 미국에서 나온 것이라 여겨집니다.

　중요한 것은 '오직'(Sola)을 일절 다른 것을 배제하는 의미로
보지 않는다는 것입니다. '오직 성경'을 말한다고 해서 성경 외에
다른 책과 다른 신앙 전통이나 지적 전통을 완전히 무시해야 한
다는 의미가 아닙니다. 성경을 유일한 권위로 삼아 그 외의 인간
전통을 판단하고 교정하고 수용해야 한다는 의미로 받아들이는
것이 저는 합당하다고 생각합니다.

　'오직 은혜', '오직 믿음'을 말한다고 해서 은혜와 믿음 외에

다른 것은 없어도 된다든지, 무가치하다는 판단을 내리는 것이 아님을 기억해야 합니다. 하나님의 은혜에 대한 감사와 하나님에 대한 믿음에서 우러나온 삶이 매우 중요합니다. 그러므로 개혁자들이 강조한 '오직'은 배제적인 의미보다는 우선성을 부여하는 의미로 받아들임이 좋습니다. 라틴어로 표현하자면 프리무스(primus)로, 무엇보다 '앞서' 중요하게 보았다는 뜻으로 이해할 수 있습니다. 교회개혁자들이 이 표현을 쓸 때 그들의 의도는 성경과 예수 그리스도의 은혜와 믿음이 하나님께서 보여주신 구원의 통로임을 강조했을 뿐 전통이나 교회나 지식을 무시하자는 의도는 아니었기 때문입니다.

운동을 펼치거나 전투를 할 때, 깃발을 내세우고 구호를 외칠 필요가 있습니다. 구호에는 선동하는 힘과 결집하는 힘이 있습니다. 예컨대 칸트는 "감히 알려고 애쓰라(Sapere aude). 자기 자신의 지성을 스스로 사용할 용기를 가지라! 이것이 계몽의 표어이다"라고 그의 유명한 「계몽이란 무엇인가라는 물음에 대한 답변」 첫 문단에 쓰고 있습니다. 칸트는 계몽이란 미성숙에서 인간이 해방되는 것이며, 이때 말하는 미성숙은 자기 자신의 지성을 스스로 사용할 용기가 없어서 남에게 종속된 상태라고 정의합니다. 계몽은 정치와 종교와 교육과 문화 등 인간사 모든 문제와 관련해서 통치자와 성직자, 교육자와 예술가에게 전혀 의존하지 않고 스스로 판단하고 행동하는 것이라는 생각을 칸트는 내놓았습니다. '스스로 생각함'(Selbst-Denken)을 무엇보다 소중하게 생각한 것이지요. 계몽주의 속에 내재된 인간 낙관론을 칸트는 비판했지만, 모든 문제 모든 분야에서 인간 각자가 스스로 생각하고 판단하고, 그것에 근거해 책임 있게 행동하는 주체가 되어야 한다는 생각은 굳게 지켰습니다.

그러나 다른 구호와 마찬가지로 이런 구호도 역시 일면적입니다. 일면만을 부각하기 때문에 구호는 힘을 얻습니다. 만일 모든 면을 전부 고려하고 생각한다면, 사람이 쉽게 그리고 용감하게 행동할 수가 없습니다. 구호는 다른 면은 보지 못하도록 눈가리개 구실을 합니다. 오직 앞만 보고 달리게 합니다. 교회개혁과 관련된 구호도 이 점에서 마찬가지입니다. '오직 성경, 오직 은혜, 오직 믿음'이 제대로 이해되지 않을 때 이 구호는 교회개혁 운동이 마치 칭의론과 구원론에 한정된 것처럼 오도할 가능성이 있습니다.

칼빈이 1542년 말 마르틴 부처의 권유로 작성하여 1543년 제4차 슈파이어 제국회의 전에 신성로마제국 황제와 제후들에게 보낸 「교회개혁의 필요성」(*De necessitate reformandae ecclessiae*)이란 긴 편지글만 보더라도, 교회개혁의 선결 대상은 칭의론과 구원론을 넘어 건강한 신학과 교회정치, 그리고 성찬과 예배개혁이었음을 알 수 있습니다.* 예배개혁은 교회 내의 예배를 새롭게 하는 데

---

* 마르틴 부처의 간곡한 권유를 받고 칼빈이 1542년에 쓴 이 편지는 『칼빈 전집』(*Ioannis Calvini opera quae supersunt omnia*) 6권, 457-534에 실려 있습니다. 우리말로는 『교회개혁: 칼뱅의 종교개혁을 위한 항변서』(김산덕 옮김, 새물결플러스, 2017)로 번역이 되어 있습니다.

머물지 않고 삶의 다른 영역에까지 큰 영향을 미쳤습니다.

칼빈은 예배개혁과 관련해 우상 숭배와 미신적인 요소를 제거하는 일을 무엇보다 급선무로 언급했습니다. 앞에서 이야기했듯이 중세 로마 가톨릭교회의 예배는 그리스도의 희생제사에 중점이 있고, 개신교 예배는 예수 그리스도를 통해 받은 구원의 은총을 감사하는 예식입니다. 이 가운데 그리스도의 살과 피를 나누는 성만찬 예식이 자리합니다. 그런데 개신교 예배에서 성만찬은 중심 자리에서 밀려나 있습니다. 개신교 예배는 구원의 축제로서의 예배를 회복했지만 말씀과 더불어 핵심 자리에 있어야 할 성만찬이 빠짐으로 여전히 반쪽에 머물러 있습니다. 성만찬을 온전히 누리지 못하는 것은 개신교 예배의 비극이라 하겠습니다.

하물며 삶의 예배, 삶을 통해 드리는 예배는 오죽하겠습니까? 교회개혁 운동에서 칼빈이 첫째로 꼽았던 예배개혁은 아직도 갈 길이 한참 멉니다. 그럼에도 교회에서 드리는 예배와 삶에서 드리는 예배가 회복되기를 기대하는 마음을 품게 한 것은 개혁자들이 남겨 준 귀한 유산입니다.

칼빈의 예배개혁

끝으로 칼빈의 글을 천천히 읽어 봅시다. (1)하나님이 어떤 분인지, (2)그분을 어떻게 대하는 것이 예배의 기초인지, (3)그로부터 무엇이 우러나는지, (4)외적으로 사용하는 수단들이 어떤 의미가 있는지, (5)예배를 통해 우리 자신에게 무슨 일이 일어나는지, (6)삶의 방향에 어떤 전환이 있는지 생각하면서 한 문장 한 문장에 우리 자신을 몰입시켜 천천히, 거듭 읽어 봅시다.

예배의 주요한 기초는 하나님을 사실 그대로 모든 덕, 의, 거룩, 지혜, 진리, 힘, 은혜, 관용, 생명 그리고 구원의 유일한 원천으로 인정하는 것이며, 따라서 모든 선한 것의 영광을 하나님께만 돌려드리며 하나님께만 모든 것을 바라는 것으로서, 우리가 무엇을 필요로 할 때 하나님만을 바라보는 것입니다.

이것으로부터 간구함이 생겨나며, 이것으로부터 찬양과 감사의 행위가 생겨납니다. 그런 것은 우리가 하나님께 돌려드리는 영광의 증언입니다. 하나님께서 먼저 우리에게 요구하시는 것은 하나님의 성호의 진실함을 거룩하게 구별하는 것입니다. 이런 것에, 그 위대함과 훌륭함에 합당한 경배를 하나님께 드린다는 숭배가 더해집니다. 이 숭배를 여러 다양한 의식이 보조 수단 또는 도구로서 도와줍니다. 이는 몸과 영혼이 하나가 되어 하나님께 대한 예배를 실행하기 위한 것입니다.

그 후에는 자기부정이 이어집니다. 다시 말해 우리가 육적인 것과 세상을 거절하고 새롭게 변화되고 창조되어, 마음이 새로워지는 것입니다. 이것으로 우리는 이제 자기 자신을 위해 살지 않고 하나님의 지배를 받아 활동하며 하나님께 자신을 맡기게 됩니다. 이런 자기부정으로 우리는 하나님의 뜻에 복종하게 되고 몸을 드릴 수 있게 됩니다. 이렇게 하여 하나님에 대한 두려움이 우리의 마음을 지배하며, 우리 삶의 모든 행동을 통치하게 됩니다.[*]

하나님은 선(善) 자체, 아름다움 자체, 진리와 진실 자체, 거룩함 자체입니다. 삼위 한 분이신 그분을 예배하고, 예배를 통해 그분을 닮아 가는 삶에는 성령 안에서 예수 그리스도와 함께 하나 됨으로 누리게 되는 거룩함과 진실함과 선함과 아름다움이 있습니다. 왜냐하면 하나님은 이 속성들을 지닌 존재 자체이시고 그리스도와 연합한 인간은 하나님의 존재에 참여하기 때문입니다. 자기부정과 하나님께 순종하는 삶으로 이 속성들이 우리 삶 속에서 구체적으로 드러납니다. 이 가운데 하나인 진실, 참, 진리와 관련해 다음 강의에서 살펴보겠습니다.

---

[*] 장 칼뱅, 『교회개혁: 칼뱅의 종교개혁을 위한 항변서』, 18-19.

8강

그리스도인과 진리

참은 사물과 지성의 일치이다

Veritas est adaequatio rei et intellectus.

어느 날 연구실에서 앨빈 플랜팅가의 글을 읽고 있었습니다. 이 가운데 리처드 로티(Richard Rorty, 1931-2007)를 인용하는 구절이 나왔습니다. "Truth is what my peers may let me get away with saying." 이 문장이 무엇을 말하는지 확 들어오지 않아 책을 덮어 두고는 칼빈 신학교에서 함께 가르치고 있는 로널드 핀스트라(Ronald Feenstra) 교수에게 갔습니다. 연구실 문 앞에서 제가 이 문장을 읊었습니다. 그랬더니 "Donald Trump!"라고 외치더군요. 저는 이 문장을 어떻게 번역하면 좋을지 궁금해서 들렀는데 핀스트라는 이 문장이 적용되는 대상을 곧장 말했습니다. 트럼프가 그런 사람이고, 그런 식으로 말하고, 그런 식으로 살고 있다는 말이지요. 앞의 영문은 "진리는 나의 동료들이 내가 그렇게 말하는 것을 옳다고 받아 주는 것이다", "내 동료들이 내가 말하는 편에 서서 그게 옳다고 해주면 그게 진리가 된다" 정도로 옮길 수 있는 문장입니다. 진리/진실/참, 이와 같은 것이 실제로 존재하는 것이 아니라 내 편이 되어 주는 사람들이 하는 말이 진리이고 진실이며 참이라는 것이지요. 그렇다면 내 편이 아닌 사람들이 하는 이야기는 거짓이 됩니다.

포스트 트루스

　내 편에 선 사람들이 옳다고 동조해 주는 것이 곧 참이자 선이며 좋은 것이라고 생각해 보십시오. 그러면 '객관적인 사실'이니 '객관적인 진실'이니 하는 것은 있을 수 없습니다. 모든 사람이 암은 존재하지 않는다는 주장에 동조한다고 합시다. "암은 존재하지 않아. 암 같은 건 없어!" 여기서 한 걸음 더 나아가 이렇게 이야기한다고 합시다. "암이란 그저 의사들이 공포를 조장하기 위해 지어 낸 병이야!" 이에 많은 사람들이 "맞아, 그게 옳아!" 하며 이 말을 따른다면, 이것이 참이고 진실일까요? 그렇게 하면 암이 사라질까요?

　제2차 세계대전 때 아우슈비츠 강제 수용소에서 수많은 유대인이 실제로 죽었습니다. 그런데 음모론을 제기하는 경우가 있었습니다. "아우슈비츠 강제 수용소 같은 것은 없었다!"고 말이지요. 심지어 암스트롱이 달에 착륙한 일도, 2001년 뉴욕의 세계무역센터 빌딩이 무너진 사건도 없었다고 주장하는 사람들이 있습니다. 모두가 음모라는 것이지요. 그런데 있었던 일을 없었다고 주장하고 이 사람들의 편을 드는 사람이 아무리 많다 해도, 있었던 일이 없었던 일이 되고 존재하는 것이 정말 사라질까요?

옳고 그름, 선과 악, 곧 윤리와 관련된 문제도 사정은 마찬가지입니다. 예를 들어, 사람을 죽여 놓고는 나쁜 일이 아니라고 주장할 수도 있습니다. "내 편에 속한 사람이라면 그가 다른 사람을 죽여도 괜찮다. 그건 나쁜 일이 아니다. 도덕적으로 허용될 수 있다"라고 말한다고 해봅시다. 그렇다고 살인을 저질러도 될까요? 이러한 방식의 사고와 행동이 통용된다면, 참과 거짓뿐만 아니라 옳은 것과 그른 것, 좋은 것과 나쁜 것의 구별은 사라지고, 얼마나 많은 사람들이 규합하고 동조하느냐에 따라 무엇을 옳다 하고 무엇을 그르다 하게 될 것입니다. 오늘 우리 주변에 이런 일들이 많이 벌어지고 있습니다.

근래 등장한 말 가운데 '포스트 트루스'(post-truth)란 단어가 있습니다. 옥스퍼드 사전이 2017년 올해의 단어로 선정한 말입니다. '포스트 트루스'는 2016년에 사용 빈도수가 가장 높았고 2017년에는 전년에 비해 사용 횟수가 2,000배나 넘게 늘었다고 합니다. 2016년은 트럼프가 미국 대통령으로 당선되고, 영국이 유럽연합에서 빠져나온 브렉시트를 결정한 해입니다.

옥스퍼드 사전은 '포스트 트루스'를 "어떤 공공 여론을 형성할 때 객관적 사실보다 오히려 감정에 대한 호소와 개인적 신념이 훨씬 더 많은 영향력을 미치는 상황"이라고 정의합니다. 여론을 형성할 때 객관적 사실에 근거하기보다 개인이 가진 주관적인 신념과 감정에 따라 하는 판단이 훨씬 더 잘 받아들여지고 큰 영향력을 발휘하는 상황을 일컫는 말이라는 것이지요. 오늘의 사회와 정치 현상 그리고 사람들이 가진 생각이나 여러 경로를 통해 유포되는 의견들을 보면, 우리나라도 포스트 트루스 상황에 처해 있는 것이 아닌가 싶습니다.

그런데 말도 안 되는, 객관적인 근거가 없는 이야기들이 마치 사실인 것처럼 유포되는 까닭이 무엇일까요? 유튜브와 카카오톡을 통해서, 심지어 학술논문 형식으로 근거 없는 소식과 주장이 유통되는 이유가 무엇일까요? 그것들을 믿어 주는 사람이 있기 때문이라고 저는 생각합니다. 믿어 주는 사람이 아무도 없다면, 가짜 뉴스는 유통되지 않을 것입니다. 믿어 주는 사람이 있기 때문에 그리고 믿어 주는 사람이 그것을 유포하는 매개자가 되어 주기 때문에, 가짜 뉴스가 확산되고 더 많은 사람들이 믿게 됩니다.

가짜 뉴스를 사람들은 왜 믿게 될까요? 답은 간단합니다. 그것이 참이라고 생각하기 때문입니다. '이게 참이야!'라고 생각하기 때문에 다른 사람에게 전달하고, 전달받은 사람도 '이게 참이야!'라고 생각하면서 다른 사람에게 전달하게 되는 것이지요. 모든 사람에게는 '참'에 대한 의식이 있기 때문입니다. 참에 대한 의식뿐만 아니라, 그 참이 혼자 독점할 필요가 있는 것이 아니라면 타인에게 전달하고자 하는 욕구가 있다고 저는 생각합니다. 무엇이 참인 줄 알 때 그것을 혼자 쥐고 있을 사람은 없습니다. 그것이 독점적 소유로 만들 수 있는 것이 아니라면 말이지요. 어디엔가 보물이 숨겨져 있다든지 자신만이 부자가 될 방법이 있다면, 동네방네 그 사실을 알리지는 않겠지요.

가짜 뉴스도 그것을 참이라고 믿는 사람이 있기 때문에 다른 사람에게 퍼지기 마련입니다. 이렇게 퍼진 가짜 뉴스는 하나의 여론이 되고 그 여론은 사람들의 생각에 영향을 주어 가짜 뉴스를 생산한 편에 설 수밖에 없는 상황이 벌어집니다. 이런 방식으로 우리는 정당과 언론, 유사 과학과 가짜 종교에 수없이 속고 있습니다.

그런데 사람들은 왜 말이 안 되는데도 참이라고 믿게 될까요? 이때 말하는 '참'이란 무엇일까요? 참에 대한 오래된 정의로 토마스 아퀴나스의 정의를 들 수 있습니다.

'참'은 라틴어로 '베리타스'(veritas)입니다. 우리말로는 '진리'라고 번역해서 씁니다. '진리'(眞理)는 19세기 중후반 영어의 '트루스'(truth)를 번역하면서 '참된 도리', '참된 이치'라는 뜻으로 만든 단어입니다. 중국 문헌에 등장할 가능성이 없지 않지만 통용되던 말은 분명 아니었을 것입니다. 오늘 우리가 쓰고 있는 대부분의 근대어와 마찬가지로 19세기에 일본에서 만든 것으로 추정됩니다. 그러나 썩 좋은 번역어는 아니라고 생각합니다. 예를 들어 "이것은 성경책이다"라고 하면 "그래, 맞아. 그건 성경책

이야" 또는 "그래, 그게 참이야"라고 말할 수 있지만 "그래, 그 말은 진리야"라고 하는 건 이상하지요. 왜냐하면 '진리'라고 하면 우리는 참된 도리, 참된 이치, 궁극적인 이치, 사물의 진상(眞相)을 늘 생각하기 때문입니다. 그래서 여기서는 베리타스를 '진리'라고 번역하기보다 '참'이라 이해하고 내용을 이어 가도록 하겠습니다.

토마스 아퀴나스는 참에 대해 이렇게 말했습니다. "Veritas est adaequatio rei et intellectus"(참은 사물과 지성의 일치이다). * 아퀴나스가 이렇게 말할 때는 신학적 근거가 있었습니다. 모든 사물은, 눈에 보이는 것이나 보이지 않는 것이나, 정신적인 것이나 물질적인 것이나, 모두 하나님께서 창조하신 것이라는 믿음이 바탕에 깔려 있습니다. 하나님께서 만드신 것 가운데는 지성의 근원이신 하나님의 지성이 반영되어 있습니다. 인간은 하나님의 지성을 얻은 존재로 지음 받았습니다. 그렇기 때문에 사물을 인식할 때마다 인간은 하나님의 지성에 참여하게 됩니다. 하나님은 그 자체로 존재하는 존재자(ens a se)이지만, 인간은 하나님의 존재에 참여함으로 존재하는 존재자(ens per participationem)입니다. 마찬가지로 인간의 지성도 하나님의 지성에 참여함으로 제대로 작동할 수 있습니다. 사물에 대한 우리의 지식과 우리의 진술이 참이

---

* 아퀴나스는 이 말을 9세기 철학자인 이삭 이스라엘리(Isaac Israeli ben Solomon)에게서 인용해 왔다고 밝혔지만, 지금까지 아무도 정확한 출처를 밝혀 내지 못했습니다. 여러 저서에서 '참'에 대한 정의로 계속 언급하기 때문에 이제는 아퀴나스의 사상이라 해도 반론을 펼치는 사람은 없습니다.

될 수 있는 근거는 단순히 우리 바깥에 존재하는 사물만도 아니고, 단순히 우리의 지각 능력 때문만도 아닙니다. 하나님이 각 사물에 부여하신 인식 가능한 구조를 바탕으로 우리가 하나님으로부터 받은 지성을 적극적으로 사용할 때 우리는 사물을 알 수 있고, 사물에 관해서 참된 진술을 할 수 있다는 것이지요.

그러므로 참은 단지 사실과 진술의 관계, 주체와 대상의 관계에 머물지 않고 하나님과 인간과 사물의 상호 관계에서 발생하는 사건입니다. 주관과 객관, 이를 이어 주는 창조주 하나님과 구속주 하나님, 진리를 깨닫게 하시는 성령 하나님의 적극적 개입과 역할이 우리가 무엇을 참이라고 판단할 때 자리하고 있습니다. 아퀴나스는 이런 배경에서 "참은 사물과 지성의 일치"라고 보았습니다. 여기에는 신학적이고 형이상학적인 존재론과 지식론이 깔려 있습니다.

무엇이 참인가?

"참은 사물과 지성의 일치"라는 토마스 아퀴나스의 정의를, 20세기에 와서 러셀과 같은 철학자는 "참은 사실과 진술의 일치"라는 방식으로 표현을 바꾸었습니다. 칸트도 『순수이성비판』에서 참을 "우리의 지식과 대상의 일치"라고 정의합니다. 예를 들어 "이것은 마이크다"라고 했다면, 나의 진술이 사실에 들어맞을 때, 곧 사실일 때 참이라는 것이지요. 진술은 사실과 일치할 때 참이 됩니다. 이때 '사실'은 나의 진술을 참이 되게 만드는 기능을 합니다.

"참은 사실과 진술의 일치"라는 정의에는 참이란 나의 주관적 생각이 아니라 객관적인 사실과 관련되어 있다는 의식이 담겨 있습니다. 왜냐하면 내 진술이 참이냐 아니냐 하는 것은 내가 어떻게 생각하느냐에 달려 있는 것이 아니라 내가 하는 말이 사실이냐 아니냐에 달려 있고, 사실 여부는 실제로 그러한지 아닌지에 달려 있기 때문입니다. 그런데 이제 이 의식조차 깨어져 버렸음을 오늘의 상황이 보여줍니다. 내가 하는 생각, 우리가 동의하는 의견이 중요할 뿐 '사실 자체'는 중요하지 않게 된 것입니다. 우리 편이 주장하는 것, 우리 편이 그렇게 되기를 바라는 바가 참이고 그렇지 않은 것은 모두 거짓이라는 주장이 힘을 얻게 되었습니다.

객관적 지식이나 객관적 사실이 없다는 주장의 시작을 조금 거슬러 올라가면 니체를 지목해 볼 수 있습니다. 니체의 사상을 흔히 관점주의(perspectivism)라고 부릅니다. 우리가 무엇을 지각할 때 어떤 관점을 가지고 본다는 사실은 아무도 부인할 수 없습니다. 예컨대 내 앞에 놓인 테이블을 본다고 합시다. 이때 나는 테이블을 한꺼번에 보지 못합니다. 내가 앉아 있는 장소에서, 내 눈 앞에 보이는 테이블의 한 측면의 그 뒷부분을 배경 삼아 나는 보고 있습니다. 전체를 보려면 내가 이쪽과 저쪽을 돌아다니면서 보거나, 아니면 이렇게 저렇게 테이블을 돌리거나 뒤집어 가면서 보아야 합니다. 이때 내가 곧장 보지 못하는 부분은 보이는 부분 뒤편에 가리어 있습니다. 내가 곧장 지각하지 못한다고 해서 그늘처럼 뒤쪽에 드리운 부분이 없다고 할 수 없습니다. 내가 돌아가 보거나 돌려 보면 볼 수 있습니다. 비교적 큰 테이블뿐만 아니라 손바닥의 모래알 하나조차 나는 한꺼번에 보지 못합니다. 언제나 나는 한 편에서 부분적으로 사물을 지각할 뿐입니다.

사물 전체를 보려면 둘러서 봐야 하고 돌아서 봐야 하고 뒤집어서 봐야 합니다. 그렇게 해서 내가 본 것들을 종합한 결과를 우리는 '지각'이라 부릅니다. 그런데 생각해 보십시오. 이러한 지각 현상을 눈으로 볼 수 있는 대상에 한정하지 않고 우리의 눈으로 볼 수 없는 삶의 현상들, 예컨대 정치나 경제, 문화나 역사, 예술이나 교육에 적용한다고 생각해 보십시오. 손바닥에 있는 모래알은 뒤집어 볼 수 있습니다. 바로 앞에 있는 테이블은 내가 움직이거나 테이블을 움직여 전체를 종합해 볼 수 있습니다. 그러나 우리가 중요하다고 생각하는 대부분의 것들은 이렇게 할 수 없는 대상들입니다.

인간은 신이 아니기 때문에 모든 것을 한꺼번에 보는 '신의 관점'(God's eye view)을 가질 수 없습니다. 그러자면 여러 관점을 한 시점과 한 공간에서 통합할 수 있어야 하는데 이런 시간과 공간이 인간에게는 주어져 있지 않습니다. 인간은 언제나 주어진 시간과 주어진 공간 안에 유한하게 처해 있는 존재입니다. 통합을 시도한다 하더라도 전체를 초월하여 위에서 모든 것을 한 곳에 모으는 방식이 아니라, 주어진 시간과 공간 속에서 마치 벌레가 포복하듯이 기어 다니면서 이것과 저것을 이어 보는 방식으로 할 수밖에 없습니다. 그러니 선택할 수 있는 방법은 관점주의밖에 없다고 하겠습니다. 이것이 니체가 걸어간 방향입니다.

니체의 관점주의가 칸트로부터 왔다고 말하는 분들이 있습니다. 그러나 칸트는 이 점에서 니체와 달랐습니다. 칸트는 감각적으로 수용하는 것들을 전체로 종합하는 능력이 우리에게 있다고 보았습니다. 라이프니츠가 사용했던 용어를 빌려 칸트는 이것을 "통각"(統覺, apperception)이라고 불렀습니다. '자기의식'(Selbstbewusstsein)이라고 부르기도 합니다. 시간과 공간 속에서 현상으로 주어지게 하는 배후의 사물을 칸트는 "사물 자체"라고 불렀습니다.

이 배경에서 보면, 우리에게 주어진 것을 우리가 볼 때 두 가지 조건을 생각할 수 있습니다. 하나는 무엇이 주어질 수 있도록 뒤에서 배경이 되어 주는 '사물 자체', 다른 하나는 주어진 것들을 그냥 단편적으로 또는 파편적으로 지각하는 데 멈추지 않고 하나로 모으는 '통각의 종합 활동'입니다. '통각'과 '사물 자체'는 우리의 인식 범위를 넘어서지만 이로 인해 감성을 통해 주어지는 대상과 주어진 대상을 일정하게 규정하는 지각과 판단이 가능하다고 칸트는 보았습니다. 참이란 우리의 '지식과 대상의 일치'라고 칸트는 이해했고, 이것이 시간과 공간 안에 주어진 대상을 규정하고 통일성을 부여하는 지성활동을 통해 확보된다고 믿었습니다.

그런데 니체는 사물 자체와 통각 개념을 모두 배제했습니다. 사물 자체도 없고 통각 작용도 없고 남아 있는 것은 파편화된 나의 지각활동밖에 없다는 것이지요. 그러므로 모든 것은 내가 어떻게 해석하고 이해하느냐에 달려 있습니다. '객관적 사실'이 아니라 '해석'이 중요하게 되었습니다. 해석에 영향을 주는 것은 곧 "힘을 향한 의지"(Wille zur Macht)라고 니체는 보았습니다. 이 힘은 자신의 존재 유지에 머물지 않고 존재를 증강시켜 주는 힘입니다.

　　앞에서 말했듯이, 칸트를 현대 관점주의의 선구자라 부르는 사람들이 있습니다. 그러나 칸트를 엄밀하게 읽으면 그를 관점주의자라 부를 수 없습니다. 우리는 그것이 무엇인지 알 수 없지만 '주어지는 것'을 현상으로 주어지게 하는 '사물 자체'가 배후에 있고, 주어진 것들을 종합하는 '통각'(자기의식) 능력이 있다고 칸트는 믿었기 때문입니다. '사물 자체'와 마찬가지로 이 통각 주체도 주체적으로는 분명히 의식하지만 대상으로는 그것이 무엇인지 우리가 알 수 없다고 칸트는 말합니다.

　　그런데 신비스럽기조차 한 이 둘을 모두 제거하고 나면 결국 니체가 이야기한 관점주의로 이행할 수밖에 없습니다. 칸트의 관점을 따르지 않은 데리다와 푸코 같은 철학자는 니체를 충실히 따랐습니다. 이들을 따라 생각한다면 우리가 무엇인가를 보고, 말하고, 참이라고 이야기하는 것들은 모두 지배하고 통제하고자 하는 의지에서 나왔다고 말할 수밖에 없습니다. "참이란 우리 편이 동의해 주는 것"이라고 생각한 리처드 로티도 이 점에서 데리다와 푸코와 맥을 같이합니다.

지식을 '힘'과 연관해서 본 사람은 프랜시스 베이컨이었습니다. 그와 관련해서 "아는 것이 힘이다"(*Scientia est potentia*)라는 말이 전해 내려옵니다. (베이컨의 비서였던 토마스 홉스의 말이라고 주장하는 경우도 있습니다.) 무엇을 알면 그로 인해 힘을 행사할 수 있다는 말입니다. 자연이 어떤 방식으로 돌아가는지를 파악하면 우리가 자연을 지배할 수 있다고 그는 믿었습니다. 그렇기 때문에 경험에 의존한 과학 지식을 발견하려고 애썼습니다. 푸코는 우리의 앎의 추구가 사물에 대한 '진리를 찾고자 하는 의지'가 아니라 오히려 사물을 통제하려고 하는 의지의 표현에 불과하다고 보았습니다. 이런 방식으로 현실을 접근하면 '진리'라고 하는 것, 참과 관련된 것은 객관적 실재와 연관된 것이 아니라 지배하고 관리하고자 하는 의지에 지나지 않는다고 보게 됩니다. 지배 대상이 자연에 국한되느냐, 아니면 인간과 사회로 확대되느냐, 심지어 인간이 만물을 지배하는 신이 되느냐 하는 물음이 남아 있을 뿐 지식을 힘과 권력의 수단으로 보는 점에서는 차이가 없다고 하겠습니다. 지식은 참과는 거리가 멀어졌습니다.

정치와 언론과 삶을 힘과 권력의 관점에서 본다고 해보십시오. 그러면 이 영역에 진정한 '참'과 진정한 '옳음'이 들어설 자리가 없습니다. 포스트 트루스가 유행하는 상황은 이런 방식으로 이미 철학적으로 준비되어 있었습니다.

기독교 신앙과 포스트 트루스

포스트 트루스의 상황이 서구 문화권에서 시작된 까닭이 무엇이겠습니까? 기독교 신앙의 쇠퇴가 주된 요인이라고 보아도 크게 무리가 아닐 것입니다. 기독교 신앙이 힘을 잃자 절대 진리에 대한 신념 또한 무너져 버렸습니다. 기독교 신앙이 강하게 영향을 줄 때는 상대주의자들이 있었다 해도 절대적으로 변할 수 없는 진리가 있다는 확신을 많은 사람들이 여전히 품고 있었습니다. 그러나 신도 존재하지 않고, 만일 존재한다 해도 나의 삶에 영향을 미치지 않는다고 생각하게 되면서부터는 절대 진리가 있다고 해도 나의 삶과 무관하다는 생각을 하게 되었습니다. 절대 진리에 대한 신념이 무너지면서 포스트 트루스 상황이 조성될 수 있었다고 생각합니다. 중요한 것은 포스트 트루스가 무엇인지 전혀 모르는 사람도 참과 거짓을 가려내는 기준이나 근거를 객관적 사실이나 증거에 두지 않고, 자기가 속한 편이나 자신의 선호에 두는 방식에 너무 익숙해졌다는 것입니다. 문화 현상 전반에 나타나는 포스트모더니즘이 이러한 흐름에 크게 기여했을 것이라 짐작해 볼 수 있습니다.

물론 포스트모더니즘은 포스트 트루스보다 개념이 내포하는 바가 훨씬 넓습니다. 여기에는 다원성의 문제가 관련될 뿐 아니라 의미의 해체도 연관되어 있습니다. 아마도 오늘만큼 말이 팽창된 시대도 없지만 오늘만큼 말이 의미를 잃은 시대도 없을 것입니다. 말에 신뢰가 있으려면 적어도 말과 사물의 일치에 대한 신뢰가 있어야 하는데 이 신뢰가 깨져 버린 셈입니다.

사실 이것은 최근의 현상만은 아닙니다. 우리는 고대 그리스의 소피스트와 플라톤의 투쟁으로 거슬러 올라갈 수 있습니다. 소피스트들은 말을 사람들 사이에 주고받는 인위적인 수단으로 보았습니다. 그러므로 사람들에게 영향력을 행사하려면 말을 잘해야 한다고 생각했습니다. 영향력은 감동 없이 줄 수 없습니다. 따라서 말을 하더라도 무미건조하게 하지 않고 사람들을 설득할 수 있는 방법에 집중했습니다. 이 기술이 곧 수사학입니다. 수사학은 무엇보다 말을 잘하는 기술입니다. 이 기술을 가르치는 사람들이 자칭 '지혜자'인 소피스트들이었습니다. 이들은 '말의 힘'에 의존했고 사람들에게 영향력을 행사할 때 이 힘이 발휘된다고 믿었습니다. 그러므로 말은 곧 '힘의 말'이 되고 말았습니다.

소크라테스와 플라톤은 말의 의미가 '사물의 본성'과 연관된다고 보았습니다. 삼각형을 '삼각형'이라고 하는 것은 인위적으로 약속했기 때문이 아니라 삼각형이라는 사물의 본성과 연관되기 때문이라는 것이지요. 그렇다면 '말의 힘'은 힘에 있는 것이 아니라 사물의 본성을 따라 본성을 제대로 드러낼 때 발휘될 수 있습니다. 눈에 보이지 않는 본성을 드러내는 일, 본성이 드러나게 하는 일이 다름 아니라 참된 것을 추구하고 참된 것을 말하는 활동입니다. 소크라테스와 플라톤은 우리의 언어와 지식이 사물과 밀접한 관련이 있음을 보여주려고 한 반면, 소피스트들은 그것을 부정하는 방향으로 가려고 했습니다. 똑같은 현실을 오늘 우리가 목도하고 있습니다.

다양한 차원의 '참'

그런데 한 걸음 물러나 생각해 보면, 무엇이 '참'이라고 할 때 어떤 현실, 어떤 삶의 영역과 관련이 있는가 생각해 보는 것이 중요합니다. 다시 말해 사실의 문제인지, 논리의 문제인지, 느낌이나 감정의 문제인지, 삶의 의미와 관련된 문제인지 등에 따라 참의 성격이 다를 수 있기 때문입니다.

앞에서 논리학이 말하는 '긍정 논법'과 '부정 논법'을 이야기했습니다. 긍정 논법은 "P이면 Q이다. P이다. 그러므로 Q이다"이고, 부정 논법은 "P이면 Q이다. Q가 아니다. 따라서 P가 아니다"입니다. 이러한 논법은 형식으로 인해서 참이나 거짓이 되는 논법입니다. 예를 들어, "비가 오면 땅이 젖는다"고 해봅시다. "비가 오면 땅이 젖는다. 비가 온다. 그러므로 땅이 젖는다" 또는 "비가 오면 땅이 젖는다. 땅이 젖지 않았다. 그러므로 비가 오지 않았다"라고 결론을 내릴 수 있습니다. 이때의 참은 논리적인 형식 때문에 언제나 참인 그런 성격의 참입니다.

다른 예를 들어 보지요. "이 책상은 네모나다"라는 문장을 생각해 봅시다. 이 문장은 앞에 놓인 책상을 서술하고 있습니다. "이 책상은 네모나다"라는 진술은 책상이 실제로 네모일 경우, 오직 그 경우에만 참인 진술입니다. 모든 책상이 네모나야 할 이유는 없습니다. 어떤 책상은 둥글 수 있고 세모난 책상도 있을 수 있습니다. 하지만 현재 주어진 책상이 실제로 네모 모양이라면 그 경우에 한해서 "이 책상은 네모나다"라는 진술이 참이 됩니다. 사실과 관련된 진술의 참 또는 거짓은 서술된 내용이 들어맞는가 들어맞지 않는가를 확인해 봄으로 알 수 있습니다.

그런데 역사와 관련된 참은 사실과 연관된다고 하더라도 우리가 감각으로 경험할 수 있는 현실과는 차이가 있습니다. 예를 들어 "세종대왕이 한글을 만들었다"는 이야기를 생각해 봅시다. 이 이야기는 세종대왕이 한글을 홀로 만들었다고 주장하지 않습니다. 집현전 학자들에게 지시해 수년간 연구한 결과로 한글이라는 문자 체계가 확립되었고, 그것을 세종이 통치하던 시절 반포를 하게 된 것이지요.

그렇다고 해서 누구도 "세종대왕이 한글을 만들었다"라는 진술을 거짓이라고 하지 않습니다. 이처럼 역사와 관련된 참은 사실과 연관되지만 "이 책상은 네모나다"라고 진술하는 경우와는 구별됩니다. 여기에는 이 사건이 실제로 있었다는 문헌의 고증이 있어야만 이러한 진술이 참이라고 이야기할 수 있습니다.

참에 대한 또 다른 예로 "주님은 나의 반석"(시 18:2)이라는 말씀을 들어 볼 수 있습니다. "주님은 나의 반석"이라는 진술에는 주께서 나의 반석, 곧 내가 의지하고 기댈 곳이 되신다는 사실의 표현과 더불어 그분에 대한 감사와 찬양이 포함되어 있습니다. 이때의 참은 "그게 사실인가?"라는 물음만으로 드러낼 수가 없습니다. 왜냐하면 이 속에는 감사와 찬양이 함께 담겨 있기 때문입니다. 감사와 찬양은 사실을 토대로 하지만 단지 사실에만 머물지 않고, 사실을 넘어, 사실보다 훨씬 더 강하게 진심과 진실을 표현하기 때문입니다.

또 다른 예로 연인들 사이에 "당신을 사랑해요"라고 이야기하는 경우를 생각해 볼 수 있습니다. 이때의 진술이 지닌 참은 사실에 대한 표현뿐만 아니라 서로를 향한 사랑과 신뢰에 대한 표현이라는 의미에서 참이라고 할 수 있습니다. 다시 말해 "당신을 사랑해요"라고 이야기할 때, 이 표현 속에는 단순히 사랑의 감정 고백뿐만 아니라 사랑의 관계에 계속 머물러 있기를 바라는 마음과 그렇게 하리라는 다짐이 담겨 있습니다. 그러므로 사랑 고백의 참은 단순히 서술에 그치는 것이 아니라 미래의 약속과 약속의 실행과 맞물려 있습니다. 여기에는 분명히 그렇지 않을 수 있는 위험도 포함되어 있습니다. 그렇다고 해서 이것이 사실과 다르다거나 참이 아니라고 할 수는 없겠지요. 참은 이처럼 다양한 차원에서 이야기될 수 있습니다.

성경에서 말하는 '참'

성경에서 말하는 참은 방금 이야기한 여러 종류의 참 가운데 어떤 참에 가까울까요? 예수님이 '참된 포도나무'라고 할 때 참됨은 무슨 의미일까요? 예수님이 실제로 포도나무라는 뜻은 물론 아닙니다. 그러므로 이 경우, 사실과의 일치를 기준으로 쓸 수 없습니다. 그렇다면 식물학적으로, '참된 포도나무'를 순종(純種) 이란 뜻으로 이해할 수 있을까요? 만일 농부가 어느 포도나무를 보고 "저건 참된 포도나무야"라고 말했다고 합시다. 이때 그 말 은 그 포도나무가 순종이라는 의미일까요? 아니면 농부가 열심 히 포도나무를 가꾸고 애를 쓰면 때가 되어 좋은 열매를 맺는 그 런 포도나무를 가리키는 것일까요? 저는 후자에 가깝다고 생각 합니다. 참된 포도나무는 시절을 따라 좋은 열매를 맺는 나무입 니다. 이처럼 신뢰할 수 있는 포도나무를 두고 참된 포도나무라 말하는 것이 우리가 성경에서 볼 수 있는 방식입니다. 예수님을 '참된 포도나무'라고 하는 것은 우리가 예수님을 믿고 따르면, 그 분과 연합하여 풍성한 생명을 얻을 수 있다는 신뢰의 표시입니 다. 신뢰할 수 있는 것, 믿을 수 있는 것이 참입니다.

열매 맺는 나무의 경우, 열매가 부실하지 않고 제대로 익어 야 합니다. 우리말 '참'은 빈 것과 구별됩니다. 꽉 찼다고 할 때, '실(實)하다'고 할 때의 '참'입니다. '신뢰', '믿음'을 뜻하는 '에무 나'(אֱמוּנָה)와 진실, 참, 진리를 뜻하는 '에메트'(אֱמֶת), 우리가 기도를 하면서 '진실로'란 의미의 마침말로 사용하는 '아멘'(אָמֵן)이 모두 '단단하다', '튼튼하다', '견고하게 서 있다', 그래서 '믿을 만하다' 는 뜻을 가진 뿌리말 '아만'(אָמַן)에서 나왔다는 사실은 믿음과 진 실/참이 얼마나 가까운 말인지 보여줍니다.

나무의 참은 어디서 증명됩니까? 성경의 관심은 그것이 순종 이냐 잡종이냐에 있지 않고 좋은 열매를 맺는지 여부에 달려 있습니다. 좋은 나무여야 좋은 열매를 맺습니다(마 7:16-18 참조). 좋은 열매는 그 열매를 맺은 나무가 좋은 나무임을 증명합니다. 그런 나무가 참된 나무입니다. 참된 삶, 참된 말, 참된 사람이라고 할 때 무엇보다 열매가 중요합니다. 마찬가지로 "기독교가 참이다", "성경이 참이다"라는 말은 그 속에 무슨 대단한 '원리'나 '법칙'이 담겨 있다는 뜻으로만 이해하기보다, 기독교 신앙을 가지고 성경말씀을 따라 살면 생명을 얻고 참된 삶의 길을 따라 걸을 뿐 아니라 풍성한 열매를 맺게 된다는 의미에서 참이라고 해야 할 것입니다.

오늘의 문화는 명제적 진리를 싫어합니다. 하지만 기독교는 명제적 진리를 말해야 하지 않을까요? 그럼에도 잊어서는 안 될 것은, 진리는 그것이 가르치는 것과 그 결과가 부합해야 한다는 사실입니다. 말과 사물이 들어맞아야 하고, 이 들어맞음은 결국 삶의 열매를 통해 드러납니다.

오늘처럼 말이 힘을 잃은 시대에는 그리스도인들이 삶으로 보여주는 것이 중요합니다. 자기중심보다는 이웃을 생각하고 타자를 돌보는 삶이어야 합니다. 물질 중심이 아닌 눈에 보이지 않는 가치의 중요성을 따라 사는 삶이어야 합니다. 개인의 삶도 중요하지만, 그럼에도 공동체를 세우고 공동체와 함께하는 삶을 더욱 귀히 여기고 추구해야 합니다. 좌절과 절망에 빠진 삶이 아니라 희망을 보여주는 공동체가 오늘도 가능함을 교회가 보여줄 수 있어야 합니다. 그래야 진리를 소유한 참된 종교요 참된 교회

라고 할 수 있습니다. 그렇지 않다면 아무리 대단한 '진리'를 이
야기하고 '원리'를 소유했다고 내세운다 하더라도 헛된 소리에
지나지 않을 것입니다.

포스트 트루스 시대, 우리는 어떻게 살아야 하는가?

그렇다면 포스트 트루스가 통용되는 이 시대에 우리는 무엇
을 생각하고 어떻게 살아야 할까요?

첫째는 실재론(realism)의 중요성을 고려해야 합니다. 실재론
은 사실, 주어진 현실에서 출발합니다. 사실과 전혀 무관하게, 현
실과 상관없이 무엇을 참이라 할 수는 없습니다. 그러므로 사실
의 존중, 현실의 존중은 우리가 참을 이야기할 때 최소한으로 요
청되는 조건입니다.

"당신을 사랑해요"라고 말한다고 합시다. 사랑한다는 것은 어
떤 감정의 표현만이 아니라 사랑한다는 사실에 근거해서 그 사
실을 언어에 담아 표현하는 것입니다. 사실이 아닌데도 불구하
고 "당신을 사랑해요"라고 한다면 속이는 것이 됩니다. 사실과
관련된다고 하지만 "이것은 책상이다", "이 책상은 네모나다"라
는 서술과 "당신을 사랑해요"라는 서술은 같은 차원에 있지 않습
니다. 여기에는 훨씬 더 인격적인 개입과 참여가 있기 때문입니
다. 동일한 서술방식으로 표현된 참이지만 "당신을 사랑해요"의
경우는 인격적 관계에서의 참이라고 말할 수 있습니다.

그런데 "당신을 사랑해요"라고 사랑의 느낌, 사랑의 감정을

표현하는 것은 단순히 사실의 서술에 그치지 않고 앞으로도 신실하게 그렇게 하겠다는 약속이 담겨 있습니다. 나의 주관, 나의 느낌, 나의 현재뿐만 아니라 미래의 나의 행동도 여기에 담겨 있습니다. 이렇게 보면 여기서 요청하는 실재론은 단순히 사물들의 실재뿐만 아니라 인격과 인격 간의 신뢰를 담지한 '인격적 실재론'이라 부를 수 있습니다.

역사적 사실과 같은 경우도 단순히 어떤 지나간 사실이나 지나간 사건에 대해 나의 감정과 느낌, 내가 원하는 것을 그냥 표현하는 것이 아니라, 그것을 그렇게 할 수 있는 밑바탕, 그 근거 자체는 이미 주어진 사실입니다. 사실이 없는 진실이 아니라 사실에 근거하되, 사실이 여러 가지로 해석되고 이해될 수 있는 그런 방식의 참됨의 추구가 역사와 연관된다고 볼 수 있습니다.

그러므로 역사와 관련된 참은 단순히 내 앞에 있는 책상을 말하는 것과는 다른 차원의 참이라고 볼 수 있습니다. 진실 또는 참에는 과학적인 참만 있는 것이 아니라 도덕적 참도 있고 종교적 참도 있고 미적·예술적 참도 있을 수 있습니다. 또한 인격적 참도 있습니다. 그럼에도 이런 다양한 참의 바탕에는 사실과 사건과 이것들을 보고 평가하는 가치가 함께 어우러져 있다고 보아야 할 것입니다. 가치 없는 사실, 인격적 판단과 개입 없이 사건만을 객관적으로 내세우게 하는 실재론이 아니라 인격적으로 개입하고 판단하고 결단하는, 때로는 자기를 포기하고 타자를 더 앞세우는 방식으로 판단하고 행동할 수 있게 해주는 실재론의 중요성을 저는 귀하게 생각합니다.

둘째로, 전 세계적으로 유행하고 있는 가짜 뉴스들에 대해서는 그것이 사실인지 아닌지를 찾아보고 확인해 보려는 비판적 노력이 필요합니다. 카카오톡 단체 메시지나 유튜브에서 전하는 내용이 신뢰할 수 있는지 우선 회의적인 입장을 취하는 것이 그렇지 않은 경우보다 훨씬 낫다고 생각합니다.

어떤 뉴스이든 참인지 거짓인지 물어볼 필요가 있고, 책일 경우에는 판권이 누구에게 있는지, 기사라면 공신력 있는 매체인지 개인이 자신의 신념을 선전하는 매체인지, 심지어 신뢰할 수 있는 매체라도 다른 매체와 비교하고 확인해 보는 것을 통해서 판단에 이르는 태도가 필요합니다. 누구를 위한 뉴스이고 누구를 위한 소식인지, 단순히 객관적인 사실을 전달하려고 하는지, 아니면 어떤 한 개인이나 그룹 또는 어떤 지역이나 정당의 이익을 대변하기 위해 만들어 낸 뉴스일 가능성은 없는지 고려해 봐야 합니다. 이것이 다름 아닌 비판적 태도입니다.

'비판적'(critical)이라는 말은 원래 '참과 거짓을 가려낸다'는 뜻을 가진 그리스어 '크리네인'(κρίνειν)에서 왔습니다. 비판적인 태도와 직결된 것은 '회의적 태도'입니다. 회의적 태도란 뉴스나 소문을 곧장 수용하기보다는 판단을 일단 유보하는 태도를 말합니다. '회의적'이라고 번역하는 영어 '스켑티컬'(skeptical)은 그리스어 '스켑시스'(σκέψις)에서 왔습니다. 이 말의 동사 '스켑토마이'(σκέπτομαι)는 '찾는다', '모색한다'는 뜻입니다. 무엇을 단정해서 결론을 내리지 않고, 옳은지 그른지 찾아보고 더듬어 보는 태도를 말합니다. 우리에게도 이런 자세가 필요합니다. 중요한 문제라면 판단을 잠정적으로 유보하면서 좀 더 찾아보고 따져 보아야 합니다.

이러한 입장을 고대 회의론자들은 '에포케'(ἐποχή) 곧 '판단중지'라고 불렀습니다. 극단적으로 이쪽이나 저쪽에 치우치지 않기 위해서는 이런 태도가 필요합니다. 그렇다고 이 속에 오래 머물러 있을 수는 없습니다. 어느 순간에는 판단을 내리고 행동해야 하기 때문입니다. 길을 걸어갈 때는 더욱 그렇습니다. 데카르트는 "길 위에서는 회의론자가 되어서는 안 된다"라고 했습니다.

하지만 여전히 스켑시스의 태도, 에포케의 태도는 좌든 우든 어느 쪽에 기울어져 독단에 빠질 때 좋은 해독제일 수 있습니다. 물론 이 해독제를 사용하기가 쉽지는 않지만, 가짜 뉴스, 거짓 뉴스와 소식이 워낙 많이 떠돌아다니는 세상에서 바르게 생각하고 선택하고 행동하기 위해서는 회의적·비판적 태도가 절실합니다.

셋째로, 저는 여기에 한 가지 덧붙여 특별히 그리스도인 형제자매들에게 말씀을 드리고 싶습니다. 포스트 트루스 시대에 그리스도인들은 성경에서 이야기하는 공평과 공정의 태도를 가져야 합니다. 공평과 공정은 무엇보다 사실을 그대로, 정직하게 이야기하는 태도에서 찾을 수 있습니다. 아리스토텔레스는 참과 거짓을 이런 방식으로 이야기한 적이 있습니다. "무엇인 것을 무엇이라고 말하고 무엇이 아닌 것을 아니라고 하는 것이 참이고, 무엇이 아닌 것을 무엇이라 말하고 무엇인 것을 아니라고 말하는 것이 거짓이다." 위대한 철학자가 이야기한 것치고는 너무나 상식적이지요? 그런데 지금은 무엇인 것을 무엇이라고 이야기해도 믿지 않고, 무엇이 아닌 것을 아니라고 해도 믿지 않는 현상이 벌어지고 있습니다.

이럴 때일수록 그리스도인들은 무엇인 것은 무엇이라고 말하고 무엇이 아닌 것은 아니라고, 사실 그대로 정직하게 보고 정직하게 말하려고 애써야 합니다. 성경에 자주 나오는 표현을 보면, 하나님은 사람을 외모로 취하지 아니하시는 분입니다(행 10:34, 갈 2:6). 그리스도인은 이 점을 배워야 합니다. 어떤 사실이나 사람을 대할 때 외모로 취하거나 편견을 갖지 말고 공정하고 정직하게 보려고 애써야 합니다.

그리스도인이 노력해야 하는 이유

끝으로 한 가지 질문을 던지겠습니다. 앞에서 이야기한 세 가지 노력을 그리스도인이 실천해야 할 까닭이 있을까요? 그리스도인도 어느 한쪽 편에 서서 다른 한쪽을 공박하고 배척해야만 할까요?

어떤 사회이든 신뢰 없이는, 믿음 없이는 건강하고 굳건하게 설 수가 없습니다. 신뢰받는 사회를 형성하기 위해서라도 그리스도인들은 참과 거짓에 관심을 가지고 자세히 들여다보아 거짓이 진실을 뒤덮는 일이 없도록 노력해야 합니다. 에베소서 4장을 보면 이런 내용이 있습니다.

> 우리가 다 하나님의 아들을 믿는 것과 아는 일에 하나가 되어 온전한 사람을 이루어 그리스도의 장성한 분량이 충만한 데까지 이르리니 이는 우리가 이제부터 어린아이가 되지 아니하여 사람의 속임수와 간사한 유혹에 빠져 온갖 교훈의 풍조에 밀려 요동하지 않게 하려 함이라(엡 4:13-14).

"그리스도의 장성한 분량", 그리스도의 성숙한 정도에 이르기까지 자라가라는 권유를 사도 바울이 하고 있습니다. 그렇게 하는 목적은 "어린아이가 되지 아니하여 사람의 속임수와 간사한 유혹에 빠져 온갖 교훈의 풍조에 밀려 요동하지 않게" 하기 위함입니다. 성숙함의 표시가 사람들의 속임수와 간사한 유혹에 빠지느냐 빠지지 않느냐, (제가 설명한 방식으로 하면) 비판적·회의적인 사고를 통해 참인지 거짓인지 가려내고자 하는 자리에 이르느냐에 달려 있다고 하겠습니다.

사도 바울은 이어서 "오직 사랑 안에서 참된 것을 하여 범사에 그에게까지 자랄지라. 그는 머리니 곧 그리스도라"(엡 4:15)라고 이야기합니다. 여기서 "참된 것을 하여"는 '참된 것을 말하여' 또는 '참된 것을 행하여'라고 번역할 수 있습니다. 그리스도인은 그리스도의 성숙한 정도에까지 자라가야 하는데, 그 기준이 사랑 안에서 참을 말하고 사랑 안에서 참됨을 행하는 데 있다는 말입니다. 참된 것을 말하고 행하되 개인의 이익을 도모하지 말고 사람과 공동체를 세우고 살리는 방식으로 하라는 것이지요. 이렇게 하여 범사에 그리스도에게 이르기까지 그리스도인이 자라가야 한다고 사도 바울은 가르치고 있습니다.

우리는 지금 평안하지 않은 시기에 살고 있습니다. 양극화가 심해지고, 사회는 점점 더 다원화되는 상황입니다. 전통도, 권위도, 전통 종교도 해체되고 있습니다. 그럼에도 참된 것에 대한 갈증, 진정한 것에 대한 갈증이 우리 사회와 문화 속에 있다고 저는 생각합니다. 오늘처럼 이렇게 의견이 분열되고 편 가르기가 심한 사회에서 그리스도인이 할 수 있는 역할은 어느 편에 서서 좌파냐 우파냐 편 가르기에 편승하는 것보다, 무엇이 참인지 무엇이 사실인지를 가려내고, 그 참된 것에 따라 살고자 노력하는 것이 아닐까 생각합니다.

오늘날 사람들의 마음을 울리는 단어 가운데 하나가 '진정성'입니다. 영어로는 '오텐티시티'(authenticity), 독일어로는 '아이겐틀리히카이트'(Eigentlichkeit)라고 합니다. 철학자 하이데거가 1927년에 쓴 『존재와 시간』(Sein und Zeit)에 등장하는 개념입니다. (이는 키에르케고어에게 연원을 두고 있는 말입니다.) 하이데거는 이것을 진정한 자기 자신을 찾는 일과 연관시켜 보았습니다. 대중의 평균적인 사고와 삶의 방식에 빠지지 않고 자신의 존재를 자각하는 삶의 방식을 일컫는 말이지요.

최근에는 캐나다 철학자 찰스 테일러(Charles Taylor, 1931-)가
'진정성'을 중요한 개념으로 다시 쓰기 시작했습니다. 이때 진
정성은 자기 자신이 되는 것입니다. 테일러는 전통적 자아를 안
과 밖이 서로 드나들 수 있고 너와 나 사이가 완전히 막히지 않
아 서로 통하는 의미의 자아란 뜻으로 "구멍 뚫린 자기"(the porous
self)란 표현을 씁니다. 나와 너, 나와 공동체 사이가 구별은 된다
고 해도, 마치 구멍 난 벽처럼 여기저기 구멍이 숭숭 뚫려 있어
바람이 안팎으로 드나들듯이 열려 있는 자아를 일컫습니다. 이
에 반해 오늘의 자아, 근대적 자아는 나와 너 사이에 탄탄한 칸
막이가 쳐진 자아란 뜻으로 "완충막이 있는 자기"(the buffered self)
라고 부릅니다. 전통사회의 '구멍 뚫린 자기'는 개별성이 무시되
는 위험이 있었지만 현대의 '완충막이 있는 자기'는 타자와의 소
통이 불가능하게 될 위험이 있습니다. 건강한 진정성은 자기성
을 확립하면서도 타자에게 열린 관계, 책임 있는 소통의 관계, 초
월을 향해 열려 있는 관계일 때 가능합니다.[*]

지금까지의 논의를 베드로전서 3:15 말씀과 연관해 보겠습
니다. 그리스도인에게 필요한 것은 무엇보다 그리스도를 주로
삼아 거룩하게 사는 삶입니다. 이것은 우리의 마음, 심장, 가슴,
다시 말해 우리의 삶의 중심과 관련되어 있습니다. 그리스도께
서 주인이 되실 때 우리는 자유인이 됩니다. 자유인으로서 우리

---

[*] Charles Taylor, *A Secular Age* (Cambridge, Massachusetts: The Belknap Press of Harvard
University Press, 2007), 35-43, 134-142.

는 섬기는 이로 살 수가 있습니다. 우리가 자유 가운데 섬김의 삶을 살 때 우리 자신에 가장 가까운 삶, 진정한 자신의 삶을 누리게 됩니다.

두 번째는, 소망의 이유를 묻는 사람에게 답할 준비를 하라고 베드로는 말합니다. 그리스도를 주로 삼는 삶이 가슴으로 하는 것이라면, 소망의 이유를 묻는 사람에게 답할 준비를 하는 삶은 머리로 하는 것이지요. 그러자면 다른 종교도, 다른 사상과 생각도 알아야 합니다. 두말할 필요 없이 그리스도인이 무엇을 믿는지, 믿음의 내용에 관해서도 깊고 넓게 공부해야 합니다.

세 번째 삶의 태도는, 온유와 두려움, 존경의 삶을 사는 것입니다. 손발로, 몸으로 이것이 표현되어야 합니다. 타인을 대할 때 나의 눈빛이 어떠하고 나의 낯빛이 어떠한지, 내미는 나의 손이 어떠한지도 우리 삶에 중요합니다. 다른 생각을 하는 사람을 대할 때도 우리는 온유와 존경의 마음으로 임해야 합니다. 무엇이 참인지 알면서, 진정으로 자유로운 가운데 섬기는 자세로 살아갈 수 있는 사람은 타인을 온유와 존경의 마음으로 넉넉하게 대할 수밖에 없습니다. 그렇지 않다면 참 가운데서 자유를 얻지 못한 것이지요. 참, 진실, 진리는 우리 삶과 신앙에 매우 중요한 가치요 추구해야 할 삶의 내용입니다.

이제 다음 강의에서는 정신세계를 혼란케 하는 포스트 트루스 현상 못지않게 전 세계인의 삶을 교란시키고 있는 팬데믹 상황을 어떻게 생각할지에 대해서, 우리나라에서는 스피노자의 말로 알고 있는 "내일 지구에 종말이 오더라도 나는 오늘 사과나무를 심겠다"는 말을 실마리 삼아 함께 생각해 보겠습니다.

9강

코로나 시대의 그리스도인

내일 지구에 종말이 오더라도 나는 오늘 사과나무를 심겠다

Und wenn ich wüsste, dass morgen die Welt unterginge,
so würde ich noch heute mein Apfelbäumchen pflanzen.

후대의 역사가들은 2020년과 2021년을, 온 세계로 퍼진 전염병(pandemic)으로 지구인들이 큰 고통을 경험한 해로 기억할 것입니다. 유럽에서는 코로나바이러스 감염증(COVID-19) 사태가 제2차 세계대전 이후 최대의 타격이란 말이 나오고 있습니다. 전염병으로 전 세계가 이토록 속수무책이 된 일은 100년만에 처음입니다. 1918년 '스페인 독감'으로 지구 전역에서 약 5,000만 명에서 1억 명이 사망했고, 우리나라에서도 14만 명 넘게 죽었다고 전해집니다. 그런데 이번 전염병이 얼마나 많은 사망자를 낼지 아무도 예측하지 못하고 있습니다. 많은 나라가 국경을 통제하고, 경제 활동은 위축되고, 일상은 교란되었습니다.

"이 또한 지나가리라"는 체념 섞인 희망을 표현하지만 코로나19 이후의 세계가 그 이전과 같을 수 없으리라는 점 외에는 사람들의 사고와 행동에 무슨 변화가 있을지 아무도 정확하게 내다보지 못합니다. 그럼에도 "내일 지구에 종말이 오더라도 나는 오늘 사과나무를 심겠다"는 말을 떠올립니다. 왜냐하면 우리에게 목숨이 아직 붙어 있는 한, 우리는 오늘 해야 할 일을 하고 내일을 기다려야 하기 때문입니다. 참혹한 상황에서조차 희망을 버리지 않고 다가올 세대를 생각하며, 그들이 살아갈 세상을 지금, 여기서 만들어 주는 일은 살아 있는 자의 의무일 것입니다. 이런 의미에서 "내일 지구에 종말이 오더라도 나는 오늘 사과나무를 심겠다"는 말은 우리가 희망을 잃지 않도록 상기시켜 주는 귀한 말이라고 저는 생각합니다.

루터가 본 전염병

"내일 지구에 종말이 오더라도 나는 오늘 사과나무를 심겠다." 언젠가부터 사람들이 이 문장을 종종 인용하는 모습을 보게 됩니다. 칼럼니스트나 비장한 다짐을 표현하는 정치가들, 심지어 철학을 전공하는 사람들도 이 말을 인용합니다. 그러면서 한결같이 네덜란드 철학자 스피노자가 이 말을 했다고 밝힙니다. 그런데 유럽, 특히 독일에서는 이 말을 교회개혁자 마르틴 루터의 말로 모두 알고 있었습니다.

루터가 고등학생 시절을 보냈던 아이제나흐 집에는 이런 기넘비가 세워져 있습니다.

> 내일 세상이 무너질 것임을 알았다고 해도 나는 오늘 나의 사과나무
> 를 심을 것이다. -마르틴 루터
> (Und wenn ich wüsste, dass morgen die Welt unterginge, so würde
> ich noch heute mein Apfelbäumchen pflanzen. –Martin Luther).

네덜란드의 스피노자 기념관이나 스피노자가 머물렀던 그 어느 곳에도 이런 문구는 없습니다. 스피노자와 아무 상관이 없기 때문입니다.* 반면 독일 사람들은 루터가 이 말을 했다고 믿고 루터를 기념하는 행사를 할 때 사과나무를 심는 일을 종종 해 왔습니다. 교회개혁 500주년을 맞이하던 2017년에도 각 나라에서 가져온 나무 500그루를 루터의 도시 비텐베르크에 심으면서 사과나무를 빠뜨리지 않았습니다.

　'루터가 정말 이 말을 했을까? 이 말을 했다면 무슨 뜻으로 했을까? 지구의 종말과 사과나무가 무슨 상관이 있을까?' 이 물음에 대해서는 이 글이 끝나는 부분에서 다시 다루기로 하고, 여

---

* 　유독 우리나라에서만 이 말을 스피노자가 했다고 이야기하는 근거는 현대 한국사를 연구하는 서강대 최기영 교수의 전언을 따르면, 1962년 4월 5일자 「조선일보」 "만물상"에 실린 짧은 글입니다. 여기서 필자는 나무 심기를 독려하면서 "비록 來日 世界의 終末이 오더라도 나는 사과나무를 심겠다"고 '스피노자인가 누군가가 말했다지만'으로 불확실하게 표현했습니다. 이다음에는 모두 이 말을 스피노자가 한 말로 단정해서 말했습니다. "만물상"의 필자가 누군지는 모르나 한 사람의 오류가 모든 국민의 상식의 오류를 가져온 경우라 하겠습니다.

기서는 먼저 오늘과 같은 전염병 상황에서 그리스도인이 어떻게 처신해야 하는지를 루터의 삶에 비추어 알아보겠습니다.

현재는 폴란드 지역이 된 실레시아의 브레슬라우의 교회개혁에 앞장섰던 요한 헤스(Johann Hess, 1490-1547) 박사가 1527년 여름 루터에게 편지를 보내 이런 질문을 던집니다. "그리스도인이 페스트를 피해 도망갈 수 있는가?" 루터는 그해 여름 어지럼증으로 고생하던 중이라 첫 번째 편지에 답을 하지 못하고 있었습니다. 그러다가 루터가 살고 있던 비텐베르크에도 페스트가 발병하여 희생자가 생기기 시작할 때 동일한 질문을 담은 두 번째 편지를 받았습니다. 라이프치히에서는 도미니크 소속 수사가 페스트를 피해 도망갔다는 소문이 들려왔고, 비텐베르크 주민 가운데도 도시를 빠져나간 사람들이 있다는 풍문이 있었습니다. 루터는 펜을 들어 헤스에게 답장을 씁니다. 이 답장은 『죽음 앞에서 도망가도 되는가?』(Ob man vor dem Sterben fliehen möge?, 1527)라는 제목의 소책자로 그해 12월 비텐베르크에서 출판됩니다.**

루터는 당시 모든 그리스도인과 마찬가지로 페스트를 하나님의 심판으로 보았습니다. 그는 사탄 마귀가 이 가운데서 사람들을 유혹하고 절망하게 만들며 그로 인해 즐거워한다고 묘사합니다. 그러므로 전염병을 대할 때 먼저 해야 할 일은 자기를 돌

** 루터의 이 글은 『루터 전집』(바이마르판) 23권 339-379, 영어판 전집 *Luther's Works*, 43권 115-138에 실려 있습니다. 여기서는 모두 독일어판을 인용합니다.

아보고, 죄를 회개하고, 일주일에 한 번은 성찬에 참여하여 죽음을 준비해야 한다고 말합니다. 하나님이 모든 과정을 통제하시며 삶과 죽음은 하나님의 섭리와 자비에 달려 있기 때문에 그리스도를 믿는 사람은 불안해하거나 염려할 필요가 없다고 충고합니다. 전염병이 퍼진 상황에서 죽음을 피해 도망가는 사람이나 두려워하지 않고 현장에 남아 있는 사람이나 모두 하나님의 섭리 아래 있음을 루터는 강하게 말합니다. 위험의 상황에서도 하나님이 원하시면 건져 주실 것이고, 안전해 보이는 상황에서도 하나님이 원하시면 죽음을 허락하실 것이라는 믿음을 가지고 있었습니다.

루터는 과학과 상식을 부정하지 않습니다. 약품과 의술은 하나님이 사람들에게 주신 선물이기 때문에 할 수만 있다면 약을 사용하고 치료를 포기해서는 안 된다고 충고합니다. 그는 페스트의 전염 경로를 공기로 생각해서, 공기를 맑게 하고 주위 환경을 소독하며 환자와 접촉하지 않도록 격리하여 돌보아야 한다고 말합니다. 심지어 시 당국과 국가가 병자들을 수용할 수 있는 공공 병원을 직접 운영해야 한다고 강조합니다. 이것이 가능하도록 신자들에게도 헌금을 하도록 독려합니다.

이와 같은 태도를 가지고 루터는 "전염병이 유행하는 곳에 머물러 있어야 하는가, 아니면 피신을 해도 상관없는가?"라는 질문에 답합니다. 루터는 이 문제로 고민하는 대상이 어떤 자리에 있는지, 어떤 믿음을 가졌는지를 묻습니다. 그 사람이 영적인 자리에 있는가, 시민들을 돌보는 자리에 있는가, 아니면 그와 상관 없는 자리에 있는가? 믿음이 강한 사람인가, 약한 사람인가? 어쩌면 루터의 답은 간단합니다.

영적인 임무가 있거나 공직자로서 사람들을 맡아 지켜야 한다면 그 사람은 전염병이 창궐하는 상황이라도 그곳에 머물러야 한다고 봅니다. 사람들을 돌볼 인력이 충분하다면 그 밖의 사람들은 죽음을 피해 피신하는 것이 현명하다는 의견을 루터는 내놓습니다. 어떤 상황이라도 하나님이 지켜 주시리라는 믿음을 가지고 자기가 있는 자리에 계속 머물기를 원하는 사람이 있다면 그렇게 하지 말라고 할 이유가 없다고 루터는 생각합니다. 그러나 생명을 위해 피신을 원한다면 이것 또한 만류할 이유가 없다고 주장합니다.

루터가 제시하는 논거는 이해하기 어렵지 않습니다. 영적 사역자, 시민들을 돌보는 공직자, 그리고 의사와 간호사가 전염병이 돌고 있는 자리에 남아 있어야 할 까닭은 하나님이 그들에게 맡긴 임무 때문입니다.

루터는 악한 영이 공기나 호흡을 통해 육신에 독을 불어넣어 사람들에게 전염병을 퍼뜨린다고 보았습니다. 악한 영은 두려움과 공포심을 사람들에게 불어넣어 생명이요 빛이신 그리스도를 잊어버리게 할 뿐 아니라 그리스도를 잃게 만들고 곤궁에 처한 이웃을 내버려 두게 합니다. 그러므로 사람들을 돌보는 임무를 가진 사람들은 전염병이 하나님의 작정이며 심판이므로 인내

하면서 순종하는 마음으로 받아들이되, 그리스도가 "우리를 위하여 목숨을 버리셨으니 우리가 이로써 사랑을 알고 우리도 형제들을 위하여 목숨을 버리는 것이 마땅하니라"(요일 3:16)라는 말씀처럼, 위험을 무릅쓰더라도 이웃의 생명을 살려내고 돌보기 위해 끝까지 섬겨야 한다고 말합니다.

1527년 비텐베르크에 페스트가 퍼지자 요하네스 선제후는 편지를 보내 루터와 비텐베르크 대학 교수들이 예나로 옮기도록 권고했습니다. 다른 사람들은 모두 예나로 피신시켰지만 루터와 그의 친구 요하네스 부겐하겐, 그리고 대학 교목 두 사람은 비텐베르크에 남아 사람들을 돌보았습니다.

루터는 전염병이 돌고 있는 자리를 떠나는 사람들의 정당성에 대한 논거를 각자 자신의 생명을 돌보아야 할 의무와 연관시키고 있습니다. 땀 흘려 양식과 의복을 위해서 일할 수 있는 권리와 의무가 우리에게 있다면, 이보다 더 귀한 목숨(마 6:25)을 보전하기 위해 임박한 죽음의 질병을 피하는 것보다 더 적절한 일이 어디 있겠느냐고 루터는 묻습니다.

루터는 믿음이 강한 사람이 헐벗음이나 배고픔을 감수한다면, 그 사람은 그렇게 해도 된다고 보았습니다. 하지만 이런 사람이 생명을 보전하기 위해 도망가는 사람을 정죄한다면, 그 행위는 옳지 않다고 말합니다. 루터는 아브라함과 이삭과 야곱, 그리고 다윗과 엘리야와 모세를 생명을 보전하기 위하여 피신한 사람들의 예로 듭니다. 이들은 이웃에 해를 끼치지 않으면서 자신의 생명을 보호해야 할 의무를 지켰습니다. 그들이 페스트를 피해서 피신한 것은 아니지 않느냐고 반문하는 사람들에게 루터는 단호하게 말합니다. "죽음은 죽음입니다. 그것이 어떻게 닥치더라도!"(*Tod ist Tod, Er kome wo durch kome.*)

집에 불이 났을 때 하나님의 심판이란 명분으로 피신하지 않고 고스란히 집과 함께 타 죽겠느냐고, 깊은 물에 빠졌을 때 헤엄쳐 살려고 발버둥치지 않고 하나님의 심판을 받겠다는 명분으로 그냥 빠져 죽겠느냐고 루터는 묻습니다. 그렇게 하고 싶은 사람은 그렇게 하더라도, 살 수 있는 사람조차 그렇게 해서 죽도록 하는 일은 제발 하지 말라고 권고합니다.

죽음의 위험이 있는데도 굳건하게 자신의 자리를 지키는 사람은 이렇게 기도하라고 루터는 권합니다. "주님, 저는 주님의 손에 있습니다. 주님이 여기까지 저를 지켜 주셨습니다. 주님의 뜻대로 하옵소서. 이루어지길 빕니다. 저는 주님의 하찮은 피조물에 지나지 않습니다. 주님은 제가 불이나 물이나 가뭄이나 다른 위험에 처할 때와 마찬가지로, 이 전염병으로 저를 죽일 수도 있고 보전할 수도 있습니다." 반면, 죽음을 피해 도망갈 수 있는 사람은 이렇게 기도하라고 권합니다. "주 하나님, 저는 연약하고 두렵습니다. 그러므로 저는 악을 피하여 저를 보호할 수 있는 일을 합니다. 저를 엄습할 수 있는 위험들과 마찬가지로 이 위험 속에서도 저는 주님의 손에 있습니다. 주님의 뜻대로 하옵소서. 참혹함이나 위험은 어디에나 있기에 제가 피신한다고 제가 살 수 있는 것은 아닙니다. 더구나 사탄은 졸지 않고 깨어 있습니다. 사탄은 처음부터 살인자요(요 8:44) 어디에나 살인과 불행을 저지릅니다." 두 가지 상반되어 보이는 결정과 기도가 모두 가능하다고 루터는 생각합니다.

전염병에 처한 사람들에게 루터가 행동 지침을 설명할 때, 적어도 세 가지 규칙이 그의 사고를 지배하고 있음을 그의 글에서 발견합니다. 제가 본 첫 번째 규칙은 앞에서 이야기했듯이 '자기 자신의 건강과 생명을 돌보라'는 것입니다. 이와 관련된 두 번째 규칙은 '남에게 네가 대접받고 싶은 대로 너도 남을 대접하라'는 황금률의 상호성 원칙입니다. 내가 아플 때 도움을 받고 싶으면 너도 아픈 사람을 도와주라는 말입니다. 세 번째 규칙은 이웃 사랑의 원칙입니다. 이 가운데서도 특별히 '약자를 언제나 먼저 생각하라'는 권고가 이웃 사랑의 원칙에서 중요합니다.

루터 당시 그리스도인들 가운데는 재난이나 질병은 모두 하나님의 심판이기 때문에 참고 기다리며 받아들여야 한다고 주장하면서, 죽음을 피해 도망가는 사람들을 믿음이 적다고 비난하는 사람들이 있었던 모양입니다. 죽음을 아무렇지 않게 생각할 정도로 강한 믿음을 가진 사람들을 누가 비난할 수 있겠느냐고 루터는 말하지만, 그가 볼 때 강한 믿음을 가진 이가 있는가 하면 약한 믿음을 가진 이도 있었습니다.

그러므로 모든 사람에게 동일한 짐을 지울 수 없습니다. 믿음이 강한 사람은 독을 마시더라도 해를 입지 않지만(막 16:18) 믿음이 약한 사람은 죽을 수도 있습니다(마 14:30). 그러므로 강한 사람과 약한 사람이 같이 길을 떠나더라도 약한 사람이 죽음을 무릅쓰고 따라오느라 애쓰지 않도록 강한 사람이 걸음을 조절해 주어야 합니다. 루터는 이처럼 예수님이 약한 이들을 버리지 않으신다고 설교하며, 약한 이를 언제나 먼저 고려해야 한다는 원칙을 내세웁니다. '약자 우선' 원칙은 노약한 부모나 종, 고아나 병자를 먼저 돌보아야 한다는 루터의 주장에서도 드러납니다. 고아나 병자의 경우, 피신할 수 있는 사람은 피신하되 그들을 돌볼 사람이 반드시 남아야 하며, 여의치 않은 경우에는 그들을 반드시 안전한 곳으로 옮겨 돌보아 주어야 한다고 루터는 가르칩니다.

전염병 상황에서 우리가 지켜야 할 원칙은, '약자 우선'을 조금 더 확대하여 일반화한 이웃 사랑의 원칙입니다. 이웃이 어려움을 당한다면 이웃을 당연히 돌보아야 한다고 루터는 말합니다. 불이 나면 달려가서 불을 끄는 일에 도움을 주어야 하고, 물에 빠지면 건져 주어야 하고, 배고프거나 목마르면 나의 위험이나 손해를 감수하고서라도 이웃에게 음식과 음료를 주어야 합니다.

이 맥락에서 루터는 마태복음 25장의 말씀, 곧 "내가 주릴 때에 너희가 먹을 것을 주었고 목마를 때에 마시게 하였고 나그네 되었을 때에 영접하였고 헐벗을 때에 옷을 입혔고 병들었을 때에 돌보았고 옥에 갇혔을 때에 와서 보았느니라"(35-36절)라는 구절을 상기시키면서, 어떤 경우라도 보호받지 못하는 사람이 없도록, 위급한 상황에 처한 사람이 도움을 받을 수 있도록 손을 써야 한다고 강조합니다.

자신의 안전의 위험이나 재산 손실을 감수하지 않으면 결코 이웃을 도울 수 없습니다. 도움이 필요한 이웃을 돌보지 않는 이는 하나님 보시기에 곧 살인자가 된다고 루터는 강하게 말합니다. 이 대목에서 루터는 "형제를 미워하는 자마다 살인하는 자니……누가 이 세상의 재물을 가지고 형제의 궁핍함을 보고도 도와줄 마음을 닫으면 하나님의 사랑이 어찌 그 속에 거하겠느냐"(요일 3:15-17)라는 말씀과 "소돔의 죄악은 이러하니 그와 그의 딸들에게 교만함과 음식물의 풍족함과 태평함이 있음이며 또 그가 가난하고 궁핍한 자를 도와주지 아니하며"(겔 16:49)라는 에스겔 선지자의 말씀을 인용합니다.

병든 이웃을 돌보는 일은 마태복음 25장 "작은 자 하나에게 한 것이 곧 내게 한 것이라"(40절)라는 말씀처럼 곧 예수님께 하는 일임을 루터는 강조합니다. 도움이 필요한 이웃이 있으면 예수님을 돌보듯이, 예수님을 섬기듯이 해야 한다는 것입니다. 예수님이 여기 누워 계시다면 내가 돌보겠다고 큰소리를 치면서도 막상 병든 이웃을 돕지 않는다면, 예수님이 실제로 그 자리에 누워 있어도 돌보지 않으리라고 루터는 말합니다. 이런 사람의 죄를 일컬어 "왼손으로 저지르는 죄"라고 루터는 말합니다.

이와 달리 "오른손으로 죄를 저지르는 사람"은 페스트 감염과 죽음을 두려워하지 않고 아무런 조심 없이 페스트에 자신을 노출시켜 하나님을 시험하는 사람입니다. 약 사용을 거부하고 페스트에 감염된 사람과 병균에 노출된 장소를 피하지 않으면서 질병을 우습게 보고 자신의 독립성을 내세우는 사람입니다. 루터가 보기에 이런 사람들은 하나님을 신뢰하기보다 오히려 하나님을 시험하는 자들입니다. 하나님은 의학과 약품을 선물로 주셨고 몸을 지켜 보호하여 건강하게 살 수 있는 지성을 우리에게 주셨는데, 이런 사람들은 그것을 사용하지 않을 뿐만 아니라 자신의 몸을 돌보지 않고 돌아다님으로써 타인의 생명을 위태롭게 하는 죄를 짓고 있다고 루터는 보았습니다.

이런 이들은 자신에게는 자살행위를, 타인에게는 살인행위를 가하는 사람들입니다. 루터는 도시에 불이 나 집이 타고 있지만 아무도 불을 끄려 하지 않는 상황에 이들을 비유합니다. 이런 사람들은 오히려 불을 더 붙게 하여 온 도시가 화염에 휩싸이도록 하면서 자기를 죽일 뿐 아니라 남도 죽이는 사람이라고 말합니다. 코로나 감염병이 돌고 있는 이 시간에도 자신은 하나님이 지켜 주시리라 호언장담하면서, 예배 모임을 주도하고 소모임을 가지며 식사자리를 주선하는 사람은 루터가 말하는 "오른손으로 죄를 짓는 사람"입니다.

루터는 병든 자들을 위하여 헌신하는 주의 종들을 향하여 사탄과 맞서 싸우기를 독려하며 그들을 위로하기를 잊지 않습니다. 그리스도인에게는 사탄에게 줄 수 있는 타격이 두 가지 있습니다. 첫 번째는 악한 영을 무시한 채 병든 이웃을 전심으로 돕는 일입니다. 이웃을 치료하고 돕기 위해 온 힘을 다하는 것은 하나님을 기쁘시게 할 뿐 아니라 사탄이 사람들에게 심는 두려움이나 공포를 오히려 사탄에게 돌려주는 일이라고 루터는 믿습니다.

두 번째는 하나님의 약속을 굳게 붙잡는 것입니다. "가난하고 힘없는 사람을 돌보는 사람은 복이 있다. 재난이 닥칠 때에 주님께서 그를 구해 주신다. 주님께서 그를 지키시며 살게 하신다. 그는 이 세상에서 복 있는 사람으로 여겨질 것이다. 주님께서 그를 원수의 뜻에 맡기지 않을 것이다. 주님께서는, 그가 병상에 누워 있을 때에도 돌보시며 어떤 병이든 떨치고 일어나게 하실 것이다"(시 41:1-3)라는 말씀처럼, 하나님은 병자를 돌보는 사람의 보호자, 그들의 의사가 되어 주신다고 루터는 말합니다. 이 약속의 말씀을 가지고 병든 자들을 돌보아야 한다는 것이지요. 그러면서 루터는 매우 실제적인 충고를 제안합니다.

사랑하는 친구들이여, 그렇게 해서는 안 됩니다. 의약품을 사용하십시오. 도움이 될 수 있는 물약을 마시십시오. 집과 마당과 거리를 소독하십시오. 여러분의 이웃이 필요로 하지 않는 사람이나 장소는 피하십시오. 불이 난 도시의 불을 끄기를 원하는 사람처럼 행동하십시오. (『루터 전집』 23권 365쪽)

루터는 약을 사용해야 한다고 할 뿐만 아니라, 전염병에 감염되었거나 회복된 사람들은 필요한 경우를 제외하고는 다른 사람들이 전염되지 않도록 접촉을 피해야 한다고 강조합니다. 그렇게 하면 도시의 사망률을 낮출 수 있기 때문이라고 그 이유까지 덧붙입니다. 생명과 신체를 삼키는 전염병을 숲이나 지푸라기를 태우는 불에 비유한 것도 우리의 주목을 끕니다. 이런 위험에 처하면 곧장 위험에 맞서 싸워야 합니다. 그렇지 않으면 우리 자신과 이웃의 생명이 한꺼번에 불붙듯이 위험에 처하게 됩니다. 이렇게 되지 않도록 소독을 하고, 공기를 깨끗하게 환기하고, 약품을 만들어 먹고 다른 사람에게 먹여야 한다는 지침을 루터는 내세웁니다. 이것이야말로 한편으로는 교만하지 않으면서 다른 한편으로는 지혜롭게 "하나님을 올바르게 경외하는 믿음"(*ein rechter got fuerchtiger glaube*)이라고 루터는 힘주어 말합니다.

코로나19와 일상성

페스트가 창궐한 상황에서 피신하지 않고 교우들과 시민들을 돌본 루터에게서 우리는 무엇을 배울 수 있을까요? 이 물음을 생각하기 전에 현재 우리의 상황을 잠시 생각해 보면 좋겠습니다.

코로나19로 인한 이번 사태는 무엇보다 '일상의 교란'을 가져왔습니다. 모든 것을 당연시하며 살아가던 일상의 삶을 이제는 마음대로 살 수 없게 되었습니다. 그리고 과거에는 하지 않던 사회적 거리두기(Social Distancing), 손 자주 씻기, 악수 대신 팔꿈치로 인사하기 등을 하고 있습니다. 이를 통해, 의식하지 못하고 살아온 일상이 우리를 품어, 우리 삶을 가능케 해온 공간이요 시간임을 알게 되었습니다. 우리가 얼마나 서로 연결된 존재인지, 얼마나 가까이 살아온 존재인지, 예고 없이 찾아온 코로나19가 우리에게 알려 주었습니다. 코로나19는 인간의 사회적 속성을 파악하고 이 점을 정확하게 공격했습니다. 그리하여 이어진 관계를 끊고, 모임을 해체시키고, 숨을 쉬지 않으면 살 수 없는 인간의 호흡기를 파괴시켜 죽음으로 내몰고 있습니다.

코로나19는 일상뿐만 아니라 세계를 교란하고 있습니다. 1492년 콜럼버스가 아메리카 대륙에 발을 디딘 이후 지금까지 세계는 서구를 중심으로 재편되었습니다. 세계는 서구의 경제와 정치와 교육 체제를 따라 이제 하나의 마을(a global village)이 되었습니다. 그럼에도 나라와 나라, 경제권과 경제권 사이에는 경쟁이 심화되고 자국이익주의의 장벽이 높아지고 있습니다. 그런데 느닷없이 코로나19가 이 체제에 치명타를 입혔습니다. 세계가 얼마나 가까이, 깊이, 폭넓게 서로 얽혀 있는지, 어째서 어느 나라, 어느 지역도 외딴섬이 될 수 없는지, 그럼에도 나라마다 얼마나 자국주의에 빠져 있는지를 적나라하게 보여주고 있습니다. 그리하여 코로나19는 사람들 사이의 '사회적 거리'뿐만 아니라 나라와 나라 사이의 '국가적 거리'(National Distancing)도 조장했습니다. 이런 상황에서 그리스도인은 어떻게 생각하고 행동해야 할까요? 루터를 통하여 우리는 무엇을 배울 수 있을까요?

첫째, 그리스도인은 이 땅에서 일어나는 일들이, 우리가 겪는 사건이나 사고가 우연이 일어나지 않음을 의식해야 한다고 저는 생각합니다. 어떤 일이든지 하나님이 허락하지 않으시면 일어날 수 없습니다. 우리가 설명할 수 없고, 이유나 원인을 알 수 없는 일이 많이 일어나지만, 이 땅에서 일어나는 대부분의 일들은 동시에 인간의 탐욕과 연관되어 있습니다. 지진이나 쓰나미처럼 인간의 행위와 무관하다고 할 수 있는 자연재해가 있지만, 허리케인이나 태풍 등은 지구온난화의 영향을 받으며, 지구온난화는 식용가축 사육과 화석연료 사용과 무관하지 않습니다. 이번에 문제가 된 바이러스도 야생동물이 사는 자연을 파괴하고 인간이 그들과 지나치게 가까이 살게 된 배경과 밀접한 연관이 있습니다.

과거 같으면 접촉이 불가능했을 병균에 사람이 쉽게 노출되었고, 바이러스는 급속한 진화를 통해 다양한 변종이 되어 인간을 공격하게 되었습니다. 자연과 역사는 여전히 죄의 영향 아래 있고 하나님이 지으신 피조물은 신음하고 있습니다. 더구나 도시화되고 세계화된 상황에서 부정적인 것들의 영향이 훨씬 커짐은 부인할 수 없습니다.

둘째, 코로나19가 활동하기 좋은 장소는 사람들이 가까이, 친밀하게 모이는 곳입니다. 이 점에서 어떤 다른 사람들보다 그리스도인이 바이러스가 침투하기 쉬운 사람들입니다. 왜냐하면 그리스도인은 누구보다 '모이기를 힘쓰는' 사람들이기 때문입니다. 모이는 사람들이 있는 한 바이러스는 생존 환경을 확보합니다. 그러므로 이런 기회를 주지 않으려면 흩어지는 수밖에 없습니다.

조금이라도 의심이 되면 당연히 검사를 받고, 확진자로 판정되면 스스로 격리하고 치료를 받아야 합니다. 자가 격리를 하거나 사회적 거리두기를 통해 바이러스 확산을 막아야 할 책임이 특별히 모이기를 좋아하는 그리스도인에게 있습니다. 대면 예배는 가능하면 중지해야 합니다. 물론 이는 영구적 행위가 아니라 다시 모여 예배를 드리고 성경을 공부하며 교제를 하기 위한 일시적 행위임은 두말할 나위가 없습니다. 이를 통해 그리스도인은 자신의 건강뿐만 아니라 함께 살아가는 이웃 시민들의 안전과 건강을 생각해 줄 수 있습니다. 이것은 공동선의 추구이며 원수까지 사랑해야 하는 그리스도인의 이웃 사랑의 실천이기도 합니다.

우리가 루터의 글에서 발견할 수 있는 세 가지 행동 원칙은 자기 보호, 상호성, 이웃 사랑입니다. 특히 이웃 사랑 가운데 약자 우선 원칙은 오늘 우리 삶에도 적용됩니다. 이웃의 건강과 생명, 사회 전체의 건강과 공동선을 생각하면 일각에서 외치는 '주일 예배 중지 불가론'은 설 자리가 없습니다.

셋째, 사회적 거리두기 시기에 그리스도인들은 몸은 서로 떨어져 있으나 마음으로는 더 가까이 다가갈 수 있습니다. 여기서도 루터의 원칙을 적용할 수 있습니다. 이웃을 돌아보고 이웃을 돌보는 일만큼 사탄 마귀를 두렵게 하는 일은 없습니다. 더구나 그리스도인이나 비그리스도인이나 우리 인간은 홀로 사는 존재가 아닙니다. 전화나 카카오톡, 스카이프나 줌, 행아웃을 통해 얼굴을 보고 안부를 물을 수 있습니다. 이런 관계 속에 서로 이어져 있을 때, 홀로 머물거나 재택근무를 하더라도 '우리는 하나'라는 의식을 가질 수 있습니다. 이때 형제자매가 같은 공간 안에서 몸으로 함께 드리는 예배가 얼마나 귀하고 아름다운지 깊이 깨달을 수 있습니다.

넷째, 그리스도인들이 살고 있는 오늘의 세계는 과거에는 상상할 수 없을 정도로 밀접하게 엮인 세계입니다. 그러나 속을 들여다보면 모두가 파편화되어 있습니다. 지역과 계층, 성과 종교에 따른 자기 이익 추구가 삶의 많은 영역을 지배합니다.

미국만 해도 벌써 수십만 명이 죽어 가는 사태가 벌어져도 지도력을 발휘하지 못하고 있습니다. 오히려 한국과 같은 작은 나라가 중국의 우한과 북경 지역에 의료 장비와 마스크를 보냈습니다. 지금은 온 세계가 장막을 거두고 정보를 교환하고 인력과 장비를 보내어 서로서로 도와야 할 때입니다. 더구나 인력도 장비도 약품도 없는 아프리카 나라들을 강하고 잘사는 나라들이 지원해야 합니다. 이때에도 루터가 말하는 약자에 대한 고려, 약자 우선 정책이 무엇보다 중요한 행동 원칙입니다. 하나님의 형상으로 지음 받은 귀한 인간이 바이러스의 침입으로 죽어 갈 수밖에 없는 현실 앞에서 이런 일에 앞장서야 할 사람은 온 세계가 하나님의 통치 영역이라 믿는 그리스도인들입니다.

다섯째, 일상의 소중함에 대한 생각을 다시 해보면 좋겠습니다. 당연하던 일상은 더 이상 당연하지 않게 되었습니다. 우리가 그동안 얼마나 큰 은혜로 살았는지 실감합니다. 이번 사태로 우리는 함께 지내는 가족과 동료, 함께 사는 이웃과 동포, 함께 이 땅을 걸어가는 세계시민의 소중함을 경험하게 되었습니다. 아울러 숨이 끊어지면 죽을 수밖에 없는 우리 삶이 얼마나 일시적이며 허망한지, 삼위 하나님의 은혜와 그분의 다스림이 얼마나 감사한지, 죽음이 다가오지만 죽음이 우리에게 궁극이 아님을 아는 것이 우리 인생에 얼마나 큰 위로인지를 생각하게 됩니다.

나는 오늘 나의 사과나무를 심겠다

마지막으로, 루터의 하숙집에 있는 "내일 세상이 무너질 것임을 알았다고 해도 나는 오늘 나의 사과나무를 심을 것이다"라는 말을 생각해 봅시다. 사과나무는 12세기에 중앙아시아에서 독일로 유입된 나무입니다. 루터도 맛을 보았을 테니 사과를 좋아했을 수 있습니다. 그러나 사람들은 루터의 어느 저작에서도 사과나무에 대한 언급을 찾지 못했습니다. 최근 루터 학자들은 이 말이 루터가 한 말일 수는 있지만 루터의 어느 저작에도 이 문장이 나타나지 않으며, 루터 사후 400년간 어느 문서에서도 발견되지 않는다고 이구동성으로 말합니다.

그러면 어떻게 된 것일까요? 누가 이 말을 퍼뜨렸을까요? 여러 사람의 이야기를 따르면, 독일 헤센 주의 카를 로츠(Karl Lotz)

목사가 1944년 10월 5일 자신이 속한 고백교회 교우들에게 보낸 회람 편지에 이 문장이 처음 등장한다고 합니다. '고백교회'는 히틀러 당국이 독일 개신교회를 친(親) 나치 교회로 통합, 재편하려 할 때 바르트와 본회퍼 등이 개입하여 '바르멘 신학선언'을 하면서 하나로 뭉친 교회입니다. 고백교회에 속했던 로츠 목사는 편지 끝에 루터의 말이라고 하면서 다음 구절을 인용했습니다. "내일 세상이 무너질 것임을 알았다고 해도 나는 오늘 나의 사과나무를 심을 것이다." 제2차 세계대전 막바지에 고통받고 있는 교우들에게 위로와 희망이 되었으리라 생각합니다.

전염병에 대한 루터의 생각을 통해 우리는, 만일 루터가 사과나무를 심겠다고 했다면 그의 '사과나무'가 무엇이었을까 한 번쯤 생각해 볼 수 있습니다. 저는 그 사과나무는 아담과 하와가 '불순종'으로 따먹은 사과가 아니라, 예수 그리스도의 죽음과 부활로 인해 이제 그리스도와 하나된 사람들이 헐벗고 병든 이웃을 그리스도처럼 여기고 사랑을 베푸는 행위로 열매를 맺는 사과나무일 것이라고 생각합니다.

자신의 생명 보호를 루터는 하나의 원칙으로 고수했지만 이것조차도 결국은 이웃 사랑, 특별히 약자 우선 원칙 앞에서 얼마든지 포기할 수 있다는 생각을 루터는 했습니다. 전염병이 아무리 창궐하더라도, 이 세상 모든 일을 능력의 장중에 붙드시고 선하게 인도하시는 하나님을 굳게 믿으며 여전히 소망을 품은 가운데 이 땅에서 사랑하며 살아가는 이들은 "내일 세상이 무너지더라도, 이 지구에 종말이 오더라도, 나는 오늘 나의 사과나무를 심겠다"고 말할 수 있을 것입니다. 그러한 고백이 있을 때, 이 말은 더 이상 스피노자나 루터의 말이 아니라 우리 자신의 말이 될 것입니다.

일상, 하나님의 선물

헛되고 헛되다
Vanity of vanities!

이제 강의를 마무리하려고 합니다. 여러 가지 주제로 이야기를 했습니다. 하나님에 관한 갈증이든, 믿음과 지식의 문제이든, 교회와 세상에 관한 질문이든, 모든 물음은 지금 우리가 몸담고 살아가는 일상의 의미와 연관되어 있습니다. 그러므로 우리에게 익숙한 전도서 1:2의 "헛되고 헛되며 헛되고 헛되니 모든 것이 헛되도다"라는 말씀을 풀어 가면서 일상의 의미를 생각해 보겠습니다.

"헛되고 헛되다." 이 말을 많은 분들이 허무주의의 발언으로 이해합니다. 허무주의는 두 가지로 구별하여 이해할 수 있습니다. 하나는 우리의 존재, 지식, 나아가 우리의 행위와 관련된 궁극적 기초와 토대, 근거가 없다고 주장하는 허무주의입니다. 이런 의미의 허무주의는 서양의 존재론과 지식론, 윤리학의 전통과 연관된 이론적·철학적 허무주의입니다. 니체나 사르트르, 카

뒤에게서 볼 수 있는 허무주의에 가깝습니다. 그들은 삶을 무기력하게 아무 가치 없이 살아가지 않았고, 오히려 각자 자기 자신이 주인이 되어 살아가라고 외쳤습니다. 또 다른 허무주의는 삶의 용기와 의미를 잃은 사람에게서 찾아볼 수 있는 허무주의입니다. 어떤 일에나 의미나 가치를 찾지 못하고 삶을 무기력하게 대하는 허무주의입니다. 이런 의미의 허무주의에 굳이 이름을 붙이자면 실천적·현실적 허무주의라고 할 수 있습니다.

그렇다면 전도서는 허무주의를 내세우고 있을까요? 만일 허무주의를 설파한다면 어떤 허무주의일까요? 이 물음을 가지고 생각해 보겠습니다.

전도서가 말하는 허무주의

전도서는 크게 세 부분으로 되어 있습니다. 1:1-11까지는 시작 부분, 1:12-12:8까지는 몸통을 이루는 부분, 그리고 12:9-14까지는 마무리 짓는 부분으로 볼 수 있습니다. 시작과 끝 부분에서는 전도자를 등장시켜 3인칭으로 서술하고 있습니다. "다윗의 아들 예루살렘 왕 전도자의 말씀이라. 전도자가 이르되 헛되고 헛되며 헛되고 헛되니 모든 것이 헛되도다"(1:1-2). 다시 12:9-10에 전도자를 3인칭으로 등장시켜 "전도자는 지혜자이어서 여전히 백성에게 지식을 가르쳤고 또 깊이 생각하고 연구하여 잠언을 많이 지었으며 전도자는 힘써 아름다운 말들을 구하였나니 진리의 말씀들을 정직하게 기록하였느라"라고 쓰면서 마지막 몇 가지 권고의 말로 끝을 맺습니다. 몸통을 이루는 1:12-12:8까지 전도자는 1인칭으로 등장합니다. "나 전도자는……마음을 다하며 지혜를 써서 하늘 아래에서 행하는 모든 일을 연구하며 살핀즉……"(1:12-13), "내가 해 아래에서 행하는 모든 일을 보았노라"(1:14)라고 말하면서 자신이 보고 듣고 생각하고 판단한 내용을 서술하고 사람들에게 이렇게 저렇게 권유하고 있습니다. 그리고 결국에는 "모든 것이 헛되고 헛되다"라는 선언을 거듭하고 있습니다. 그럼에도 헛됨으로만 그치지 않고 지금 여기서 먹고 마시고 일하는 일상의 삶이 하나님께서 주신 '선물'임을 함께 강조합니다.

전도서는 히브리어로 '코헬렛'(קֹהֶלֶת)이란 말에서 왔습니다. 코헬렛은 모임을 주선하는 사람이나 문헌을 모으는 사람을 일컫기도 하고, 모은 것들을 토대로 탐구하고 가르치는 역할을 하는 사람을 가리키기도 합니다. 도서 수집가나 민담 채집자처럼 단순히 수집가나 정리자에 머물지 않고 그것들을 토대로 지혜를 가르치는 현자(賢者)에 가까운 모습을 한 사람이라 볼 수 있습니다. 이런 이해를 바탕으로 할 때, '전도서'나 '전도자'라는 두 단어 모두 원어의 의미를 정확하게 포착하지 못하기 때문에 지금부터 히브리어 그대로 '코헬렛'이라고 부르겠습니다.

코헬렛은 1:12부터 1인칭의 모습으로 자신을 드러냅니다. "나 코헬렛은 예루살렘에서 이스라엘 왕이 되어 마음을 다하며 지혜를 써서 하늘 아래에서 행하는 모든 일을 연구하며 살핀즉……"(1:12-13). 여기서 코헬렛은 솔로몬 왕의 모습을 하고 있습니다. "하늘 아래에서 [사람이] 행하는 모든 일"을 관찰하고 탐구하는 일이 그가 하고자 하는 일입니다. 하늘 아래, 해 아래, 땅에서 사람이 하는 모든 일이 관찰과 탐구의 대상입니다.

먹고 자고 일하고, 물건을 사고팔고, 생각하고 계획하고, 묻고 따지고, 공부하고, 사람들과 관계하는 일이 여기에 포함됩니다. 사람이 이 땅에서 하는 모든 일의 의미를 묻는 것이 코헬렛의 과제입니다. 우리의 삶은 살 만한 가치가 있는가? 가치가 있다면 어디서 그것을 찾을 수 있는가? 코헬렛은 이 점에서 소크라테스와 닮아 있습니다.

소크라테스는 아테네 청년들을 타락시키고 시민들이 믿는 신들을 믿지 않았다는 죄목으로 아테네 시민들의 재판에서 유죄 판결을 받았습니다. 그때 그는 이렇게 말했습니다. "검토해 보지 않은 삶은 인간에게 살 만한 가치가 없습니다." 삶의 목표로 설정한 것들, 삶에서 소중하고 중요하게 생각한 것들이 정말 그럴 만한 가치가 있는지 따져 보아야 한다는 말입니다. 코헬렛은 세상을 두루 보며 사람들이 살아가는 모습을 관찰했습니다. 아마 그도 소크라테스처럼 '검토해 보지 않은 삶'은 큰 가치가 없다고 말하고 싶어 했을 것입니다. 그러나 두 가지 점에서 코헬렛은 소크라테스와 차이가 있습니다.

첫째, 소크라테스는 스스로 '지혜를 이미 가진 사람' 곧 '지혜자'(σοφός)라고 생각하지 않았습니다. 그는 자신을 '지혜를 사랑하는 사람', '지혜롭기를 바라고 원하는 사람' 곧 '필로소포스'(φιλόσοφος)라고 생각했습니다. 소크라테스에게는 지혜가 목표였기에 그는 '필로소포스' 곧 철학자였습니다. 소크라테스는 기존의 지식과 지혜를 철저하게 문제 삼았습니다. 한편 코헬렛은 이스라엘에 통용되는 지혜를 가지고 출발합니다. 말하자면 「잠언」과 같은 책에 담겨 있는 지혜를 가지고 삶의 의미를 탐색해 보기로 결단을 내렸습니다. 그러나 이 지혜조차 결국 코헬렛 자신에게는 검토의 대상이 됩니다.

둘째, 소크라테스는 '문답법'을 사용했습니다. 묻고 답하는 방법입니다. 문답법을 통해 소크라테스는 경건이 무엇인지, 정의(正義)가 무엇인지, 용기가 무엇인지, 정확한 정의(定義)를 얻어 내기를 기대했습니다. 여기에는 아무 전제가 없었습니다. 말이 되는지 되지 않는지를 이성을 통해 판단하고 탐색해 지혜에 이르고자 했습니다. 그러므로 사람들의 통속적인 생각이 소크라테스에게서는 하나도 남김없이 검토되고 비판되고 배제될 수밖에 없었습니다. 소크라테스의 많은 제자 가운데 가장 유명한 제자가 플라톤입니다. 플라톤이 세운 학교는 아카데메이아(Akademeia)로, 529년 로마의 유스티니아누스 황제가 문을 닫게 할 때까지 1,000년간 그리스 문화를 전승하는 기관으로 역할을 했습니다. 그런데 이 학교의 철학은 지식의 가능성에 대해 판단을 유보하는 회의론과 연관되어 있습니다. 소크라테스의 지적 태도가 그런 방식으로 전승되었다고 하겠습니다.

코헬렛은 소크라테스와는 달리, 보고 관찰하고 탐구하는 방식을 택했습니다. 그에게는 무엇보다 자세히 살펴보고 그것을 바탕으로 따져 보고 추론하는 일이 중요했습니다. 말하자면 일종의 경험론자라고 할 수 있습니다. "내가 보니……"라는 말을 계속 사용하는 것은 이 때문입니다. 이 점에서 코헬렛은 아리스토텔레스에 가까웠다고 하겠습니다. 나타나는 현상들을 보고 그로부터 일반 원리를 추론하는 방식을 택한 셈입니다.

1:14에는 탐구 결과가 미리 요약되어 있습니다. "내가 해 아래에서 행하는 모든 일을 보았노라. 보라, 모두 다 헛되어 바람을 잡으려는 것이로다." 코헬렛은 자신이 관찰해 보니 모든 것은 헛되고 바람을 잡는 것과 같다고 미리 말합니다. '바람을 잡는다'는 '바람을 먹인다'는 말입니다. 양 떼에게 바람을 먹여 보아야 배를 채울 수는 없습니다. 배고픈 사람이 담배 연기로 배를 채우려 하는 것과 비슷합니다. 인생의 모든 일이 아무리 수고해도 결국에는 헛되다는 말입니다.

코헬렛은 여기에 속담을 하나 붙입니다. "구부러진 것도 곧게 할 수 없고 모자란 것도 셀 수 없도다"(1:15). 세상에는 구부러진 것, 부족한 것, 빠진 것, 없는 것들이 있지만 그것을 사람이 어떻게 할 수 없다는 인식입니다. 구부러진 것들, 결여된 것들을 만일 하나님이 그렇게 되도록 하신 것이라면 인간이 어떻게 손쓸 수 있겠는가, 손을 쓴들 무슨 변화가 있겠는가, 변화가 있다 해도 무슨 큰 유익이 있겠는가, 기존의 악을 제거하더라도 또 새로운 악이 삶에

해를 끼치지 않겠는가 하는 생각이 이 속에 담겨 있습니다.

코헬렛은 해 아래에서 인생이 행하는 모든 것의 의미, 일상적인 삶의 의미를 탐구하고 있습니다. 만일 삶에 의미가 있다면 어디서 삶의 의미의 출처, 의미의 자리를 찾아야 할 것인가, 묻고 있습니다. 여기에는 여러 후보가 등장합니다. 맨 먼저 거론된 것이 자신의 탐구 수단이 된 '지혜와 지식'입니다. 두 번째가 '쾌락'이고, 세 번째가 '큰 일' 또는 '큰 업적', 네 번째가 '소유'입니다. 과연 이 네 가지 안에서 삶의 궁극적인 의미를 찾을 수 있는가 하는 문제를 두고 코헬렛은 자신이 보고 경험한 것을 토대로, 자신과의 내적 대화와 자기 성찰을 통해 따져 보고 있습니다.

코헬렛이 본 삶의 의미

가장 먼저 고려 대상으로 등장한 것이 '지혜와 지식'입니다. 여기서 지혜는 실천적인 지식으로 이해할 수 있습니다. 전기를 어떻게 사용하고, 물을 어떻게 관리하며, 사람들과 어떻게 관계해야 할지 아는 지식입니다. 이런저런 경우 사람이 어떻게 반응할지, 무엇을 기대할지, 내가 어떻게 해야 할지 아는 지식도 지혜에 포함될 것입니다. 우리가 살아가는 실제 삶에서 식물이나 동물, 우리 주변 세계를 이해하는 것도 이에 포함됩니다. 이런 지식과 지혜를 갖는 것은 매우 유익합니다. 그렇기 때문에 2:13-14을 보면 "지혜가 우매보다 뛰어남이 빛이 어둠보다 뛰어남 같도다. 지혜자는 그의 눈이 그의 머리 속에 있고 우매자는 어둠 속에 다닌다"라고 했지요. 그러나 문제는 삶의 궁극적 의미를 이런 지혜를 통해 알 수 있는가 하는 것입니다. 탐구의 결과를 코헬렛은 이렇게 요약합니다.

> 내가 내 마음속으로 말하여 이르기를 보라, 내가 크게 되고 지혜를 더 많이 얻었으므로 나보다 먼저 예루살렘에 있던 모든 사람들보다 낫다 하였나니 내 마음이 지혜와 지식을 많이 만나 보았음이로다. 내가 다시 지혜를 알고자 하며 미친 것들과 미련한 것들을 알고자 하여 마음을 썼으나 이것도 바람을 잡으려는 것인 줄을 깨달았도다. 지혜가 많으면 번뇌도 많으니 지식을 더하는 자는 근심을 더하느니라(1:16-18).

우둔이나 우매와 구별되는 지혜를 추구하고 광기와 어리석음과 구별되는 지식을 추구해도 결국 이것조차 바람을 잡으려는 것과 별다르지 않다는 고백입니다. 결과가 없을 뿐 아니라 오히려 번뇌와 고뇌가 더 크다고 말합니다. 세상일은 모르면 아무 문제가 없습니다. 그러나 알면 눈에 보이고, 눈에 보이면 생각하게 되고, 생각하면 고민하게 되고, 고민하면 힘들어지게 됩니다. 그렇게 고민해서 문제를 해결할 수 있으면 다행이지만 그렇지 못한 경우가 더 많습니다. 지혜가 뛰어났던 솔로몬의 말년을 보십시오. 많은 이방 여인들을 왕궁으로 들이는 바람에 이방신도 함께 들어왔습니다. 마침내 이스라엘과 하나님의 언약 공동체는 힘없이 무너지고, 아들 시대에는 나라가 남북으로 두 조각이 나고 맙니다. 지혜와 지식은 필요한 곳에서는 유익하지만 그 자체가 삶에 의미를 부여하지는 못합니다.

두 번째 검토 대상은 '쾌락'입니다. 여기서 쾌락은 히브리어로 심하(שִׂמְחָה)인데, '기쁨' 또는 '즐거움'이라는 말로도 번역할 수 있습니다. 우리가 이 땅에서 누리는 기쁨과 즐거움이 삶의 궁극적 의미 발견의 열쇠가 될 수 있느냐는 것입니다. 2:1-3을 보십시오.

나는 내 마음에 이르기를 자, 내가 시험 삼아 너를 즐겁게 하리니 너는 낙을 누리라 하였으나 보라 이것도 헛되도다. 내가 웃음에 관하여 말하여 이르기를 그것은 미친 것이라 하였고 희락에 대하여 이르기를 이것이 무슨 소용이 있는가 하였노라. 내가 내 마음으로 깊이 생각하기를 내가 어떻게 하여야 내 마음을 지혜로 다스리면서 술로 내 육신을 즐겁게 할까 또 내가 어떻게 하여야 천하의 인생들이 그들의 인생을 살아가는 동안 어떤 것이 선한 일인지를 알아볼 때까지 내 어리석음을 꼭 붙잡아 둘까 하여.

1절을 다시 번역하면 이렇게 할 수 있을 것입니다. "나는 내 마음과 대화를 하였다. '자 오라, 즐거움으로 너를 시험해 보겠다. 좋은 것을 맛보라.' 이것 또한 잡을 수 없는 것이로다." 누가복음 12:19을 보면, 어리석은 부자 이야기가 나옵니다. 부자는 자신이 거둔 곡물이 많은 것을 보고 곳간을 더 짓고는 이렇게 말합니다. "내가 내 영혼에게 이르되 영혼아, 여러 해 쓸 물건을 많이 쌓아 두었으니 평안히 쉬고 먹고 마시고 즐거워하자 하리라." 즐거워하는 일 가운데 먹고 마시는 일이 제일 먼저 꼽힙니다. 코헬렛이 술을 즐거움의 수단으로 말하는 것도 우연이 아닙니다. 3절의 번역은 뜻이 불분명합니다. 이 구절을 다시 번역하면, "나는 내 마음속으로 탐구해 보았다. 내 마음을 여전히 지혜로 이끌면서 술로 어떻게 내 몸을 유지할까? 그리고 어떻게 어리석음을 이해할까? 인생들이 얼마 되지 않는 그들의 삶의 날들 동안 무엇을 하는 것이 좋을까? 내가 볼 수 있을 때까지 탐구하였다" 정도가 됩니다. 4절부터는 새로운 탐구가 시작됩니다. 유감스럽게도 우리말은 서로 이어져 있어 뜻을 분명히 파악하기 어렵습니다.

지혜를 계속 유지하면서 술을 통해 삶의 의미를 실험해 보는 일 자체가 이스라엘 지혜 전통을 벗어난 행위입니다. 코헬렛은 이것을 의식하면서 이런 시도를 해보았을 것입니다. 잠언 23:19-21을 보면 이런 구절이 있습니다. "내 아들아, 너는 듣고 지혜를 얻어 네 마음을 바른길로 인도할지니라. 술을 즐겨하는 자들과 고기를 탐하는 자들과도 더불어 사귀지 말라. 술 취하고 음식을 탐하는 자는 가난하여질 것이요 잠자기를 즐겨하는 자는 해어진 옷을 입을 것임이니라." 술이 가난의 원인이 된다는 것이지요. 술은 사람에게 불행을, 그것도 거의 죽음에 가까운 불행을 가져다준다는 생각이 잠언에 포함되어 있습니다.

더욱이 지혜롭게 판단해야 할 사람은 술을 피해야 한다는 것을, 르무엘 왕의 어머니 입을 통해 잠언은 말하고 있습니다. 잠언 31:4-7입니다.

르무엘아, 포도주를 마시는 것이 왕들에게 마땅하지 아니하고 왕들에게 마땅하지 아니하며 독주를 찾는 것이 주권자들에게 마땅하지 않도다. 술을 마시다가 법을 잊어버리고 모든 곤고한 자들의 송사를 굽게 할까 두려우니라. 독주는 죽게 된 자에게, 포도주는 마음에 근심하는 자에게 줄지어다. 그는 마시고 자기의 빈궁한 것을 잊어버리겠고 다시 자기의 고통을 기억하지 아니하리라.

술은 마음에 근심이 있는 자, 빈궁한 자, 고통받는 자에게 필요할 뿐 온전히 지혜롭게 살아가는 사람에게는 해가 된다고 말하고 있습니다. 술과 그 외 다른 것들로 즐거워하면서 웃음판을 만들지만 그것도 "미친 것"(2:2)이라고 코헬렛은 말합니다.

코헬렛이 삶의 의미를 찾을 수 있는 근거로 세 번째와 네 번째 검토해 본 것이 '큰 업적'과 '소유'입니다. 마치 창조자처럼 큰 일을 남기고, 많은 것을 소유하는 데 삶의 의미가 있지 않겠느냐는 것이지요. 열거된 목록만 해도 상당히 깁니다. 2:4-8을 보십시오.

나의 사업을 크게 하였노라. 내가 나를 위하여 집들을 짓고 포도원을 일구며 여러 동산과 과원을 만들고 그 가운데에 각종 과목을 심었으며 나를 위하여 수목을 기르는 삼림에 물을 주기 위하여 못들을 팠으며 남녀 노비들을 사기도 하였고 나를 위하여 집에서 종들을 낳기도 하였으며 나보다 먼저 예루살렘에 있던 모든 자들보다도 내가 소와 양 떼의 소유를 더 많이 가졌으며 은 금과 왕들이 소유한 보배와 여러 지방의 보배를 나를 위하여 쌓고 또 노래하는 남녀들과 인생들이 기뻐하는 처첩들을 많이 두었노라.

코헬렛은 집을 짓고 포도원을 일구며, 정원을 만들고 각종 나무를 심으며 못을 파는 일까지 했습니다. 큰 일, 큰 사업을 벌였을 뿐만 아니라 소유를 늘렸다고 말합니다. 노비들을 두고 소와 양 떼를 늘리며 금은보화를 수집하고, 악단과 여자들을 모아 하렘까지 만들어 쾌락을 더해 갔습니다.

지혜와 큰 업적에는 관심이 없을지라도 이 정도의 재산만 있으면 인생이 살 만하고 의미가 있으리라 생각하는 사람들이 많습니다. 혹시나 많은 업적을 남기고, 많은 것을 가지면 행복하지 않을까 하는 기대를 합니다. 가보지 않았기에 가보고 싶어 하고, 해보지 않았기에 해보고 싶어 하고, 소유하지 않았기에 소유하고 싶어 합니다. 막상 가본 사람, 가져 본 사람, 해본 사람은 "별것 아니었군. 여기도 답이 없네!"라고 결국에는 씁쓸한 마음으로 떠날 수밖에 없지만, 대부분이 거기에까지 이르지 못했기 때문에 오늘도 바둥거리며 사는 것이 우리 인생입니다. 코헬렛은 자신이 경험해 보니, 이 가운데 즐거움이 전혀 없는 것은 아니었지만 이것조차도 궁극적 의미를 주지 못한다는 고백을 하고 있습니다.

죽음 앞에 선 인생

인생이 결국 부딪치는 문제가 죽음임을 코헬렛은 책 전체에서 분명하게 말합니다. 지혜와 지식이든, 부와 쾌락이든, 아니면 이 땅에 남기는 업적이든 간에, 인생이 추구하는 모든 것은 죽음에 직면해서 한계를 드러냅니다. 2:12-23을 보면, 두 가지가 지적되고 있습니다. 첫 번째는 지혜자나 우매자나 죽을 수밖에 없는 운명에 처해 있다는 사실입니다. 두 번째는 살았을 때 했던 수고가 죽은 뒤에는 자신과 아무 상관이 없다는 사실입니다.

코헬렛은 지혜와 관련해서 그것이 지닌 상대적 가치를 인정합니다. 이 땅에 있을 때는 지혜자가 우매자보다 그래도 낫습니다. 그렇지 않다면 지혜를 구하라고 권할 이유가 없습니다. 하지만 그것조차도 죽음 앞에서는 아무 유익이 없습니다.

지혜자는 그의 눈이 그의 머리 속에 있고 우매자는 어둠 속에 다니지만 그들 모두가 당하는 일이 모두 같으리라는 것을 나도 깨달아 알았도다. 내가 내 마음속으로 이르기를 우매자가 당한 것을 나도 당하리니 내게 지혜가 있었다 한들 내게 무슨 유익이 있으리요 하였도다. 이에 내가 내 마음속으로 이르기를 이것도 헛되도다 하였도다. 지혜자도 우매자와 함께 영원하도록 기억함을 얻지 못하나니 후일에는 모두 다 잊어버린 지 오랠 것임이라. 오호라, 지혜자의 죽음이 우매자의 죽음과 일반이로다(2:14-16).

그러므로 코헬렛은 이어지는 17절에서 "이러므로 내가 사는 것을 미워하였노니 이는 해 아래에서 하는 일이 내게 괴로움이요 모두 다 헛되어 바람을 잡으려는 것이기 때문이로다"라고 말합니다. 삶을 단지 허망하고 이해 불가능한 것으로 보는 것이 아니라 더 적극적으로, 아니 더 부정적으로 삶을 미워하고 살아 있음 자체를 증오하게 되었다는 말입니다.

죽음으로 인한 두 번째 문제는 물려줌의 문제입니다. 우리는 우리가 남긴 것을 자식들에게, 제자들에게 물려주기를 원하며, 물려준 것을 그들이 지혜롭게 사용하기를 바랍니다. 그러나 코헬렛은 인생살이를 관찰해 보니 그것조차도 뜻대로 되지 않는다는 사실을 알았습니다. 오히려 자신이 거둔 것들, 자신이 모은 것들을 뒤에 오는 사람들이 지혜롭게 이어가지 못하리라 생각하니, 그것을 위해 수고함이 헛되다는 사실 때문에 수고 자체를 미워하게 되었다고 말합니다. '내가 한 일을 관리할 후대 사람이 지혜자일지 우매자일지 누가 알겠는가. 자신이 수고하지도 않고 얻은 것이니 그 사람이 제대로 해낼 수 있겠는가. 그래서 마음으로 실망하게 되었도다'(2:18-20)라고 코헬렛은 말하고 있습니다. 이 모든 것을 생각해 보니 아무 소득도, 아무 유익도 없다는 말입니다. 결과는 절망입니다.

네덜란드 화가 반 고흐를 아실 겁니다. 그의 그림은 워낙 고

가라 아무리 부자라도 개인이 소유하기에는 부담이 됩니다. 제가 알기로는 우리나라에는 그의 원화가 한 점도 없습니다. 그런데 그런 고가의 그림을 그린 반 고흐는 가난하기 짝이 없었습니다. 동생 테오에게 늘 생활비를 부탁할 정도로 궁핍한 삶을 살았습니다. 그러다 결국 자신이 그린 그림의 금전적 가치를 전혀 누리지 못한 채 세상을 떠났습니다. 우리나라 화가 박수근이나 이중섭도 마찬가지입니다. 그들의 그림은 전쟁 통에는 헐값으로 팔렸습니다만 지금은 수십억 원대에 이릅니다.

고흐나 박수근, 이중섭은 자신들이 그린 작품의 혜택을 보지 못했습니다. 인간의 삶은 이처럼 흘러갑니다. 수고한 사람이 따로 있고 덕 보는 사람이 따로 있습니다. 그러니 코헬렛은 수고의 열매가 무엇이냐고 묻고 나서는 "일평생에 근심하며 수고하는 것이 슬픔뿐이라. 그의 마음이 밤에도 쉬지 못하나니 이것도 헛되도다"(2:23)라고 토로합니다.

그런데 2:24-26을 보십시오.

사람이 먹고 마시며 수고하는 것보다 그의 마음을 더 기쁘게 하는 것은 없나니 내가 이것도 본즉 하나님의 손에서 나오는 것이로다. 아, 먹고 즐기는 일을 누가 나보다 더 해 보았으랴. 하나님은 그가 기뻐하시는 자에게는 지혜와 지식과 희락을 주시나 죄인에게는 노고를 주시고 그가 모아 쌓게 하사 하나님을 기뻐하는 자에게 그가 주게 하시지만 이것도 헛되어 바람을 잡는 것이로다.

코헬렛은 사람에게 가장 좋은 삶이란 먹고 마시고 일하면서 즐거워하는 삶이라고 합니다. 코헬렛에만 해도 일곱 번이나 반복되어 나오는 구절입니다. 이 세 가지는 우리의 일상의 삶 전체를 가리키는 말로 보아야 할 것입니다. 수사학 용어로 말하자면 제유 또는 환유(metonym)입니다. '파르스 프로 토토'(pars pro toto) 곧 '전체를 일컫는 부분'이라는 말입니다. 세 가지만을 이야기했지만 세 가지에 국한된 것이 아니라 우리의 일상적 삶의 모든 순간이 사람에게 좋다는 말입니다. 잠을 자고 일어나는 것, 사람들을 만나고 대화하는 것, 기도하고 예배하는 것, 산책하고 운동하는 것, 곧 우리 일상의 삶 전체가 이 속에 포함됩니다.

코헬렛은 우리에게 일상을 즐기라고 말합니다. 로마 사람들은 이것을 '카르페 디엠'(Carpe diem)이라고 불렀습니다. 우리에게 주어진 나날을 기쁘고 즐겁게 보내라는 말입니다. 코헬렛은 이를 두고 "내가 이것도 본즉 하나님의 손에서 나오는 것이로다"(2:24)라고 말합니다. '마타트 엘로힘'(מַתַּת אֱלֹהִים) 곧 "하나님의 선물"(3:13)이라는 말입니다.

코헬렛 1장과 2장에서 '하나님이 주신 것'이라는 표현을 두 번 만납니다. 1:13에서는 삶의 의미를 탐구하는 괴로움을 하나님이 주셨다고 하고, 2:24에서는 먹고 마시고 일 가운데 즐거움을 누리는 것이 하나님이 주신 것이라 말합니다. 둘을 비교해 보십시오. 하나님이 주신 의미 탐구의 노력은 괴로움을 안겨 주고 결국에는 절망에 도달하게 합니다. 코헬렛은 삶을 미워하는 비관주의자가 됩니다. 그러나 코헬렛은 절망에 빠지지 않고 삶을 되돌아봅니다. 삶의 의미는 저 멀리 있는 것, 우리가 거두는 대단한 업적이나 결과가 아니라, 한순간 한 시간 무엇을 하든지, 하는 일 속에서 기뻐하고 즐거움을 누리는 데 있음을 발견합니다.

사람이 먹고 마시며 수고하는 것보다 그의 마음을 더 기쁘게 하는 것은 없나니 내가 이것도 본즉 하나님의 손에서 나오는 것이로다. 아, 먹고 즐기는 일을 누가 나보다 더 해 보았으랴(2:24-25).

코헬렛을 보면 '헛되고 헛되다'는 말이 계속 반복됩니다(1:2; 2:1, 11, 17, 19, 23, 26; 4:4, 7, 8, 16; 5:10; 6:2, 9; 7:6; 8:14; 11:8, 10). 그리고 마지막 장인 12:8에는 "헛되고 헛되도다. 모든 것이 헛되도다"라고 다시 한 번 대못을 박듯이 힘주어 헛됨을 말합니다. 그러나 한편에서는 헛됨을 강조하지만, 다른 한편에서는 일상의 기쁨과 즐거움을 계속 내세웁니다.

- 이는 나의 모든 수고를 내 마음이 기뻐하였음이라. 이것이 나의 모든 수고로 말미암아 얻은 몫이로다(2:10).
- 사람들이 사는 동안에 기뻐하며 선을 행하는 것보다 더 나은 것이 없는 줄을 내가 알았고 사람마다 먹고 마시는 것과 수고함으로 낙을 누리는 그것이 하나님의 선물인 줄도 또한 알았도다(3:12-13).

- 사람이 자기 일에 즐거워하는 것보다 더 나은 것이 없음을 보았나니 이는 그것이 그의 몫이기 때문이라(3:22).

이와 같은 생각이 코헬렛 곳곳에서 반복됩니다(5:18, 19; 8:15; 9:7, 9; 11:9). 이런 면에서 코헬렛은 삶을 강하게 긍정하는 낙관주의자요 심지어 쾌락주의자로까지 보입니다.

히에로니무스와 루터의 전도서 해석

이 대목에서 우리는 세례자 요한과 예수님을 떠올립니다. 세례자 요한은 철저한 금욕주의자였습니다. 빈들에서 지냈고, 옷도 남루했으며, 먹는 것도 메뚜기와 벌꿀 정도였습니다. 그런데 예수님은 이 땅에 오셔서 즐거이 먹고 마셨습니다. 예수님이 먹고 마시는 데 얼마나 긍정적이고 적극적이었으면 바리새인들이 예수님을 두고는 "먹기를 탐하고 포도주를 즐기는 사람"(눅 7:34)이라고 했겠습니까.

코헬렛을 읽으면서 우리는 세례자 요한과 예수님 사이를 오가는 듯한 느낌을 받습니다. 한편으로 비관주의와 금욕주의의 색채가 전체에 깔려 있는 듯하면서, 다른 한편으로 낙관주의와 쾌락주의가 계속 고개를 내밉니다.

교회 전통에서도 코헬렛을 보는 입장이 두 극단으로 나뉩니다. 하나는 라틴어 불가타 성경을 번역한 히에로니무스로 대표되는 금욕적·비관적 해석이고, 다른 하나는 루터가 1526년에 했던 강의에 나타나는 향유적·낙관적 해석입니다.

히에로니무스는 코헬렛을 읽을 때 두 가지 원리를 적용했습니다. 하나는 이른바 '세상의 멸시'(*contemptus mundi*)라는 것이고, 다른 하나는 세상의 모든 일은 '무익한 것'(*pro nihilo*)이라는 원리입니다. 히에로니무스는 이 원리를 적용해 코헬렛 전체를 읽어냅니다. 우리가 살아가는 일상은 무가치한 것이므로 철저하게 금욕적인 삶을 살아야 한다는 해석입니다. 그러므로 히에로니무스는 코헬렛에 나오는 먹고 마심으로 기쁨을 주는 것은, 일상에서의 먹고 마심이 아니라 예수 그리스도의 살과 피를 나누는 성찬에 참여함을 가리킨다고 해석합니다. 그렇기에 히에로니무스는 우리에게 '메멘토 모리'(*Memento mori*), '죽음을 기억하라'고 말합니다. 그를 그린 대부분의 초상화에 해골이 늘 곁에 있는 것도 이 때문입니다.*

중세 1,000년을 지배한 이 해석을 교회개혁자 마르틴 루터는 반대했습니다. 루터는 코헬렛이 가정이나 정치, 경제 등 현실적 삶에 무관심하다고 보지 않았습니다. 오히려 현실적 삶에 대한 강한 긍정을 코헬렛에서 읽어 내었습니다. 루터는 이렇게 말합니다.

이 책의 목적을 요약하면 이렇다. 솔로몬은 우리에게 우리의 일상사

---

* *St. Jerome: Commentary on Ecclesiastes*. Translated and Edited with a Commentary by Richard J. Goodrich & David J. D. Miller (New York/Mahwah, NJ: The Newman Press, 2012).

가운데 평안과 안정된 마음을 주어 우리가 미래에 대한 염려와 걱정 없이 현재에 만족하게 살고 바울이 말하듯이 '아무것도 염려하지 말기를'(빌 4:6) 원한다. 미래에 대한 걱정으로 자신을 괴롭히는 것은 무익한 일이다. (『루터 전집』 20권 9-10쪽)

"사람이 먹고 마시며 수고하는 것보다 그의 마음을 더 기쁘게 하는 것은 없나니"(2:24)라는 구절에 대해서 루터는 이렇게 말합니다. "이것은 전도자가 자주 반복하게 될 주요 결론이며 전도서 전체의 요점이다. 이 구절은 주목해야 할 구절인데, 앞에 나온 것들과 뒤따라오는 것들 모두를 설명해 준다." 루터는 우리에게 '카르페 디엠', '일상의 나날을 즐거워하라'고 말하고 싶어 합니다.

두 해석은 양극단에 있는 듯 보입니다. 히에로니무스의 해석은 현실 부정이나 세상 멸시를 요구합니다. 루터의 해석은 현실 긍정 또는 세상 향유를 요구합니다. 히에로니무스의 말을 들으면, 우리는 이 세상의 모든 즐거움을 멀리하고 금욕적인 삶을 통해 오직 하나님께 가까이 다가가야 합니다. 루터의 말을 들으면, 우리는 현실 속에서 모든 것을 하나님의 선물로 알고 즐겨야 합니다. 그러면 어느 쪽을 선택해야 할까요? 한쪽을 선택하기보다 양쪽을 모두 취해야 한다고 저는 생각합니다.

루터는 교회개혁 운동을 통해 삶을 긍정적으로 보는 관점을 우리에게 제공해 주었습니다. 미래를 막연히 두려워하기보다는 현재 우리가 먹고 마시고 일하는 것 전체를 하나님 안에서 귀한 선물로 누리면서 사는 것이 우리의 삶임을 루터는 잘 보여주고 있습니다. 이는 예수님이 산상설교에서 하신 말씀, "목숨을 위하여 무엇을 먹을까 무엇을 마실까 몸을 위하여 무엇을 입을까 염려하지 말라.……너희 하늘 아버지께서 이 모든 것이 너희에게 있어야 할 줄을 아시느니라. 그런즉 너희는 먼저 그의 나라와 그의 의를 구하라. 그리하면 이 모든 것을 너희에게 더하시리라"(마 6:25-33)라는 말씀과 부합합니다. 그러므로 우리는 이 면을 잘 이해하고 일상의 삶을 살면 좋겠습니다.

일상, 하나님의 선물

일상의 삶을 의미 있게 사는 바탕에는 늘 감사함이 있다고 저는 생각합니다. 왜냐하면 일상은 코헬렛이 반복해서 말하듯이 하나님의 선물이기 때문입니다. 먹고 마시고 일하는 가운데 즐거워함이 하나님이 주신 선물이라면, 우리가 보일 수 있는 반응은 감사밖에 없습니다. 마음 저 깊은 곳에서 감사가 솟아 오를 때 찬송이 따르고, 찬송이 우리의 입술로 새어 나올 때 우리 삶은 아무리 일시적이고 덧없이 지나간다 하더라도 무의미할 수 없습니다. 우리의 삶은 오히려 더 풍성하고 행복해집니다.

삶의 의미는 무슨 커다란 업적이나 성과나 소유에 있는 것이 아니라, 덧없이 지나가는 일상을 주 안에서 즐거워하고 감사하는 데에 있습니다. 이때 비로소 먹고 마시고 일 속에서 누리는 기쁨이 좋은 것처럼, 지혜와 지식 그리고 삶 속에서 누리는 일이나 업적도 좋은 것이 된다고 저는 생각합니다.

코헬렛은 이러한 현실을 "하나님은 그가 기뻐하시는 자에게는 지혜와 지식과 희락을 주시나 죄인에게는 노고를 주시고 그가 모아 쌓게 하사 하나님을 기뻐하는 자에게 그가 주게 하신다"(2:26)라고 말하고 있지 않나 생각합니다. 만일 우리가 먹고 마시고 일하는 가운데 즐거워하기만 한다면 우리 삶은 동물적인 삶에 가까울 것입니다. 지혜와 지식, 그 가운데서 누리는 기쁨만 있다면 우리 삶은 정신적 삶에만 국한될 것입니다. 그러나 하나님은 이 둘을 선물로 주셔서 다 같이 누릴 수 있도록 하셨습니다. 가만히 생각해 보면, 우리 삶에 주어진 것들은 선물 아닌 것이 없습니다. 이 선물을 감사함으로 받아 누리고, 내가 누리는 것을 이웃도 누리도록 나누어 주는 일이야말로 우리 삶을 의미 있게 하는 것이 될 것입니다.

일상을 선물로, 감사함으로 받아 누리고 나눈다고 해도 우리가 잊어서는 안 될 것은, 이 모든 것이 일시적이며 영원하지 않다는 사실입니다. 이 점에서 우리는 '메멘토 모리'를 늘 기억하고 살아야 합니다. 이러한 마음으로 일상을 누릴 때, 일상은 우리에게 의미 있게 다가옵니다. 하나님께 믿음과 소망을 두고 현재의 삶을 사랑을 가지고 살아가되, 낙관도 비관도 하지 않고 평강과 화평을 누리는 것이 하나님을 믿는 사람의 삶의 태도입니다. 한편으로는 삶의 순간순간이 헛되면서도 다른 한편으로는 삶의 모든 순간순간이 하나님의 선물인 줄로 알 때, 비로소 상황에 따라 때를 분간할 줄 아는 법을 배울 수 있을 것입니다.

코헬렛은 2장 끝에서 "이것도 헛되어 바람을 잡는 것이로 다"(26절)라고 단정해 놓고, 3장에 가서는 "범사에 기한이 있고 천하 만사가 다 때가 있나니"(1절)라고 말합니다. 너무나 익숙한 번역입니다만 그렇게 정확하지는 않습니다. 오히려 "모든 것에는 정한 시간이 있고 하늘 아래에서 하는 모든 일에는 알맞은 때가 있다"라고 번역함이 낫다고 생각합니다. 여기서 중요한 것은 '정한 시간'과 '알맞은 때'의 구별입니다. '정한 시간'과 '알맞은 때'는 히브리어로는 '즈만'(זְמַן)과 '에트'(עֵת)로 구별되고, 그리스어로는 '크로노스'(χρόνος)와 '카이로스'(καιρός)로 각각 구별해서 썼습니다. 낮과 밤이 교차하고 계절이 순환하듯이 정해진 시간을 따라 움직이는 크로노스의 시간과, 정해져 있지는 않지만 판단이 필요하고 결단이 요구되는 카이로스의 시간을 구별하고 있습니다. 코헬렛 3장에 나오는 열네 짝의 스물여덟 시간은 모두 에트의 시간, 곧 카이로스의 시간입니다. 그러므로 때에 따른 알맞은 반응이 중요합니다. 우리의 일상은 시계로 측정할 수 있는 크로노스의 시간을 따르지만, 삶에서 일어나는 숱한 사건들은 시계로는 예측할 수 없는 카이로스의 시간을 따릅니다.

팬데믹을 경험하고 있는 지금 상황은 크로노스의 시간이 아니라 카이로스의 시간입니다. 이전이나 지금이나 다 같은 나날을 보내고 있지만, 지금은 형통한 날이 아니라 곤고한 날입니다.

그러므로 코헬렛 7:14을 따르면, 기뻐할 날이 아니라 생각하고 반성해야 할 날입니다. 『중용』의 표현을 쓰자면 때에 따라 적중해서 살아가는 시중(時中)의 삶을 살아야 할 시기입니다.

"헛되고 헛되다"

이제 코헬렛 1:2의 "헛되고 헛되며 헛되고 헛되니 모든 것이 헛되도다"라는 표현을 생각해 보겠습니다. 이 부분을 (우리말과 영어에 제한하여) 각 성경 번역으로 보면 이렇습니다.

> (개역한글) 전도자가 가로되 헛되고 헛되며 헛되고 헛되니 모든 것이 헛되도다.
>
> (개역개정) 전도자가 이르되 헛되고 헛되며 헛되고 헛되니 모든 것이 헛되도다.
>
> (새번역) 전도자가 말한다. 헛되고 헛되다. 헛되고 헛되다. 모든 것이 헛되다.
>
> (KJV) Vanity of vanities, saith the Preacher, vanity of vanities; all is vanity.
>
> (NIV) "Meaningless! Meaningless!" says the Teacher. "Utterly meaningless! Everything is meaningless."
>
> (NRSV) Vanity of vanities, says the Teacher, vanity of vanities! All is vanity.

흠정역 성경의 경우 NRSV와 동일하되 'Preacher'를 NIV처럼 'Teacher'로 바꾼 것이 다를 뿐입니다. 우리말 번역은 '가로되', '이르되', '말한다'가 차이가 있을 뿐 '헛되고 헛되다'라는 표현은 동일합니다. 영어성경의 경우에는 KJV와 NRSV는 다 같이 "Vanity of vanities"라고 번역한 반면 NIV는 "Meaningless! Meaningless! Utterly meaningless"라고 했습니다.

우리말로 '헛되고 헛되다'라고 번역한 이 말은 히브리어로 '하벨 하발림'(הֲבֵל הֲבָלִים)입니다. 헤벨(הֶבֶל)은 '공기', '수증기', '숨'이란 뜻입니다. 그러므로 '하벨 하발림'은 '공기 중의 공기', '수증기 중의 수증기', '숨 중의 숨'입니다. 히브리어는 최상급을 표현할 때 이렇게 말합니다. 아가서를 '쉬르 하쉬림'(שִׁיר הַשִּׁירִים), '노래들 중의 노래' 곧 '최고의 노래'라고 표현하는 방식과 같습니다. 이렇게 보면 '하벨 하발림'은 '최고의 공기', '최고의 수증기', '최고의 숨'이라고 직역할 수 있겠지요.

문제는 이 말을 여기서 문자적으로 이해하는가, 은유적으로 이해하는가 하는 것입니다. 왜냐하면 문자적으로 곧장 이해하면 뜻이 통하지 않기 때문입니다. 생각해 보십시오. '공기', '수증기', '숨'은 어떤 공통점이 있습니까? '안개'나 '바람'을 여기에 보태 보십시오. 그러면 무슨 뜻이 공통으로 떠오릅니까? 눈에 보이기는 하지만 실체를 잡기가 힘들 뿐 아니라 잠시 있다가 사라지는 것이 공통점일 것입니다. 우리 손에 잡을 수도 넣을 수도 없고, 우리가 이해할 수도 없으며, 도무지 우리 마음대로 할 수 없는, 한순간 잠시 잠깐 있다가 사라질 뿐 아니라 지속적인 가치가 없는 것들로 우리 삶이 가득 찼다는 말로 이해할 수 있습니다. 이렇게 보면 '하벨 하발림'은 존재론적 관점으로 보아서는 실체나 알맹이가 없고, 인식론적 관점에서 볼 때는 손에 쥘 수 없을 뿐 아니라 알 수 없으며, 가치론적 관점에서는 무익한 삶을 일컫는다고 할 수 있습니다.

이런 배경에서 보면, 코헬렛의 '하벨 하발림'은 니체나 카뮈에게서 볼 수 있는 허무주의와 구별됩니다. 니체나 카뮈의 허무주의는 단적으로 말해 세계와 인간 존재를 떠받쳐 주는 토대, 근원, 원인이 없다는 사상입니다. 세계와 인간의 궁극적인 원인, 나아가 궁극적 목적이 되는 존재가 없다는 생각입니다. 그러므로 여기에는 무신론이 필연적으로 개입합니다. 존재하는 것에는 어떤 초월적인 원인이나 이유, 초월적인 목적이 없다고 보는 것이지요. 이때 말하는 '허무'는 원인과 토대와 목적이 되는 '어떤 무엇이 없다'라는 의미에서의 '허무'(nothing)입니다. 이것을 카뮈는 '부조리'(l'absurde)란 말로 표현했습니다. 삶이, 존재가 '부조리하다'고 해서 아무렇게 살거나 무의미하게 살아도 되는 것이 아니라, 우리 인간이 적극적이고 능동적으로 의미를 부여하고 목적을 설정해야 한다고 니체나 카뮈는 생각했습니다.

코헬렛의 질문과 답

코헬렛은 때를 이야기한 다음 이렇게 질문하고 있습니다. "일하는 자가 그의 수고로 말미암아 무슨 이익이 있으랴"(3:9). 다음 구절에 답이 있습니다.

하나님께서 행하시는 모든 것은 영원히 있을 것이라. 그 위에 더 할 수도 없고 그것에서 덜 할 수도 없나니 하나님이 이같이 행하심은 사람들이 그의 앞에서 경외하게 하려 하심인 줄을 내가 알았도다. 이제 있는 것이 옛적에 있었고 장래에 있을 것도 옛적에 있었나니 하나님은 이미 지난 것을 다시 찾으시느니라(3:14-15).

"하나님께서 행하시는 모든 것은 영원히 있을 것이라. 그 위에 더 할 수도 없고 그것에서 덜 할 수도 없다"(14절)는 말은 하나님은 오늘이나 내일이나 여상(如常)하게, 언제나 변함없이 동일하다는 말입니다. 하나님의 동일성, 하나님의 불변성은 하나님의 신실성을 뜻합니다. 때와 시기의 변화 가운데 하나님이 세상의 모든 것을 주관하고 통치하신다는 믿음을 코헬렛은 이렇게 표현합니다. "하나님이 이같이 행하심은 사람들이 그의 앞에서 경외하게 하려 하심인 줄을 내가 알았도다"(14절). 이 앎으로부터 취할 태도는 하나님을 '경외함'입니다.

하나님을 친구처럼 여길 수 있습니다. 하나님은 어머니 같은 분이기도 합니다. 그러나 하나님은 우리와는 전적으로 다른 분입니다. 그분은 무한하시고 불변하신 분이지만, 우리는 유한하고 변하는 자들입니다. 우리는 땅에서 코로 숨 쉬는 자들이지만, 하나님은 하늘에 계신 분입니다. 하나님은 우리의 몸과 영혼을 멸할 수 있는 분입니다. 히브리서 12:28-29 말씀을 보면, 하나님을 '소멸하는 불', '태워 없애는 불'이라고 부릅니다. "그러므로 우리는 흔들리지 않는 나라를 받으니, 감사를 드립시다. 그리하여, 경건함과 두려움으로 하나님이 기뻐하시도록 그를 섬깁시다"(히 12:28)라고 권합니다. 우리가 하나님 앞에서 취할 태도는 '경외함'입니다.

3:15은 하나님께서 모든 일을 관장하심을 강조합니다. "이제 있는 것이 옛적에 있었고 장래에 있을 것도 옛적에 있었나니 하나님은 이미 지난 것을 다시 찾으시느니라." 1:9의 "이미 있던 것이 후에 다시 있겠고 이미 한 일을 후에 다시 할지라. 해 아래에는 새것이 없나니"라는 구절과 비슷해 보입니다. 그러나 자세히 보면 1:9은 자연과 역사의 반복적 순환에 관해서 말하고 있습니다. 해 아래 새것이 없습니다. 과거에 있던 것이 현재에 있고 미래에도 있을 것입니다. 지나간 것이 반복되어 나타납니다. 그런데 3:15에 와서는 관점이 완전히 바뀌어 "하나님은 이미 지난 것을 다시 찾으시느니라"라고 말합니다. 인생살이의 모든 일이 바람을 잡는 것처럼 무익하고 애써 수고한 일들이 결실이 없어 보이지만, 그럼에도 하나님은 지나간 것들을 다시 찾으신다는 말입니다. 어느 하나도 헛되이 지나가지 않고 모두 하나님이 챙기신다는 뜻입니다. 우리의 잘못, 우리의 과오도 포함되는지는 모르겠습니다. 하지만 선한 의도를 가지고 애쓴 일들이 무위

로 사라지지는 않으리라는 희망을 우리는 품을 수 있습니다. 우리가 하는 일이 큰 의미가 없어 보이더라도 소망을 품고 일상을 살아갈 수 있습니다.

코헬렛은 우리 삶에 두 가지 모티프가 교차함을 보여줍니다. 하나의 모티프는 '하벨 하발림'입니다. 우리가 죽을 수밖에 없는 존재임을 의식하면서 사는 삶의 방식입니다. '메멘토 모리'라고 표현할 수 있습니다. 히에로니무스가 우리에게 늘 기억하라고 일러 주는 삶의 방식입니다. 다른 하나는 '마타트 엘로힘'입니다. 모든 것이 하나님의 선물인 줄 알고 지금, 여기서 살아가는 일상의 삶을 누리고 즐거워하는 것입니다. 루터가 강조한 '카르페 디엠'의 삶의 방식이라 하겠습니다. 이 두 모티프가 우리 삶의 음악을 쉬지 않고 이끌어 주고 있음을 코헬렛은 보여줍니다.

그러나 잊지 말아야 할 것은, 이 두 모티프가 교차하는 삶의 음악 가운데서 하나님을 경외하는 일입니다. 그래서 코헬렛은 12:13에서 "하나님을 경외하고 그의 명령들을 지킬지어다"라고 권유합니다. 믿음과 소망 가운데서 하나님을 사랑하고 이웃을 사랑하며 살면서, 한편으로는 '메멘토 모리', 다른 한편으로는 '카르페 디엠'의 태도를 견지하는 것이 코헬렛이 우리에게 보여주는 삶입니다. 팬데믹 상황에서 이보다 더 나은 삶의 교훈이 없으리라고 저는 생각합니다.

강의를 마치며

그리스도의 방식으로 철학한다는 것

10강 전체를 읽으셨든지 부분만 읽으셨든지, 여기까지 읽으시느라 수고하셨습니다. 『철학자의 신학 수업』이라는 거창한 이름을 달고, 명구(名句)라고까지 할 수 있을지 모르나 한 번쯤 논의해 볼 만한 열 가지 구절을 화두 삼아 하나님과 인간과 세상을 생각해 보았습니다. 철학자가 인간과 세상을 이야기할 수는 있겠지만 어떻게 하나님을 말할 수 있느냐고 물을 분이 없지 않으리라 생각합니다. 그렇지요. 말하기가 쉽지 않지요. 혹시 하나님의 존재를 인정한다 하더라도 하나님은 유한한 인간과 달리 '무한하신 분'이고, 무한하신 하나님은 인간의 머리로는 이해할 수도, 손에 잡을 수도, 말할 수도, 경험할 수도 없는 그야말로 '전적 타자'(der ganz Andere)일 것이기 때문입니다. 그런데 어떻게 그런 하나님을 이야기할 수 있느냐고요? 하나님은 예수 그리스도를 통해 찾아오셔서, 말씀과 성령의 감화감동을 통해 믿게 하시고 알게 하셨기 때문입니다. 우리가 믿는다고 고백하는 하나님은 철학적으로 보면 인간과는 '전적으로 다른 타자'이지만, 믿음으로 보면 그리스도를 통해 자신을 알려 주신 창조주요 구속주이며, 진리를 알게 하고 만유를 거룩하게 회복하시는 영이십니다.

그런데 이러한 하나님을 어떻게 철학하는 사람이 이야기할 수 있느냐고 묻는 분이 있겠지요. 선배 철학자나 후배들 가운데도 가끔 저에게 "철학을 하면서 어떻게 아직 신자일 수 있느냐"고 묻습니다. 철학과 믿음은 물과 기름처럼 뒤섞일 수 없다고 생각하기 때문입니다. 철학은 이성으로 하는 것이고, 믿음은 이성과는 다른 원천을 갖거나 아예 어떤 원천이나 원리조차 없다는 생각이 그 저변에 깔려 있습니다. 철학을 이성으로, 머리로 하는 것은 맞습니다. 주먹으로 하거나 발로 할 수는 없으니까요. 그러므로 철학은 권투나 축구와는 분명 다릅니다. 그렇다고 권투나 축구하는 이들을 보고 "당신들에게는 머리가 없습니다"라고 말할 수는 없겠지요. 권투나 축구를 하는 데도 체력뿐만 아니라 뛰어난 머리와 판단력이 필요합니다.

이 책의 제사(題詞)로 칼빈의 말을 인용해 둔 것을 눈여겨보셨는지 모르겠습니다. 기억이 나지 않으면 다시 한 번 펼쳐 보십시오. "기독교 철학은 이성이 성령께 자리를 내어 드리고 그분께 복종하여 따르도록 명령합니다. 그리하여 이제는 사람이 제 힘으로 살지 않고 그리스도께서 자신 안에 사시면서 다스리시게 합니다[갈 2:20]." 칼빈은 철학을 거부하지 않았습니다. 오히려 그는 참된 철학을 추구했습니다. 이 점에서 칼빈은 카파도키아 교부들과 아우구스티누스와 에라스무스의 전통을 충실히 따르고 있습니다. 여기서 말하는 철학은 고전적인 뜻 그대로 지혜를 추구하고 지혜를 따라 살아가는 삶이자 삶의 방식이고, 이 삶의 길을 깊이 생각하려는 노력입니다. 그러므로 철학에는 삶의 실천과 이론이 동시에 있습니다. 삶과 분리된, 도구로만 활용될 수 있는 순수이론적인 철학 개념은 여기에 들어설 자리가 없습니다. 삶의 길이자 삶의 길에 대한 반성으로서의 철학은 여러 방식으로 할 수 있습니다. 그리스 전통을 따를 수 있고, 유교나 불교 전통을 따를 수 있고, 그리스도의 방식을 따를 수 있습니다.

칼빈은 그리스도의 방식으로 철학을 하고 싶어 했고, 이 철학을 하나님의 영에 복종하여 그리스도를 따라 살아가는 삶으로 정의했습니다. 여기에 필요한 1차 조건이 『기독교 강요』3권 6장에 서술되어 있는 '자기부인'입니다. 자기부인은 성령의 강한 역사없이는 결코 일어나지 않습니다. 참된 그리스도인이면 누구나 성령 안에서, 성령의 힘으로 그리스도와 하나되어, 그분을 닮아, 그분을 따라 살아갑니다. 그런데 이때 이성은 완전히 버려야 하는 것일까요? 칼빈이 그렇게 말했다고 사람들은 생각합니다. 자기부인은 자기를 완전히 포기하고, 내 안에 영으로 계시는 그리스도께서 나의 삶을 살아가고 나의 삶을 주도할 때 실현되기 때문입니다.

그런데 보십시오. 제사의 말미에서 칼빈은 사도 바울을 인용하고 있습니다. "내가 그리스도와 함께 십자가에 못 박혔나니 그런즉 이제는 내가 사는 것이 아니요 오직 내 안에 그리스도께서 사시는 것이라"(갈 2:20). 그리스도께서 내 안에 사는 삶은 누구의 삶입니까? 그리스도의 삶입니까, 나의 삶입니까? 나의 삶입니다. 그리스도와 함께 죽고 함께 살아난 내가 그리스도로부터 오는 힘과 지혜를 가지고 사는 삶입니다. 이제는 더 이상 내가 살아, 내가 나의 삶의 중심에 서서, 나를 내세우는 삶이 아닙니다. 그리스도와 함께 죽고 함께 살아나 그분이 회복해 주신 정체성을 따라 그분을 중심으로 살아가는 나 자신의 삶입니다. 말하자면 이때 나는 더 이상 중심에 있지 않고 '탈중심화된 나'(decentered self)입니다. 철저하게 부인된, 그러나 역시 그리스도 중심으로 살아가는 '나의' 삶입니다.

앞의 인용문에서 칼빈이 "이성이 성령께 자리를 내어 드리고 그분께 복종하라"고 할 때도 마찬가지입니다. 누가 성령께 복종하고 따라야 합니까? 이성입니다. 칼빈은 이성을 완전히 내던지고 마치 머리 없는 사람처럼 이성 없이, 이성에 거역하여 반이성적으로 살라고 권하지 않습니다. 그리스도와 함께 죽고 함께 살아나서 그리스도와 함께 생각하고 함께 이 땅을 걸어가는 방식으로, 오히려 이성 스스로 자신을 성령께 복종시키고 그리스도를 따라 살아가야 함을 강조했지요. 그러므로 그리스도의 방식으로 철학하려면 다른 철학과 마찬가지로 이성을 사용해야 합니다. 그러나 이 이성은 더는 자율성을 금과옥조로 내세우지 않고 영이신 하나님께 복종하는 이성입니다. 이러한 이성을 헤르만 바빙크는 '믿음의 이성' 또는 '신실한 이성'(ratio fidelis)이라 불렀습니다. 삼위 하나님을 믿는 믿음 안에서, 제대로 생각하고 따지고 묻고 철저히 탐구하고 모색하는 이성입니다. 믿음으로 활동하는 이성은 학문하는 그리스도인뿐만 아니라 이 땅을 살아가는 모든 그리스도인에게 필요한 이성입니다. 그렇게 해야 맹목적인 믿음과 다른 사람들의 주장에 쉽게 휩쓸리는 신앙 자세에서 벗어나 말씀을 제대로 읽고 묵상하며 살아가는 신자일 수가 있습니다.

그런데 이러한 이성이 가능하려면 그리스도와 함께 죽고 함께 살아나는 과정이 필요합니다. 이 과정, 이 사건을 신학은 '그리스도와 하나됨'(Unio cum Christo, Union with Christ)이라는 용어로 표현합니다. 그리스도의 방식으로 철학하거나 신학함은 그리스도와 하나되어 함께 죽고 함께 살아나는 삶과 분리해서 생각할 수 없습니다. 칼빈은 '그리스도와 하나됨'을 칭의와 성화로 표현하고 이 둘을 하나님께서 주시는 '이중 은혜'(duplex gratia)로 보았습니다. 이 은혜를 누림이 이 땅에서 벌써 시작된 하나님의 구원입니다. 이렇게 해서 얻은 '믿음의 이성'으로 삶을 살아갈 때 마침내는 만물을 회복하여 이 땅에 평화, 곧 하나님의 샬롬을 가져오고자 하는 그리스도의 마음에 참여하게 된다고 저는 생각합니다. 그리스도의 마음에 참여할 때 살아 있는 모든 것이 받는 고통을 헤아리고 공감과 연민과 연대의 삶을 살아갈 수 있습니다.

그렇다고 해서 오해는 마십시오. 논리적으로 따져 묻거나, 이론적으로 이렇게 또는 저렇게 생각하는 활동이 그리스도의 방식으로 철학하는 데 없어도 된다는 말은 아닙니다. 제가 하고 싶은 말은 철학하고 학문한다고 할 때, 아니, 그리스도인으로 산다고 할 때, 삶이 먼저이고 이론적이고 반성적인 사고는 삶에 뒤따라온다는 것입니다. "먼저 사십시오, 그러고 나서 철학하십시오."(*Primum vivere, deinde philosophari*)라는 격언이 있습니다. 그런데 제대로 알지 못하고 어떻게 살 수가 있을까요? 아이가 태어나 성장하는 모습을 보십시오. 태어난 아이는 부모의 양육을 받고 가정이라는 울타리 안에서 사는 법을 배웁니다. 삶을 반성하고 생각하는 행위는 자라면서 해야 될 일입니다.

그리스도를 따르는 철학도 마찬가지입니다. 먼저 살고, 그렇게 한 다음 삶에 대한 반성이 가능합니다. 이렇게 하려면 태어난 아이에게 부모와 형제자매가 함께 살아가는 가정 공동체가 필요하듯이, 그리스도를 따라 철학하고 그리스도를 따라 살기 원하는 사람에게도 진정으로 그리스도와 함께 죽고 함께 살아 이 땅의 삶을 그리스도처럼 겸비한 가운데 살아가는 삶의 공동체가 필요합니다. 이러한 공동체 안에서 그렇게 살아가는 사람들을 보면서 제대로 사는 법, 제대로 생각하는 법을 배웁니다. 제대로 살아가려고 치열하게 애쓰는 공동체 없이는 삶을 제대로 사는 법을 배울 수가 없습니다.

공동체는 매우 중요합니다. 그러나 공동체도 하나의 필요조건일 뿐 충분조건은 아니라고 저는 생각합니다. 충분조건을 이루려면 다른 여러 필요조건이 함께 갖추어져야 하겠지요. 저는 이 가운데 하나가 오늘 우리가 살아가는 삶의 현장에서 문화와 학문이 던져 주는 질문들을 그리스도인에게 주어진 질문으로 받아들이고, 그 질문들을 안고 생각하고 좀 더 참되고 선하고 아름다운 삶의 길을 찾아가려는 노력이라 생각합니다. 팬데믹을 통해 '곤고한 때'(전 7:14)를 맞이한 지금이 바로 그런 때가 아닌가 생각합니다. 여러분의 평안을 빕니다.

찾아보기